김태권

서울대학교에서 미학을 전공했고 같은 학교 서양고전학
대학원에서 그리스어와 라틴어를 공부했다. 서양 고대의 문화에
깊은 애정을 키워 왔다. 그리스와 로마의 서사시 및 비극 작품
여러 편을 그리스어와 라틴어로 원문 강독한 것이 두고두고
자랑거리다. 모든 사람이 웃다 쓰러질 궁극의 유머를 연구하며
만화를 그린다. 요즘에는 인공지능을 가지고 새로운 일을
꾸며보고 싶어 이리저리 궁리 중이다. 『김태권의 십자군 이야기』
『김태권의 한나라 이야기』 『르네상스 미술 이야기』
『히틀러의 성공 시대』 등의 만화책을 그렸고, 『불편한 미술관』
『살아 생전 떠나는 지옥 여행』 『인공지능과 살아남을 준비』 등의
책을 썼다. 『파시즘과 안티파』 『사어사전』 등의 책을 번역했다.

하루
라틴어
공부

하루
라틴어
공부

나의 지적인
삶을 위한
라틴어 교양
365

김태권 지음

lectori salutem 렉토리 살루템(독자님께 인사를!)

"라틴어를 공부하기로 손녀와 약속했다." 사우디아라비아에 대한 책을 쓰신 박인식 선생님을 만난 자리에서 들은 말이다. 그 말을 듣고 자주 쓰이는 라틴어 문구를 통해 자연스럽게 라틴어를 익힐 수 있는 글을 몇 편 써 보았다. 글을 개인 홈페이지에 올렸는데 마침 유유출판사에서 읽고는, 책으로 묶자고 제안했다. 말하자면 이 책은 박인식 선생님 손녀를 위해 시작된 책이다.

라틴어를 배우면 서양 문화를 쉽게 익힐 수 있다. 고대 로마 사람들이 쓰던 언어가 라틴어다. 그들은 그리스 문화를, 또 기독교의 성서를 라틴어로 번역했다. 성서를 열심히 읽던 서양 중세 사람들 역시 라틴어를 쓰고 익혔다. 르네상스와 종교개혁을 지나며 라틴어는 덜 중요하게 되었을까? 그 반대다. 고대 문화에 관심이 많던 서양 근세와 근대 사람들도 라틴어를 열심히 공부했다. 그래서 유명한 라틴어 문구만 훑어보아도, 서양의 수천 년 문화를 죽 둘러볼 수 있다. 이 책에 나는 서양의 여러 지식인과 문헌을 소개하였다. 이 책이 서양의 정신 문화 탐방에 간단한 길잡이 책이 되면 좋겠다.

로마 제국이 기독교를 국교로 삼았기에, 라틴어는 기독교의 역사와 떼려야 뗄 수 없는 언어. 아무래도 기독교 이야기를 많이 다루었다. 당연히 특정 종교, 특정 종파를 편 들려는 의도는 없다. 서양을 이해하기 위해 꼭 필요한 기독교 문명 이야기를, 열린 마음으로 접해보시기를 권한다. 라틴어 가사의 서양 음악(특히 종교 음악)도 여럿 소개했다. 서양 고전 음악을 좋아하는 독자님이라면 재미있게 읽으실 것 같다.

한편 영어나 프랑스어 같은 몇몇 서양 언어의 어휘에 대해서도 설명했다. 여러 언어를 다 잘하는 것은 아니지만, 라틴어 어휘가 현대 서양 언어에 어떻게 살아남았나를 돌아보는 어원 탐구의 재미를 나누고 싶었다. 또 로마 문명과 뗄 수 없는 그리스 문명도 함께 소개하기 위해. 책의 말미에 그리스어 표현도 열다섯 문장을 소개했다. 수학과 물리 시간에 보던 그리스 문자와도 친해질 기회가 되기를 바랄 뿐이다.

이 책을 읽는 세 가지 방법이 있다. 하나는 1월 1일부터 12월 31일까지 날마다 한 페이지씩 꼬박꼬박 읽어가는 방법이다. 둘째는 생각날 때 아무 페이지나 펼쳐 읽어 보는 방법이다. 그날의 문장을 '오늘의 운세'처럼 점쳐 볼 수도 있을 것이다. 셋째는 라틴어 문법을 맛보는 입문서로 읽는 방법이다. 문법을 몰라도 충분히 읽을 수 있지만, 문법에 관심이 있는 분에게도 도움이 될 수 있게 문장을 구성했다. 부록에 명사 변화나 동사 변화나 등 라틴어 문법 입문을 위한 간단한 가이드도 적어두었다.

사실 라틴어 문법을 나보다 정확하고 자세하게 설명할 수 있는 서양 고전학 연구자들이 한국에 무척 많다. 다만 나는 라틴어를 재미있게 맛보게 해드리기 위한 책을 써 보았을 뿐이다. 옛날에 라틴어 격언을 소개하는 '에라스무스와 친구들'이라는 칼럼을 한겨레신문에 연재했고, 『에라스뮈스와 친구들』이라는 책으로 묶은 적 있다. 그때는 신문 글이다 보니 한국 사회에 대해 내가 하고 싶던 이야기를 많이 했고, 이 책은 그리스로마 문화와 서양 기독교 문명에 대해 더 이야기를 했다.

만화가 김태권 드림

IANUARIUS

I

Ianus Bifrons

로마자 I와 J, U와 V가 닮아 보인다고? 사실이다. 옛날에는
I와 J, U와 V가 같은 글자였다. 그래서 로마의 신 야누스를
옛날에는 Ianvs 또는 Ianus로 썼다. 요즘 영어 발음으로는
Janus제이너스.

　라틴어 Ianus Bifrons는 '두 얼굴의 야누스'를 뜻한다.

　야누스는 문의 신. 문은 라틴어로 ianua야누아. 문은 들어
오고 나가는 곳, 시작과 끝, 과거와 미래다. 야누스가 두 얼굴
을 가진 이유다.

　야누스는 또한 한 해의 끝과 시작을 뜻했다. 그래서
mensis ianuarius멘시스 야누아리우스(야누스의 달) 또는 줄여서
ianuarius는 1월을 뜻한다. 영어 January, 프랑스어 janvier
가 여기서 나온 말이다. 바로, 한 해의 시작!

　bifrons는 '두 이마를 가진'이라는 뜻의 형용사. bi-는
'둘'을 뜻하는 접두사. 영어 낱말 bicycle(두 바퀴 자전거),
bilingual(두 언어를 할 줄 아는)에서 볼 수 있다. frons는 '이
마'를 뜻한다. 영어 frontal(이마의)이 여기서 왔다.

imitatio et æmulatio

줄리어스 시저, 로마 이름으로 율리우스 카이사르가 죽는 순간 마지막 말을 그리스어로 했다는 소문이 있다(이 책 3월 17일에 이 소문의 진실을 살펴볼 것이다). 로마 사람은 그리스어를 잘해야 교양 있는 사람 대접을 받았다. 훗날 서양 사람은 라틴어를 잘해야 교양 있는 사람 행세를 할 수 있었다. 요즘 사람이 영어를 잘해야 폼을 잡을 수 있는 것과 비슷.

요컨대 이런 이야기다. 지금 우리가 미국과 영국을 부러워하듯, 오랫동안 서양 사람은 로마를 부러워했는데, 정작 로마 사람은 그리스를 동경했다는 것.

로마 문화의 특징을 imitatio et æmulatio라고 한다. 그리스 문화에 대한 '모방과 경쟁'이라는 뜻이다. imitatio는 영어로 imitation, et는 and(그리고)다. æmulatio는 emulation, '맞먹으려 한다'는 뜻이다.

라틴어 모음 æ는 a와 e를 붙여 쓴 것이다. 옛날에는 '아이'로 발음했고, 나중에는 '에'라고 읽었다. 로마 사람 카이사르가 훗날 세자르 또는 시저라 불리게 된 사연.

S.P.Q.R.

오늘날 미국 정치에서 로마공화정의 유산을 확인할 수 있다. 워싱턴 의사당 건물을 Capitol이라고 하는데, 로마의 Cap- itolium카피톨리움 언덕에서 온 이름이다. 영어 단어 senate(상원)는 '원로원'을 뜻하는 라틴어 senatus세나투스에서 왔다. populism포퓰리즘이라는 말은 '민중'이라는 뜻의 populus포풀루스와 관계가 있다.

원로원 세나투스는 부유한 귀족의 이익을 대변했다. 민중 포풀루스는 대부분 가난한 평민. 원로원과 인민은 사이가 좋지 않았다. 둘이 갈등을 빚을 때 로마공화정의 정치는 흔들렸다. 때때로 피비린내 나는 내전을 겪었다.

로마공화정을 뜻하는 S.P.Q.R.은 Senatus Populusque Romanus의 머리글자다. '로마의 원로원과 인민.' 앞서 et라는 단어를 보았다. 로마의 원로원과 인민은 S.E.P.R.(Sena- tus et Populus Romanus)이라고 써도 틀릴 건 없다. 그런데 라틴어에서는 A et B를 A Bque라고도 쓴다. populus 뒤에 que가 붙어 S.P.Q.R.이 된 이유.

Deus caritas est

라틴어를 익히면 서양 기독교 문명을 잘 이해할 수 있다. 처음에 로마 사람들은 기독교를 별로 안 좋아했는데, 나중에는 나라 종교로 받아들였다. 그래서 로마 사람들이 쓰던 라틴어를 기독교에서도 쓰게 되었다. 이 책에서 나는 기독교의 종교음악과 종교미술, 라틴어 성서의 문장과 기도문을 두루 살피려 한다. 특정 종교를 전파할 속셈은 없으니 안심하시길.

Deus caritas est, '신은 사랑이다'라는 뜻. 영어와 달리 라틴어는 꼭 대문자로 문장을 시작하지는 않는다. 다만 고유명사 첫머리는 대문자로 쓴다. deus는 '신'이라는 뜻. '유일신'을 의미할 때는 대문자로 쓰기도 한다(영어 God도 그렇다). est는 '이다', 영어의 is와 같다. caritas는 '사랑', 영어 낱말 charity(자선)의 어원이다.

Deus caritas est는 교황 베네딕토 16세가 발행한 교황청 공식 문서 제목이기도 하다. 이 문서를 반포한 때가 2005년이다. 로마교황청의 공식 언어는 21세기에도 라틴어.

Homo sapiens

라틴어는 과학 용어로도 많이 쓰인다. 생물의 공식 명칭인 '학명' 또한 라틴어다. Homo sapiens는 인간이라는 동물의 학명이다.

학명에서 앞에 나오는 이름은 속명, 속의 이름이다. 뒤에 나오는 이름은 종명, 종의 이름이다. Homo sapiens는 'Homo 속에 속한 sapiens 종'을 의미한다. 대문자로 쓴 것은 고유명사이기 때문이다. homo는 라틴어로 '사람'이라는 뜻이다. 프랑스어 homme옴므, 이탈리아어 uomo우오모가 여기서 왔다. sapiens는 현재분사. 사전을 찾으면 동사 sapio는 '분별하다' '알아보다'라는 뜻이다. 그러므로 sapiens는 '분별력 있는' 즉 '현명한'이라는 의미이다.

마찬가지로 Tyrannosaurus rex티라노사우루스 렉스는 'Tyrannosaurus 속에 속한 rex 종'을 뜻한다. 그리스어 tyrannos(참주, 독재자)와 라틴어 rex(왕)가 같이 쓰였다. Mola mola몰라몰라 개복치는 'Mola 속에 속한 mola 종'을 뜻한다. 라틴어 mola는 '맷돌'이란 뜻으로, 개복치가 맷돌처럼 크고 둥글어서 붙은 이름.

scientia potentia est

scientia potentia est는 '아는 것이 힘이다'라는 뜻이다. 영국 철학자 프랜시스 베이컨이 한 말이라고 알려졌다.

이 말이 등장한 맥락은 이렇다. 기독교의 신이 과연 전지 전능한지 의문을 품은 사람들이 있었다. '전지전능하다는 신이 어째서 세상의 악을 내버려두는가?' '전지하다'는 세상 모든 일을 안다는 뜻이고, '전능하다'는 무슨 일이든 할 수 있다는 뜻이다. '신이 모든 것을 안다면(전지), 세상의 악을 제거할 능력이 없는 걸까? 신이 모든 것을 할 수 있다면(전능), 세상의 악을 모르는 걸까?'

베이컨은 이 의문에 대해 반박했다. '아는 것이 힘이다'라는 문장을 통해 신의 지식(전지)이 곧 능력(전능)이라는 점을 지적한 것이다. 다만 지금은 다른 맥락으로 자주 인용된다.

scientia는 영어 science(과학)의 어원이다. 라틴어 동사 scio(알다)에서 나왔다. potentia는 영어 형용사 potential(할 수 있는)의 어원이며, 라틴어 동사 possum^{포숨}(할 수 있다)에서 왔다.

hoc est corpus

hocus-pocus호쿠스포쿠스. 서양에서 마술사가 마술을 부릴 때 사용하는 주문이다. 이 말의 기원에 대해 흥미로운 설명이 있다.

가톨릭 미사에서는 가장 중요한 순간에 "이것은 나의 몸이다"라는 구절을 읊는다. 최후의 만찬 때 예수가 누룩 없는 빵을 제자들에게 나누어 주며 "이것은 나의 몸"이라고 했던 일을 기리는 것이다. 가톨릭에서는 이 순간 밀떡이 예수의 몸으로 바뀌는 기적이 일어난다고 믿는다.

그런데 옛날에 가톨릭은 예배를 라틴어로 했다. 1960년대 초반까지도 그랬다. 제2차 바티칸공의회(1962~1965) 때에서야 라틴어 미사가 폐지되었다. 꽤나 오랫동안 라틴어를 모르는 사람은 미사 내용을 이해하기 어려웠다. 신자라 해도 라틴어를 바로 알아듣지는 못했다.

"이것은 나의 몸이다"라는 말이 라틴어로 hoc est corpus meum호크 에스트 코르푸스 메움이다. hoc est corpus라는 말은 뜻을 잘 몰라도 뭔가 신비롭게 들렸을 터. 호쿠스포쿠스는 바로 이 hoc est corpus를 잘못 알아듣고 잘못 발음한 말이라는 설명이다.

nomen est omen

"이름이 곧 징조다." 이름으로 점을 보는 성명학을 좋아하는 사람이 반길 표현일까? 맥락을 살펴보면 반대일지도 모른다. 이름이라는 징조를 믿었다가 경을 친 이야기니까.

로마의 희극작가 플라우투스는 「페르시아인」이라는 작품을 썼다. 톡실리우스라는 노예가 도르달루스라는 나쁜 사람을 골탕 먹일 계획을 세운다. 도르달루스가 톡실리우스의 여자친구를 빚으로 옭아매 성매매업소에 넘기려 하기 때문이다.

톡실리우스는 페르시아 여성을 데려와 도르달루스에게 사라고 부추긴다. 여성의 이름은 루크리스Lucris인데, 라틴어 lucrum루크룸은 '이윤'이라는 뜻이다. 이름이 곧 징조이니, 이 여성 덕분에 큰돈을 벌게 되리라는 것. 도르달루스는 큰돈을 주고 이 여성을 산다.

그런데 사실 루크리스는 페르시아인이 아니라 로마 자유민의 딸이었다. 자유민을 사고파는 것은 무거운 범죄. 나쁜 사람 도르달루스는 톡실리우스의 계략에 걸려 많은 벌금을 문다.

nomen은 '이름'이라는 뜻으로, 영어 nominate(지명하다)의 친척뻘 단어다. est는 영어의 is, omen은 영어도 똑같이 omen(징조)이다.

Ioannes est nomen eius

Ioannes는 사람 이름이다. 독일어로 Johannes요하네스(줄여서 Hans한스), 영어로 John, 프랑스어로 Jean장, 스페인어로 Juan 후안, 러시아어로 Ivan이반이다. nomen은 '이름', eius는 '그의' 라는 뜻이다.

"요한이 그의 이름이다." 『신약성서』에 나오는 세례자 요한이 이 사람. 「요한복음」 1장 6절에 나온다. "하느님께서 보낸 사람이 있으니, 그의 이름은 요한이었다." 요한 운동과 초창기 예수 운동은 서로 닮았으면서도 경쟁하는 관계였다고 한다.

요한은 이슬람에서도 중요한 예언자다. 아랍 이름은 야히야, 천사가 직접 지어 주었다고 한다. 이슬람 전통에서 야히야는 어려서부터 경전을 깊이 이해할 만큼 뛰어난 인물이었다고도 한다.

『신약성서』에 따르면 요한은 종말이 가깝다고 주장했다. 광야에서 고행하며 물로 죄를 씻는 세례 의식을 사람들에게 베풀었다. 이후 그는 헤롯 안티파스 왕의 도덕적 타락을 비판하다가 잡혀가 사형을 당했다. 역사가 요세푸스의 설명은 약간 다르다. 요한이 많은 추종자를 얻자 왕이 반란을 일으킬까 두려워 잡아 죽였다는 것이다.

quid est veritas?

"무엇이 진리인가?" 로마 사람 빌라도가 예수에게 던진 질문이다.

　　예수는 재판을 받는 자리에서 "나는 진리를 증언하러 왔다"라고 말한다(「요한복음」 18장 37절). 이 말을 듣고 총독 빌라도가 묻는다. "무엇이 진리인가?"(38절)

　　빌라도는 왜 뜬금없이 이런 질문을 했을까? 정말 진리가 무엇인지 궁금했을까? 아니면 예수를 놀리려던 걸까? 기독교를 비판한 철학자 프리드리히 니체는 이렇게 해석한다. "빌라도가 '무엇이 진리인가?' 물은 것은 『신약성서』의 내용을 부정한 것이다."(『안티크리스트』 46절).

　　빌라도라는 인물 자체에 대해서도 해석이 엇갈린다. 어떤 사람은 빌라도가 유대인에게 인기가 없는 무능한 총독이었다고 본다. 어떤 사람은 10년이나 총독을 지냈으니 제법 유능했으리라고 본다. 빌라도가 예수에게 호의적이었다는 해석도 있다. 일부 정교회에서는 빌라도와 그 아내를 예수를 살리려 한 성인으로 기리기도 한다.

　　quid는 '무엇'이라는 의문대명사다. 프랑스어 que끄, 이탈리아어 che케가 여기서 왔다. veritas는 '진리'라는 뜻.

ira furor brevis est

"분노는 짧은 광기다." 분노는 제정신을 잃는 일, 짧게나마 광기에 사로잡히는 일이라고 했다. 로마 시인 호라티우스의 『서한집』 1권 2편에 실린 글귀다. 호라티우스의 주장에 따르면, 호메로스의 서사시 『일리아스』에 나오는 파리스는 욕정에 휩쓸려 나라를 망하게 했고, 아킬레우스와 아가멤논은 분노에 휩쓸려 그리스 군대를 힘들게 했다. 반면 『오디세이아』에 나오는 오디세우스는 정념을 다스릴 줄 알아 고향으로 돌아갈 수 있었다.

로마 철학자 세네카도 비슷한 말을 했다. maximum remedium iræ mora est^{막시뭄 레메디움 이라이 모라 에스트}. '분노의 최고 치료법은 주저함'이라는 뜻이다.

mora는 '주저함', ira는 '분노', furor는 '광기'라는 뜻이다. 영어 fury와 furious가 여기서 왔다. 참고로 영화 『매드 맥스』^{Mad Max}의 여주인공 이름인 퓨리오사^{Furiosa}와 관계가 있다. 라틴어 furia는 '광기', -osus는 '무엇이 많은'이라는 뜻이다. 퓨리오사는 곧 '매드 맥스'의 라틴어 번역인 셈. brevis는 형용사로 뜻은 '짧은'이다.

errare humanum est

"실수는 인간의 것이다." 인간이면 누구나 실수를 한다. 고대 로마의 철학자부터 기독교 교부까지, 많은 사람이 비슷한 말을 했다. 여기까지만 보면 관대한 정신에서 나온 말처럼 들린다.

그런데 뒤이어 나오는 말은 실수를 밥 먹듯 하는 우리 인간의 기대만큼 관대하지 않다. 원래 문장은 다음과 같다. Errare humanum est, perseverare autem diabolicum에라레 후마눔 에스트, 페르세베라레 아우템 디아볼리쿰. '실수는 인간의 일이지만, (실수를) 계속하는 것은 악마의 일이다'라는 뜻이다.

errare는 '실수하는 것'이라는 뜻으로, 영어 낱말 err(실수하다), error(실수)가 여기서 왔다. humanum은 '인간의'라는 형용사다. 영어 human의 어원.

diabolicum은 그리스어 diabolikos디아볼리코스에서 왔는데, '악마의'라는 뜻의 형용사다. 영어 diabolic(악마의), devil(악마)이 여기서 온 말이다. 스페인어 diablo(디아블로)는 게임 제목으로도 유명하다.

vivere militare est

"삶이란 곧 전쟁이다." 로마의 금욕주의 철학자 세네카가 친구에게 보낸 편지에 나오는 구절이다(『서한집』 96번 편지). 친구가 방광염에 걸려 아프다고 하소연하자, 세네카는 답장을 보낸다. 인생이란 원래 힘든 것, 괴로워하지 말라고. 이 편지가 친구에게 위안이 되었을지는 모르겠다. "아파 죽겠다"는데, "사는 게 원래 그래"라니. 금욕주의 철학은 인정머리가 없다.

　　비슷한 말이 『구약성서』에도 나온다. 『라틴어 성서』를 보면 욥은 이렇게 말한다. militia est vita hominis super terram 밀리티아 에스트 비타 호미니스 수페르 테람(「욥기」 7장 1절). "대지 위 인간의 삶은 전쟁이다." 하루아침에 가족도 잃고 재산도 잃고 병에 걸려 고통받는 당사자가 직접 하는 말이다.

　　라틴어 militare에서 영어 낱말 military(군대의)가 왔다. 라틴어 v는 고대엔 '우'로, 중세엔 'ㅂ'으로 발음했다. 그래서 고대 로마의 글에 나온 vivere는 '위웨레', 『라틴어 성서』에 나온 vita는 '비타'로 옮긴다.

sic vita est

19세기 후반에 발표된 소설 『쿠오바디스』에 나오는 '로마의 풍류 귀족' 페트로니우스는 실제 인물이다. 그는 『사티리콘』이라는 소설을 썼는데, 44장에 이런 대목이 나온다.

가니메데스란 사람이 불평한다. 로마에서 살기가 너무 힘들다고. 물가가 올라 빵 같은 생필품을 구하기 어렵고, 가뭄이 계속되어 굶주리는 사람이 많아졌다. 정치인은 부패했으며, 빈부격차는 갈수록 벌어진다(요즘 이야기라 해도 믿겠다).

이에 엘키온이라는 사람이 답한다. "너무 어둡게 말하지 말아요. 오늘 없던 것이 내일 생기기도 하니까. sic vita truditur시크 위타 트루디투르, 이렇게 사는 거죠."

'사는 게 이렇지.' sic는 '이렇게'라는 뜻의 부사, vita는 삶, '삶은 이러하다'는 뜻이다. sic vita est는 부정적으로도 긍정적으로도 쓰인다. 사는 건 전쟁 같고 고통이고 허무하다는 뜻도 된다. "사는 게 그렇지, 뭐."

반대말도 알아보자. magna vita est마그나 위타 에스트, '삶은 위대하다'는 뜻이다. magna는 형용사로 '크다' '위대하다'라는 의미.

id est(i.e.)

우리 눈에 익은 머리글자 i.e.가 바로 id est다. id는 '그것'이
란 뜻이다. id est는 '그것은 ~이다'라는 뜻인데, 우리말로 자
연스럽게 옮기면 '즉' '그건 바로' '다시 말해'가 된다.

써먹기 좋은 라틴어 약어를 더 알아보자.

— vs.(versus 베르수스): 원래 '돌아선'이라는 뜻의 과거분사인
데, 여기서 '~에 맞서'라는 뜻이 나왔다.

— no.((in) numero 누메로): numero는 numerus 누메루스(숫
자)의 명사 변화. '숫자로 (몇 번째)'라는 뜻으로 쓰인다.

— ca.(circa 치르카): 원래 circus 치르쿠스(동그라미)에서 온 말
로, '둘레'에서 '언저리' '대략'이라는 뜻이 나왔다. ca. 뒤
에 숫자를 쓰면 '대략 ~쯤'이라는 뜻이 된다.

— sic(sic 시크): '이와 같이' '이대로'라는 뜻이다. 인용한 내
용 중에 맞춤법이 틀린 경우가 있을 때 "내가 틀린 게 아
니라 원문에 그렇게 되어 있다"라고 밝히는 약어다. 인
용한 글을 '그대로' 옮겨 썼다는 의미.

quod est superius

"더 높은 것." 원래 문장은 길다. quod est superius est sicut quod inferius, et quod inferius est sicut quod est superius 쿼오드 에스트 수페리우스 에스트 시쿠트 쿼오드 인페리우스, 에트 쿼오드 인페리우스 에스트 시쿠트 쿼오드 에스트 수페리우스. "더 높은 것은 더 낮은 것과 같고, 더 낮은 것은 더 높은 것과 같다."

알쏭달쏭하다. 연금술과 오컬트 쪽에서 쓰던 말이라 그렇다. 서양 오컬트 문화에 기반이 되는 헤르메스주의 문헌인 「에메랄드 서판」에 나오는 문장으로, 라이더 웨이트 타로의 첫 번째 카드 '마법사'와 관련이 있다고 알려져 있다. 그림 속 마법사는 더 높은 곳과 더 낮은 곳을 각각 가리킨다. 오컬트 분야에서도 라틴어는 자주 사용된다.

quod는 '~것'으로 번역되는 대명사다. 영어의 what을 생각하면 된다. superius는 형용사 superus(위의)의 비교급으로 '더 위의'라는 뜻이다.

sicut는 '~처럼'이라는 뜻. inferius는 superius의 반대말로 '더 낮은'이라는 의미다.

homo bulla

1월 6일부터 1월 16일까지는 동사 est(영어로 is)가 들어간 문장을 살펴보았다. 오늘부터는 est 없이 같은 뜻을 나타내는 문장을 살펴본다. 라틴어는 명사와 명사만 써도 est가 있는 것처럼 해석한다. 라틴어 문장의 묘한 매력이다.

homo bulla는 인생무상, '인간은 거품'이라는 뜻이다. 사람이 죽음을 맞는 것이 마치 거품이나 비눗방울이 터지듯 허무하다는 의미다.

서양 미술에 자주 등장하는 도상이기도 하다. 어린이나 아기 천사가 비눗방울을 부는 그림을 보면 얼핏 '귀여운 아이 그림'이라고 생각하기 쉬운데, 사실은 '인생이 이처럼 허무하다'는 뜻을 담고 있다. 인생무상을 의미하는 정물화에는 비눗방울 말고도 쉽게 깨지는 유리 그릇, 쉽게 꺼지는 촛불, 쉽게 상하는 생선과 굴, 덧없이 떨어지는 모래시계, 쉽게 시드는 꽃이 등장한다. 이런 그림을 vanitas^{바니타스} 정물화라고 한다.

18세기나 19세기 풍자만화에서는 비눗방울이 정치인의 헛된 야망을 뜻하기도 했다. 오늘날에는 '버블경제'처럼 비즈니스와 경제 분야에서 쓰는 상징이 됐다.

lex rex

"법이 왕이다." 이 말은 무슨 뜻일까? 아무리 왕이라도 마음대로 해서는 안 되고, 법을 따라야 왕 대접을 받는다는 의미다.

스코틀랜드의 신학자 새뮤얼 러더퍼드는 17세기에 『Lex, rex』라는 책을 썼다. 부제는 '법과 군주'다. 왕이 절대 권력을 가진다는 주장을 반박하고, 군주의 권력도 사회적 계약이므로 법의 제한을 받아야 한다고 했다. 영국 왕실이 화가 나서 이 책을 불태웠다고 한다. '법이 왕'이라는 생각은 나중에 영국 사상가 존 로크에게 영향을 주었다고.

눈 밝은 독자는 알아차렸을 것이다. 라틴어는 동사의 위치가 제법 자유롭다는 사실을. 그렇다고 라틴어에 어순이 없는 것은 아니다. 이 문장은 어떨까? non rex lex, sed lex rex는 렉스 렉스, 세드 렉스 렉스. 동사가 생략되어 있다. rex는 왕, lex는 법을 뜻한다. non은 '아니'라고 부정하는 말로 영어의 not이고 이탈리아어의 non이다. sed는 '그러나', 영어로 but이다. 문장의 뜻은 '왕은 법이 아니다, 그러나 법은 왕이다.' 낱말의 순서가 바뀌면 뜻도 바뀐다.

vox populi vox Dei

"민중의 소리는 신의 소리." 나라님이 마음에 새겨야 할 말로 많이 인용되지만, 처음 등장한 맥락은 뜻밖이다. 중세 프랑크 왕국의 샤를마뉴대제에게 당대 최고의 지식인 앨퀸이 편지를 썼다. "vox populi vox Dei라고 떠들어 대는 소리는 듣지 마십시오. 군중의 소란스러움은 광증에 가까우니까요."

여기서 뜻밖의 사실 세 가지를 알 수 있다. 첫째, vox populi vox Dei라고 말하는 사람이 중세 초기에 이미 많았다. 둘째, 앨퀸 같은 지식인은 이 말을 질색했다. 셋째, 샤를마뉴는 이런 앨퀸을 불러들여 중세에 드물게도 좋은 정치를 폈다. 여론에 귀 기울이지 않았는데도 성공을 거둔 경우랄까. 오늘날의 나라님은 따라 하지 마시길.

vox는 '목소리'라는 뜻이다. 영어 voice, 프랑스어 voix부아가 여기서 왔다. populi는 '민중의'라는 뜻으로 populus의 명사 변화다. Dei는 '신의'라는 뜻으로 Deus의 명사 변화다. 현대 영어에 vox pop이라는 표현이 있다. 길거리를 지나가는 사람을 아무나 붙잡고 인터뷰하는 것을 뜻한다.

ars longa, vita brevis

'인생은 짧고 예술은 길다'라는 해석이 우리 귀에 익다. 예술 작품은 평범한 사람의 인생을 넘어서는 생명력이 있다는 뜻으로 쓰인다. 나도 좋아하는 격언이다. 그런데 원래 뜻은 '기술은 길고 인생은 짧다'일 수 있다.

라틴어 ars에서 영어 art, 프랑스어 art아르, 이탈리아어 arte아르테가 왔다. 주로 '예술'로 번역하지만, '기술'이란 뜻도 있다. 예를 들어 영어 제목이 'The Art of War'인 책이 있다. 우리에겐 『손자병법』孫子兵法이라는 제목으로 친숙하다. 이럴 때 '전쟁의 예술'보다는 '전쟁의 기술'이 자연스럽다.

ars longa, vita brevis는 고대 그리스의 의사 히포크라테스가 한 말로 알려져 있다. '히포크라테스선서'로 유명한 그 사람이다. 원래 문장은 기술, 특히 의술로 해석하는 게 맞겠다. 공부해야 할 의술은 너무 많은데, 그 공부를 다 하기에 우리 인생은 짧다는 한탄이었으리라.

형용사 longa는 '긴', 영어 long과 닮았다. 형용사 brevis는 '짧은', 영어 brevity(간결함)가 여기서 왔다.

mors certa,
hora incerta

"죽음은 확실하고 시간은 불확실하다." 우리가 죽는다는 사실은 확실하지만 언제 죽을지는 모른다는 뜻.

비슷한 말로 mors certa, vita incerta 모르스 케르타, 위타 인케르타가 있다. 해석하면 '죽음은 확실하고 삶은 불확실하다.' incerta omnia, sola mors certa 인케르타 옴니아, 솔라 모르스 케르타라는 말도 있다. omnia는 '모든 것', 형용사 sola는 '오직 하나의'라는 뜻이다. '모든 것은 불확실하고, 오직 죽음만 확실하다.' 모든 일은 예측 불가능하며, 오직 확실한 것은 우리가 언젠가 죽는다는 사실뿐이라는 의미다.

명사 mors는 '죽음'이라는 뜻인데, 프랑스어 mort 모르, 이탈리아어 morte 모르테, 스페인어 muerte 무에르테가 여기서 왔다.

명사 hora는 '시간'으로, 스페인어 hora 오라, 이탈리아어 ora 오라, 프랑스어 heure 외르, 영어 hour가 그 후손이다.

형용사 certa는 '확실한'이라는 뜻이다. 영어 certain(확실한)을 생각하면 좋다. incerta는 그 반대말이다.

gratia gratiam parit

"호의가 호의를 낳는다." 마음에 새길 좋은 말이다.

그런데 그리스 시인 소포클레스의 작품 「콜로노스의 오이디푸스」에는 거꾸로 "호의가 호의를 낳지 않는다"라는 표현이 나온다. 오이디푸스는 불운한 사람이었다. 크레온은 그를 테베 땅에서 쫓아냈고, 아들들은 그를 모른 척했다. 오이디푸스는 말년에 세상을 떠돌았다. 그런데 죽기 직전에 크레온과 아들들이 오이디푸스를 찾아온다. 오이디푸스의 유골을 가져다 묻으면 나라에 좋은 일이 생긴다는 예언을 알게 된 것이다. 마치 모두가 모시려 하지 않던 늙은 아버지가 로또에 당첨되자 자식들이 유산을 바라고 몰려와 서로 모시겠다고 다투는 볼썽사나운 상황이다. 오이디푸스는 크레온과 아들들을 물리치며 "(거짓된) 호의는 호의를 낳지 않는다"라고 짜증을 낸다. 진실한 호의만 호의를 낳는다는 이야기.

라틴어 gratia는 우리말로 다양한 뜻이 있다. 이 경우는 '호의' 또는 '친절함'으로 옮기면 좋다. gratiam은 gratia의 명사 변화 형태다. gratia는 '호의가', gratiam은 '호의를', 동사 parit는 '낳는다'.

asinus asinum fricat

"당나귀가 당나귀를 문지른다." 이 말은 곧 몸이 가려운 당나귀끼리 몸을 문지르는 것을 가리킨다. 어리석은 사람끼리 서로 칭찬해 주는 일을 뜻하는 라틴어 속담이다.

프랑스 작가 라퐁텐이 쓴「원숭이와 사자와 두 마리 당나귀」라는 우화가 있다. 동물의 왕인 사자가 똑똑하다는 원숭이에게 정치를 물었다. 원숭이는 어리석은 당나귀 두 마리가 서로 대단하다며 칭찬했다는 이야기를 들려주었다. 당나귀는 서로 칭찬할수록 더 우스워 보였다. 끼리끼리 챙기는 행태가 보기 흉하다는 교훈을 들려준 것이다.

그런데 라퐁텐의 우화는 뒤에 한 문장이 더 있다. "원숭이는 불의에 대해서는 말하지 않았는데, 사자 왕의 화를 살까 두려웠기 때문이다." 이 우화에서 원숭이는 권력자 앞에서 진실을 말하기 두려워하는 지식인의 초라한 모습을 상징한다.

asinus는 '당나귀'라는 뜻으로 영어 ass가 여기서 왔다. 영어와 마찬가지로 '어리석은 사람'이라는 뜻으로도 쓰인다. asinus는 '당나귀가', asinum은 '당나귀를', fricat는 '문지른다'는 뜻이다.

lupus lupum non mordet

'늑대는 늑대를 물지 않는다'는 라틴어 속담으로, 악당끼리는 한통속이 되어 서로 공격하지 않는다는 뜻이다.

이 격언에는 흥미로운 역사가 있다. 이탈리아의 과학자 갈릴레오 갈릴레이는 망원경을 발명해 1610년에 목성의 주위를 도는 네 개의 달을 발견했다. 이 소식은 과학계에 충격을 줬다. 목성에 달이 있다니! 마르틴 호르키라는 보헤미아 출신 과학자는 이 사실을 받아들이지 못했다. 갈릴레오가 틀렸다고 주장했다. 그러나 이탈리아 과학자들은 갈릴레오가 맞는다고 주장했다.

화가 난 호르키는 독일의 천문학자 케플러에게 편지를 썼다. 이탈리아 과학자들은 악당이고 한통속이라고. 이 편지에 쓴 라틴어 속담이 '늑대는 늑대를 물지 않는다'였다. 이탈리아 사람들이 서로 비판하지 않는 건 그래서라는 거였다.

우리는 논쟁의 결말을 알고 있다. 목성의 달 발견은 과학사에서 중요한 사건으로 평가받는다. 불쌍한 호르키가 틀리고 갈릴레오와 이탈리아의 과학자들이 옳았다.

lupus는 '늑대가', lupum은 '늑대를', non mordet는 '물지 않는다'.

fur furem cognoscit et lupus lupum

"도둑이 서로 알아보듯 늑대가 늑대를 알아본다." 도둑과 도둑, 늑대와 늑대, 끼리끼리 잘 어울린다는 속담이다. 한자 성어 유유상종類類相從과 비슷하지만 부정적인 의미로 쓰였다. 늑대도 도둑도 별로 좋은 이미지는 아니니.

"비슷한 악덕을 가진 사람들, 특히 도둑은 서로를 좋아한다. 늑대는 강도처럼 무리를 지어 돌아다닌다." 르네상스 시대의 지식인 에라스뮈스의 설명이다. "어떤 사람들은 서로 성격이 닮아 즉시 애정이 싹튼다. 반대로 어떤 사람들은 성격의 차이 때문에 적대감이 생긴다."

fur는 '도둑이', furem은 '도둑을'. 귀여운 동물 이름 ferret페럿이 여기서 나왔다. '작은 도둑'이라는 뜻. 동사 cognoscit는 '알아본다'는 뜻이다.

lupus는 '늑대가', lupum은 '늑대를'. '루푸스'라는 질병은 자가면역질환이다. 자기 몸 곳곳을 자기가 공격하는 병이다. 루푸스 증상이 피부에 생길 경우 늑대에 물어뜯긴 상처처럼 끔찍해 보여 이런 이름이 붙었다는 설명이 있다.

canis canem edit

"개가 개를 먹는다." 암울한 뜻이다. 어려운 처지에 있는 사람끼리 돕기는커녕 서로 해친다는 말로, 오늘날 dog-eat-dog(개가 개를 먹는)라는 영어 표현을 낳았다. 굶주린 개끼리 먹이를 두고 물어뜯듯, 사람들이 살아남기 위해 경쟁하는 모습을 가리킨다. 하지만 무한 경쟁이 일상화된 요즘, 이 표현의 부정적 의미가 옛날만큼 강하지는 않은 듯하다. 말보다 시대가 무섭달까.

canis canem edit라는 라틴어 격언이 다시 입길에 오른 사연이 있다. 2006년에 나온 'Bully'라는 미국 게임 때문이다. 유럽과 호주 등에서는 'Canis Canem Edit'라는 이름으로 발매되었다. 학내 따돌림 문제라는 민감한 주제를 건드려 논란을 빚었다. 게임 자체는 따돌림당하는 동료를 구해 주는 내용이니, 어른들이 걱정하는 만큼 무서운 게임은 아닐지도 모르겠다.

canis는 '개가', canem은 '개를'. 프랑스어로 개를 뜻하는 chien시엥이 여기서 나왔다. 동사 edit는 '먹는다'는 뜻으로 영어 형용사 edible(먹을 수 있는)이 여기서 왔다. 영어 낱말 eat(먹다)와는 먼 친척.

serpens nisi serpentem comederit

"뱀이 뱀을 삼키지 않으면." 원래 문장은 길다. serpens nisi serpentem comederit non fit draco^{세르펜스 니시 세르펜템 코메데리트 논 피트 드라코}. '뱀이 뱀을 삼키지 않으면 용이 되지 못한다.' 용이 되려면 다른 뱀을 집어 삼켜야 한다는 뜻이다. 섬뜩하다.

어떤 뱀은 용이 되고 어떤 뱀은 먹이가 된다. 영국의 철학자 프랜시스 베이컨은 「운에 대하여」라는 글에서 이 격언을 인용했다. "누군가의 불운은 다른 사람의 행운"이라고 베이컨은 썼다. 그렇다고 베이컨이 운수만 믿은 것은 아니다. "현명한 사람은 시기를 피하기 위해 성공을 운 덕분으로 돌린다"고도 썼다.

serpens는 '뱀이', serpentem은 '뱀을'. 영어 serpent (뱀)가 여기서 나왔다.

nisi는 '만약 ~ 아니라면'이라는 접속사다. 라틴어 접속사 si가 영어의 if다. nisi는 영어로 if + not이다.

동사 comederit는 '삼킨다면'이라는 뜻이다. 어제 살펴본 동사 edit 앞에 com-이 붙었다.

amor amorem gignit

"사랑이 사랑을 낳는다." 며칠 전 살펴본 gratia gratiam parit, 즉 '호의가 호의를 낳는다'와 뜻이 통하는 말이다. 남에게 사랑을 베풀면 그 사람도 남에게 사랑을 베풀리라는 좋은 말씀이다.

첫 글자를 대문자로 쓴 아모르Amor는 신의 이름이다. 로마신화에서 활과 화살을 들고 다니는 사랑의 신이다.

큐피드Cupid라는 이름에 익숙한 독자님이 많을 것이다. 큐피드는 영어 이름이고, 로마 신 이름은 쿠피도Cupido다. 라틴어 명사 cupido는 '욕망'이라는 뜻이다. 에로스Eros는 그리스신화에 나오는 사랑의 신 이름이다. 그리스어 명사 eros가 '사랑'이라는 뜻이다. '사랑의 신' 이름이 '사랑이' 또는 '욕망이'인 셈이다.

amor는 '사랑이', amorem은 '사랑을'. 프랑스어 amour 아무르, 이탈리아어 amore아모레, 스페인어 amor아모르가 여기서 왔다.

동사 gignit는 '낳는다'는 뜻으로, 영어 gene(유전자), genetics(유전학) 등이 이 낱말의 친척 손주뻘이다.

mors mortem
superavit

죽음을 두려워하는 나 같은 사람에게 반가운 말이다. "죽음이 죽음을 정복했다." 죽음이 죽임을 당했다는 뜻이다. 죽음이 죽어 사라진다면 우리는 영원히 살게 되리라.

　기독교에서는 예수가 죽음을 정복했다고 믿는다. ubi est, mors, victoria tua? ubi est, mors, stimulus tuus? 우비 에스트, 모르스, 빅토리아 투아? 우비 에스트, 모르스, 스티물루스 투우스? 사도바울이 한 말이다. "죽음아, 너의 승리가 어디게 있느냐? 죽음아, 너의 쏘는 것이 어디에 있느냐?"(『고린도전서』15장 55절)

　죽음은 인간의 오랜 숙제다. 어떤 사람은 종교에서 생명을 찾는다. 어떤 사람은 종교 대신 현대 과학에서 희망을 찾는다. 죽음을 물리칠 비밀을 의학은 찾아낼 수 있을까?

　ubi는 '어디', est는 영어의 is, victoria는 영어의 victory(승리), stimulus는 '쏘는 것'이라는 뜻이다. tua와 tuus는 영어의 your(너의)다.

　mors는 '죽음이', mortem은 '죽음을'. 동사 superavit는 '이겼다' '정복했다'라는 뜻.

ars celare artem

'예술은 예술을 감추는 것' 또는 '기술은 기술을 감추는 것'이라는 뜻이다. ars celare artem est아르스 첼라레 아르템 에스트라고도 쓴다. '예술은 예술을 감추는 것이다' 또는 '기술은 기술을 감추는 것이다'.

　　이 라틴어 표현을 보면 나는 동양의 천의무봉天衣無縫이라는 말이 떠오른다. '하늘나라의 솜씨 좋은 옷은 바느질 자국이 없다'는 뜻인데, 정말 잘 만든 작품은 어떻게 만들었는지 기술도 보이지 않고 고생한 흔적도 보이지 않는다는 의미다.

　　다양하게 응용할 수 있는 표현이다. 노력 없이 그려 낸 듯 보이는 그림에도, 단순하지만 재료의 맛을 살린 맛있는 요리에도, 우리 주위 '생활의 달인'이 보여 주는 자연스러운 솜씨에도.

　　ars는 영어로 art, '예술'로도 '기술'로도 옮길 수 있다. ars는 '예술이' '기술이', artem은 '예술을' '기술을'.

　　celare는 고대식으로 '켈라레', 중세식으로 '첼라레'라고 읽는다. 동사의 부정사 형태다. 접두사 con-이 붙으면 concelare콘켈라레/콘첼라레가 된다. 영어의 conceal(숨기다)이 여기서 왔다.

manus manum lavat

'손이 손을 씻는다'는 라틴어 속담으로 '떳떳치 못한 자끼리 서로 돕는다'는 뜻이다.

　로마의 철학자 세네카는 이런 글을 썼다. 로마 황제 클라우디우스가 죽은 뒤 신들 앞에 섰다. 전임자 카이사르와 아우구스투스는 죽은 후 신으로 승격되었는데, 클라우디우스 역시 신이 될 자격이 있는가? 로마의 신들은 찬반 논쟁을 벌인다. 이때 헤라클레스 신이 클라우디우스 편에 서서 다른 신들을 설득하려 한다. 좋은 게 좋은 것 아니냐는 주장이다. 이때 쓴 말이 '손이 손을 씻는다'는 속담이었다.

　이 풍자 글에서 헤라클레스의 설득은 결국 실패했다. 클라우디우스는 신이 되지 못하고 하계로 떨어져 버렸다. '손이 손을 씻는다'가 좋은 맥락에서 쓰는 말이 아니라는 사실을 짐작할 수 있다.

　manus는 '손이', manum은 '손을'. 영어 manual(손의), manufacture(수공업), manuscript(수고手稿) 등이 여기서 온 말이다.

　lavat는 '씻다'라는 뜻이다. 영어 낱말 lavatory(세면실), lavish(물 쓰듯 막 쓰다)가 여기서 왔다.

FEBRUARIUS

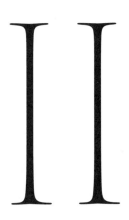

dies diem docet

"날이 날을 가르친다." 하나의 날이 다른 날을 가르친다. 어제가 오늘을 가르친다. 날마다 배움이 자란다는 뜻이다.

'날마다 하나씩 배운다'는 뜻도 된다. 서양에서는 하루하나씩 공부하는 책을 dies diem docet라고 부르기도 한다. 그러고 보니 우리가 읽는 바로 이 책도 dies diem docet 책이다. 날마다 라틴어 문장을 하나씩 익히는 책이니까. 2월에도 이 책으로 즐겁게 공부하시길!

일신우일신日新又日新이나 일취월장日就月將이라는 말이 떠오른다. 하루하루 새롭게 배운다는 의미로 이 말을 사용할 수 있겠다.

dies는 '날이' 또는 '하루가', diem은 '날을' 또는 '하루를'. 자주 쓰는 라틴어 낱말인데 우리말로 옮기기 까다로울 때가 있다.

동사 docet는 '가르친다'는 뜻. 영어 낱말 doctor(박사)나 document(문서), documentary(다큐멘터리), doctrine(강령) 따위가 여기서 온 말이다. 가르치는 일과 관련된 말들이다. 라틴어 doctor독토르는 '가르치는 사람'이라는 뜻이었다.

diem perdidi

'나는 하루를 헛되이 보냈다'는 뜻이다. 이 말을 한 사람은 로마 황제 티투스. 역사가 수에토니우스의 『황제 열전』에 따르면, 티투스는 누군가를 돕지 못한 채 하루를 보내면 "나는 하루를 헛되이 보냈다"라고 말하며 탄식했다 한다.

티투스에 대한 평가는 엇갈린다. 황제가 되기 전에는 무자비했다고 한다. 그래서 걱정하는 사람이 많았다. 그러나 황제가 된 다음에는 나랏일에 열심이었다. 화산이 터지고 큰불이 나고 역병이 돌 때 티투스가 나서서 수습했다. diem perdidi는 티투스의 모범적인 정치를 보여 주는 말이다.

반면 티투스를 폭군으로 기억하는 사람들도 있다. 티투스에게 정복당한 유대 민족이다. 유대 민족이 반란을 일으켰을 때 진압한 장군이 티투스였다. 예루살렘 신전을 파괴하고 저항하는 유대 사람을 학살했다. 지배자 로마 사람이 기억하는 티투스와 피지배자 유대 사람이 기억하는 티투스는 다를 수밖에.

여기서 diem은 '하루를'이라고 해석한다. perdidi는 '나는 헛되이 보냈다'라는 뜻이다. 라틴어 동사는 인칭에 따라 변화하기 때문에 동사만 써도 주어를 짐작할 수 있다.

carpe diem

유명한 라틴어 격언이지만, 한국어로 옮기기 까다롭다. diem 에 딱 맞는 한국어가 없어서다. '오늘을 누리라' '이날을 잡으라' '하루를 즐기라' 등으로 옮길 수 있다.

"오늘 하루를 즐기라, 내일을 되도록 믿지 말고." 로마 시인 호라티우스의 시구절이다(『송가』 1권 11번). 대책 없이 놀라고 권하는 문장처럼 보이지만, 맥락을 보면 뜻밖에 심오하다.

이 시는 이렇게 시작한다. "그대는 묻지 말라, 신들이 나와 그대에게 정해 준 삶의 끝을." 인간은 자기가 죽는 날이 언제인지 알 수 없다는 깨달음이다. 그렇다면 우리는 어떻게 살아야 할까? 호라티우스는 제안한다. carpe diem, 현재에 충실하라고.

사람은 저마다 생각이 다르다. 삶이 덧없다는 사실을 두고도 상반된 선택을 한다. "소년은 늙기 쉽고 학문은 이루기 어려우니, 짧은 순간도 가볍게 보내지 말라"라는 모범생 같은 선택도, "노세 노세 젊어서 놀아, 늙어지면 못 노나니"처럼 죽음을 맞기 전까지 순간을 즐기자는 선택도 있다. 어느 쪽이든 인생을 건 선택일 것이다.

ante meridiem(AM)

‘오전’이라는 뜻이다. 설명이 복잡하다.

medius는 ‘중간의’, dies는 ‘날’. 둘을 합해 medidies, 발음하기 쉬우라고 meridies가 됐다. 뜻은 ‘날의 중간’이다. ante는 ‘앞’이라는 뜻이므로, ante meridiem은 ‘날의 중간 이전’ 즉 ‘오전’이 된다. ante meridiem의 줄임말이 AM이다.

반대말은 PM post meridiem, 뜻은 ‘오후’다.

시간에 관한 다른 단어의 골치 아픈 어원도 알아보자.

12시(정오)를 뜻하는 영어 낱말 noon의 어원은 뜻밖이다. ‘아홉 번째 시각’을 뜻하는 라틴어 nona hora 노나 호라에서 왔다.

‘날이 뜨거운 2시 무렵 잠시 눈을 붙이는 낮잠 시간’을 의미하는 시에스타 siesta의 어원은 ‘여섯 번째 시각’을 뜻하는 라틴어 sexta hora 섹스타 호라에서 왔다.

옛날 사람의 6시가 지금 오후 2시가 되고, 9시가 지금 12시가 됐다. 대개 어원을 알면 단어의 뜻을 잘 이해하게 마련인데, 이 낱말들은 라틴어 어원을 알수록 오히려 더 혼란스럽다.

veritas odium parit

"진리가 미움을 낳는다." 진리를 말하는 사람은 쉽게 미움받는다는 뜻이다. 입바른 소리를 하는 사람은 옛날에도 적이 많았나 보다.

비슷한 뜻의 라틴어 문장이 또 있다. damnant quod non intelligunt담난트 쿠오드 논 인텔리군트. '(사람들은) 이해하지 못하는 것을 비난한다.'

veritas는 '진리가', parit는 '낳다'. odium은 '미움이'도 되고 '미움을'도 된다. 여기서는 목적어 '미움을'로 쓰였다. 영어 명사 odium 역시 '증오'라는 뜻이다. 형용사 odious(혐오스러운)가 자주 쓰인다.

damnant는 '(사람들은) 비난한다'라는 뜻이다. 영어 낱말 damn(저주하다)과 condemn(비난하다)이 여기서 왔다.

quod는 관계대명사로 영어의 what과 같다. 우리말로 '것'으로 해석한다. quod non intelligunt는 '(사람들이) 이해하지 못하는 것', intelligunt는 '이해하다'라는 뜻이다. 영어 intelligence(지능), intelligent(똑똑한)의 어원.

si vis pacem, para bellum

"평화를 바란다면 전쟁을 준비하라."

비슷한 라틴어 표현이 있다. paritur pax bello파리투르 팍스 벨로. '평화는 전쟁에 의해 탄생한다(낳아진다).' paritur는 동사 pario(낳다)의 수동태다.

반대도 있다. si vis bellum, para pacem시 비스 벨룸, 파라 파쳄. "전쟁을 원한다면 평화를 준비하라." 전쟁을 하려면 평화를 원하는 것처럼 다른 나라를 속이라는 술책이다.

한편 19세기 이후 반전평화운동가가 좋아한 문구는 이렇다. si vis pacem, para pacem시 비스 파쳄, 파라 파쳄. "평화를 원한다면 평화를 준비하라."

반면 20세기 독일의 사상가 발터 베냐민은 "평화를 원한다면 전쟁에 대해 말해야 한다"고 지적했다. 전쟁이 일어나는 배경에 관심을 가져야 한다는 뜻이다.

si는 '만약', vis는 '(당신이) 바란다면'. para는 명령법으로 '준비하라'는 뜻이다.

pax는 '평화가', pacem은 '평화를'. bellum은 '전쟁이' 또는 '전쟁을', bello는 '전쟁에 의해'.

arma virumque cano

"무기와 한 남자를 (나는) 노래하노라." 외워도 좋을 만한 구절이다. 로마 시인 베르길리우스가 쓴 유명한 로마의 건국 서사시 『아이네이스』의 첫머리니까. '아-(르)마·위·룸-퀘·카·노-'라고 '장단단 장단단' 박자를 맞춰 읊는다.

그리스 시인 호메로스의 두 서사시의 첫머리와 비교되기도 한다. 『일리아스』의 시작은 "분노를 노래하소서 여신이여", 『오디세이아』는 "한 남자에 대해 내게 알려 주소서 무사여신이여"다. 두 시의 첫 단어는 각각 '분노'와 '한 남자'다.

베르길리우스가 arma virumque(무기와 한 남자)로 시를 시작한 까닭이 호메로스를 의식했기 때문이라고 한다. 로마 문화의 특징인 imitatio et æmulatio(모방과 경쟁)가 잘 드러난다.

arma는 '무기가' 또는 '무기를'. 여기서는 '무기를'로 해석한다. vir는 '남자가', virum은 '남자를'. -que는 et와 같다(S.P.Q.R.의 Q).

동사 cano는 '(나는) 노래한다'는 뜻이다. 이탈리아어 canzone칸초네와 프랑스어 chanson샹송, 영어 chant가 여기서 왔다. 모두 '노래'라는 뜻이다.

una hirundo non facit ver

"제비 한 마리가 봄을 만들지는 못한다." 젊은이와 제비의 이야기를 담은 우화가 있다. 한 젊은이가 겨울에 도박으로 전 재산을 잃었다. 그런데 제비 한 마리를 보고 봄이 왔다고 생각해 외투를 팔아 도박에 걸었다가 또 잃었다. 젊은이는 추위에 시달렸다. 얼어 죽은 제비를 보며 "속았다"라고 불평하지만, 이미 돈도 외투도 사라졌다. 제비 한 마리를 보고 봄이라 판단하면 곤란하다는 이야기다.

이 라틴어 격언은 성급한 일반화의 오류에 빠지지 말라는 뜻이다. 그리스 철학자 아리스토텔레스는 짧은 시간만 보고서는 그 인생이 행복한지 판단할 수 없다고 했다. 르네상스 시대의 지식인 에라스뮈스는 누가 딱 한 번 좋은 일을 했다고 선한 사람이라 여길 수 없고, 말 한 번 잘했다고 연설가가 되는 것은 아니라고 지적했다.

형용사 una는 '하나의', 명사 hirundo는 '제비가'('날치'라는 뜻도 있다). non facit는 '만들지 못한다', ver는 '봄이' 또는 '봄을'. 여기서는 '봄을'이라는 뜻이다. 이탈리아어 primavera프리마베라(봄)가 여기서 왔다.

omnia vincit amor

"사랑은 모든 것을 정복한다." 로마 시인 베르길리우스가 쓴 시 「목가」 10편에 나오는 구절이다. 코르넬리우스 갈루스라는 친구 시인이 이 시의 주인공인데, 그는 여자친구가 다른 남자를 따라 먼 길을 떠나자 마음 아파한다. 신들이 나타나 그를 달래지만 소용없다. 시의 마지막은 모호하다. "사랑은 모든 것을 정복한다, 우리 역시 사랑에 굴복하자." 갈루스의 마지막 외침이다. 갈루스가 사랑의 상처를 잊지 못하고 스스로 목숨을 끊었다는 해석도 있다.

갈루스는 실존 인물로, 시를 잘 썼다고 한다. 스스로 목숨을 끊은 것도 사실이다. 하지만 사실 그 원인은 '사랑에 굴복'해서가 아니었다. 실연당한 가난한 청년 시인의 죽음이 아니다. 갈루스는 이집트 총독까지 지낸 로마의 거물 정치인이었다. 아우구스투스 황제에게 밉보여 총독 자리에서 쫓겨나자 목숨을 끊었다. 어찌 보면 labor vincit omnia 라보르 윙키트 옴니아 (일이 모든 것을 정복한다)에 어울리는 인물이었을지도.

omnia는 '모든 것이' 또는 '모든 것을'. 여기서는 '모든 것을'이라는 목적어로 쓰였다. vincit는 '정복하다' '이기다', amor는 '사랑이'.

omnia mea mecum porto

"나는 나의 모든 재산을 가지고 다닌다." 그리스 철학자 비아스는 고향이 불에 타는 동안 집에서 물건을 챙기지 않고 빠져나왔다. "어째서 세간 살림을 챙겨 나오지 않았소?" 질문을 받은 비아스가 대답했다. "진짜 소중한 것은 늘 가지고 다니니까요." 현명한 사람에게 진정한 재산은 물질이 아니라 늘 지니고 다니는 것, 즉 지혜와 덕성이라는 이야기다.

르네상스 시대의 지식인 에라스뮈스는 라틴어 격언집 『아다기아』에서 비아스의 일화를 소개한다. 에라스뮈스 역시 평생 공부한 내용을 머리에 담은 채 유럽 곳곳을 돌아다녔다.

이와 비슷한 라틴어 문장이 있다. sapiens sua bona secum fert사피엔스 수아 보나 세쿰 페르트. '현명한 사람은 그의 재산을 가지고 다닌다.'

omnia mea는 '나의 모든 것을' 즉 '나의 모든 재산을'이라는 뜻이다. mecum은 전치사 cum(~와 함께)과 me(나를)를 합한 말이다. porto는 '(나는) 가지고 다닌다'라는 뜻으로, 영어 portable(가지고 다닐 수 있는)이 여기서 나온 말이다.

aquila non capit muscas

"독수리는 파리를 잡지 않는다." 이 라틴어 격언은 법과 정치가 너무 사소한 것을 캐고 들면 곤란하다는 의미다.

비슷한 취지의 말이 있다. de minimis non curat lex데 미니미스 논 쿠라트 렉스. '사소한 것에 대해 법은 신경 쓰지 않는다.' 줄여서 de minimis 원칙이라고 한다.

국가는 사소한 잘못이 있는 사람을 굳이 잡아다 벌을 주지 않는다. 외국에 다녀오는 사람이 가지고 들어오는 값싼 물건에는 굳이 관세를 물리지 않는다. 독수리가 사소한 파리를 잡지 않는 원칙의 사례라 하겠다. 사소한 위반에 집착하는 것은 나라의 힘을 낭비하는 일이다. 독수리가 파리 잡는 일에 정신이 팔리면 정작 중요한 사냥감을 놓칠 터다.

aquila는 '독수리'. 이 문장에서는 하늘을 훨훨 나는 독수리를 뜻하지만, 가끔은 로마 군대의 깃발을 뜻하기도 한다. 로마군이 깃대에 독수리 엠블럼을 달았기 때문이다. non capit는 '잡지 않는다'는 뜻이다. capio(잡는다)는 자주 나오는 라틴어 동사다. 영어 단어 capture의 어원이기도 하다. muscas는 '파리들을'.

ululas Athenas

"올빼미를 아테네로." 올빼미를 아테네로 가져간다는 의미다. 그리스의 도시국가 아테네에는 올빼미가 많이 살았다고 한다. 도시의 수호신 아테나 여신의 상징 동물도 올빼미였다. 이미 올빼미가 많은 아테네에 또 올빼미를 가져가다니, 쓸모없는 일에 헛힘을 쓴다는 의미다.

이 말의 유래에 대해 다른 이야기도 있다. 아테네는 올빼미 문양을 찍어 은화를 발행했으니 올빼미는 돈을 뜻한다는 것이다. 그런데 아테네는 돈이 많기로 유명한 부자 도시였다. 돈(올빼미)이 많은 아테네에 돈(올빼미)을 보내 봤자 헛수고가 아니겠는가.

요즘 독일에서는 '뮌헨에 맥주 가져가기' '라인강에 물 붓기' 같은 재미있는 표현을 쓴다고 한다.

명사 ulula는 '올빼미가', ululas는 '올빼미들을'. 그리스 도시 이름 아테네Athenæ는 설명이 필요하다. 단수로 쓰지 않고 늘 복수로만 쓴다. 영어로도 복수형 Athens라고 쓴다. 그리스 도시 테베도 비슷한 경우다(영어로 Thebes). 도시에 여러 구역이 있어서 그렇다는 설명도 있다.

damnatio ad bestias

"맹수에게 사람을 던지는 처형." 맨몸의 죄수를 맹수의 이빨과 발톱을 향해 던져 버리던 고대 로마의 잔인한 처형 방식이다. 처음에는 공공장소에서 반역자를 맹수가 찢어 죽이게 했다. 나중에는 살인자나 기독교 신자를 대형 경기장에 세워 놓고 사나운 야수를 풀었다. 공개 처형은 시민의 구경거리였다. 사자, 표범, 곰, 멧돼지뿐 아니라 바다 건너에서 하마, 코끼리, 기린까지 데려와 사람을 해치는 일에 동원했다. 비참한 죽음이 두려워 많은 죄수가 자살을 시도했다고 한다.

고대 로마 사람은 자기 생명을 가볍게 여기는 기개가 있었다. 그런데 남의 생명도 하찮게 봤던 걸까. damnatio ad bestias는 로마 사회의 그늘을 보여 준다.

damnatio는 '처형'이라는 뜻이다. damno(비난하다)라는 동사는 앞서 보았다. 전치사 ad는 '~를 향하여' '~에게'라는 뜻이다. bestia는 '짐승이', bestias는 '짐승들을'. 프랑스어 단어 bête베트와 영어 단어 beast가 여기서 왔다. '미녀와 야수'는 프랑스어로 'La Belle et la Bête'라 벨 에 라 베트.

fumos vendere

"연기(들)를 팔다." 자기가 로마 황제와 친하다고 주장하면서 이익을 챙기는 일을 말한다. "황제가 이런 말을 했다"라는 소문을 내고, "황제에게 청탁해 주겠다"라며 금품을 받아 챙긴다.

로마 시대에만 '연기 장사꾼'이 꼬인 것은 아니다. 르네상스 시대의 지식인 에라스뮈스도 주교나 제후 주위에 '궁정인'을 자처하는 인간이 가득하다고 탄식했다. 물론 오늘날에도 자주 보인다.

"궁전 주위에서 헛된 연기를 팔지 말라." 로마 시인 마르티알리스가 쓴 시구다. 로마 시대에 연기를 팔다 걸리면 끔찍한 벌을 받았다. 높은 장대에 묶어 놓고 연기를 피워 질식시켜 죽였다.

나라님과 친하다고 으스대는 일, '여사님과 전화 통화했다'고 자랑하는 일, 예나 지금이나 권력 주위를 맴도는 건 목숨이 걸린 위험한 일이다. 자칫하면 장대에 매달릴 수 있으니.

fumus는 '연기가', fumos는 '연기들을'. 동사 vendo는 '(나는) 판다'는 뜻이다. vendere는 동사의 부정사 형태다. 영어 vendor(파는 사람)와 vending machine(자동판매기)이 여기서 나온 말.

Cæsar non supra grammaticos

"황제(라 할지라도) 문법학자들 위에 (군림하지) 못한다." 내가 좋아하는 라틴어 격언이다.

　　로마 황제 티베리우스가 연설하다 잘못된 라틴어 단어를 썼다. 문법에 까다로운 지식인 마르켈루스가 이 점을 지적하자, 집정관 카피토가 "앞으로 이 단어가 맞는 라틴어가 될 것"이라며 황제 편을 들었다. "황제는 사람에게는 시민권을 줄 수 있어도 낱말에는 줄 수 없소." 마르켈루스의 대답이었다.

　　1414년에는 지기스문트 황제가 라틴어 단어의 성을 틀렸다. 라틴어에는 남성, 여성, 중성 명사가 있는데, 중성명사를 여성명사처럼 격변화한 것이다. 곧바로 한 수도사가 황제의 실수를 지적했다. 황제도 라틴어 명사 변화를 지켜야 한다고 말이다.

　　18세기 독일의 계몽철학자 임마누엘 칸트는 계몽 군주라면 문법 위에 군림하려 들지 않을 것이라며 이 말을 언급했다.

　　명사 grammaticus는 '문법학자가', grammaticos는 '문법학자들을'. 여기에 전치사 supra(~의 위에)가 붙어서 '문법학자들 위에'라는 뜻이 된다.

panem et circenses

"빵과 경기를." 우리에게 익숙한 '빵과 서커스'라는 표현이다.

로마 정치인은 민심을 달래기 위해 밀가루와 구경거리를 제공했다. 원래 로마 시민은 정치 문제에 관심이 많았다. 그러나 제국이 수립될 즈음 시민들은 정치에서 배제당했다. 나중에는 전차 경주 결과에나 폭동을 일으키곤 했다.

로마 시인 유베날리스의 『풍자시집』 10편에 이런 구절이 있다. "(민중은) 모든 근심 걱정을 버렸다. 한때 대권, 군단, 모든 것의 원천이던 사람들이 이제는…… 두 가지만 열망한다, 빵과 서커스(경기)."

라틴어 panis는 '빵이', panem은 '빵을'. 우리말 '빵'은 포르투갈어 pão빵에서 왔다. 우리말에 남은 라틴어의 흔적이다. 이탈리아어로는 pane파네.

라틴어 circensis는 '키르쿠스 경기가', circenses는 '키르쿠스 경기들을'. 여기서 키르쿠스(서커스)는 곡예단이 공연하는 공간이 아니라 전차 경주나 검투사 경기가 열리던 고대 로마의 경기장을 뜻한다. '빵과 경기', 요즘 말로 '밥과 스포츠' 정도로 이해하면 좋을 듯.

audentes fortuna iuvat

"행운은 용감한 사람을 돕는다." 용감한 사람에게 운이 따른 다는 뜻이다. 세계 최초의 백과사전 『박물지』를 쓴 로마의 지 식인 플리니우스가 한 말이다.

　베수비오 화산이 폭발해 폼페이 도시를 뒤덮을 때, 플 리니우스는 화산 근처에 살던 친구를 구하러 갔다. 사람들이 "당신도 위험해진다"라며 말리자 이 말을 남겼다고 한다. 하 지만 결국 플리니우스는 그곳에서 목숨을 잃고 말았다. 운이 따르지 않았나 보다. 그래도 그의 용기와 감동적인 우정은 후 세 사람의 기억에 영원히 남았다.

　비슷하지만 살짝 뜻이 다른 말로 fortes fortuna adiuvat 포르테스 포르투나 아드유와트도 있다. '강한 사람들을 행운이 돕는다.' 형용사 fortis는 '강한'이라는 뜻이고, fortes는 이 문장에서 '강한 사람들을'이라는 의미다.

　동사 audeo는 '감히 ~하다' '감행하다', 그 현재분사 audens는 '용감한 사람이'라는 뜻이다. audentes는 '용감한 사람들이' 또는 '용감한 사람들을'.

　fortuna는 '운명' 또는 '행운'이라는 뜻이고, iuvat는 '돕 다'라는 의미다.

ad fontes

'근원으로'라는 뜻이다. 르네상스와 종교개혁 시대에 지식인 사회에서 논쟁을 일으킨 이념이 담긴 말이다. 르네상스 시대는 중세가 끝나갈 무렵이었다. 그런데 페트라르카나 에라스뮈스 같은 지식인은 중세 시대의 문헌보다 고전 라틴어와 그리스어로 된 고대의 원전 텍스트를 중요하게 생각했다. 지식의 근원으로 돌아가 고전 연구에 힘써야 한다고 주장했다.

이는 종교개혁에도 영향을 줬다. sola scriptura솔라 스크립투라. '오직 경전에 의해서만'. 이 격언이 종교개혁가 마르틴 루터의 이념이었다. 고대에 쓰인 성서의 내용이 중세 시대 교황청의 해석보다 중요하다는 주장이었다. 루터가 보기에는 성서야말로 종교의 '근원'이었던 것이다.

반론도 있다. 중세 시대 지식사회의 변화도 고대에 근거한 나름의 발전이라는 시각이다. 이전 시대의 지적 전통을 무시할까, 받아들일까? ad fontes 논쟁은 시대마다 되풀이되는 것 같기도 하다.

fons는 '샘이', fontes는 '샘들이' 또는 '샘들을'. '샘'이라는 뜻과 함께 강이 발원하는 '수원지'라는 뜻도 있다. ad는 '~으로' '~를 향하여'.

omnes una manet nox

"하나의 밤이 모든 사람을 기다린다." 로마 시인 호라티우스의 시구절이다(『송가』1권 28번). 여기서 하나의 밤 una nox 란 죽음을 뜻한다. 그리스의 위대한 수학자였던 아르키타스를 시인은 노래한다. "바다와 땅과 셀 수 없는 모래를 헤아린 사람"이었으나 그는 죽어 바닷가에 묻혔다.

수많은 위대한 사람도 죽음을 피할 수 없었다. "젊은이도 늙은이도 뒤섞여 죽음으로 빽빽이 모여든다"라고 시인 호라티우스는 읊었다.

"너보다 잘난 파트로클로스도 죽었다." 호메로스의 서사시 『일리아스』에 나오는 섬뜩한 구절이다.

형용사 una는 '하나의', 명사 nox는 '밤이', 동사 manet는 '기다리다'라는 뜻이다. una가 바로 뒤의 단어가 아니라 그 건너 명사 nox에 걸린다. 라틴어 시에는 형용사와 명사가 멀리 떨어져 있는 경우가 적지 않다. 그래도 뜻을 헷갈리지 않는 이유는 형용사와 명사가 쓰임에 따라 명사 변화를 하기 때문이다.

omnis는 '모든', omnes는 여기서 '모든 사람을'이라고 해석한다. 앞서 우리는 단어 omnia(모든 것을)를 만난 적이 있다.

te Deum

te Deum은 '신이신 당신을'이라는 뜻이다. 문맥상 기독교의 유일신을 의미하기 때문에 대문자 Deum이라고 썼다.

　　te Deum은 기독교음악에서 자주 다루는 주제다. "te Deum laudamus테 데움 라우다무스"라는 구절로 시작한다. '신이신 당신을 우리는 찬양합니다'라는 뜻이다.

　　19세기 음악가 안톤 브루크너의 「테 데움」이 유명하다. 듣는 사람을 압도하는 장엄한 음악이다.

　　17세기 음악가 장 바티스트 륄리의 「테 데움」도 명곡이다. 프랑스 왕 루이 14세의 궁정음악가이자 무용수였다. 오케스트라를 처음 만든 사람 가운데 한 명이다.

　　륄리는 루이 14세를 위해 「테 데움」을 작곡했다. 그때는 지휘자가 큰 지팡이로 땅을 구르며 지휘했는데, 륄리는 「테 데움」을 지휘하다가 그만 자기 발을 찍고 말았다. 발의 상처가 썩어 들어갔다. 의사는 발가락을 자르자고 했다. 그러나 륄리는 무용을 포기할 수 없다며 발을 자르지 않았다. 그는 결국 발이 썩어 숨졌다. 「테 데움」 때문에 목숨을 빼앗긴 딱한 이야기.

　　라틴어로 tu는 '네가', te는 '너를'이라는 뜻. 인칭대명사의 대격이다.

credo in unum Deum

"하나인 신을 나는 믿는다." 기독교음악으로 유명한 「크레도」의 첫 구절이다. 그레고리안성가부터 여러 미사곡까지 다양하다. 음악을 좋아하는 독자는 이제 「크레도」를 따라 부를 수 있다.

> credo in unum Deum   하나인 신을 나는 믿는다
> Patrem omnipotentem   전능한 아버지를
> factorem cæli et terræ   하늘과 땅의
> visibilium omnium et invisibilium
> 보이는 또 보이지 않는 모든 것의 창조자를
> et in unum Dominum Iesum Christum
> 그리고 하나인 주님 예수그리스도를
> filium Dei unigenitum   신의 홀로 태어난 아들을
> et ex Patre natum ante omnia sæcula……
> 모든 세대 이전에 아버지로부터 태어난 아들을 ……

credo in은 '나는 믿는다'라는 뜻. 그 뒤로 명사 변화 목적어 형태가 한참을 이어진다.

cicada cicadæ cara

'매미는 매미에게 소중하다'라는 뜻.

　　원래 문장은 더 길다. cicada cicadæ cara, formicæ for-mica 키카다 키카다이 카라, 포르미카이 포르미카. '매미는 매미에게 소중하고 개미는 개미에게 소중하다.'

　　「de cicada et formica」데 키카다 에트 포르미카라는 우화가 있다. de는 '~에 대하여'라는 전치사. 여름 내내 개미는 일하고 매미는 노래한다. 겨울이 되자 매미는 먹을거리가 없어 굶주린다. 우리가 잘 아는 개미와 베짱이 이야기다.

　　나 어릴 때는 개미가 잘사는 것처럼 보였는데, 나중에 보니 매미도 나쁜 삶은 아닌 듯하다. 개미에게는 개미의 삶이, 매미에게는 매미의 삶이 소중하지 않을까.

　　cicada는 '매미가', cicadæ는 '매미에게'라는 뜻이다. '~에게'라는 뜻으로 쓰이는 명사 변화 형태를 문법 용어로 '여격'이라고 한다. formica는 '개미가', formicæ는 '개미에게'.

　　형용사 cara는 '소중한'이라는 뜻으로, 여기서는 동사 est를 보충해서 '소중하다'라고 해석.

non scholæ sed vitæ

'학교가 아니라 삶을 위하여'라는 뜻이다. 전체 문장은 non scholæ sed vitæ discimus논 스콜라이 세드 위타이 디스키무스. '학교가 아니라 삶을 위해서 우리는 배운다.'

원래 문장은 거꾸로였다. non vitæ sed scholæ discimus. "삶이 아니라 학교를 위해서 우리는 공부한다". 로마의 철학자 세네카가 당대 교육의 문제점을 지적한 말이라고 한다(『루킬리우스에게 보내는 도덕 편지』106번). "요즘 사람은 공부를 위한 공부를 하느라 삶의 지혜를 쌓는 공부를 하지 않는다"라고 세네카는 한탄했다. 오늘날 우리도 비슷한 고민을 한다.

schola는 '학교가', scholæ는 '학교에' 또는 '학교를 위하여'라는 뜻이다. 영어 school, 독일어 Schule슐레, 프랑스어 école에콜의 친척 할머니뻘 되는 낱말이다.

vita는 '삶이', vitæ는 '삶에' 또는 '삶을 위하여'라는 뜻.

non은 영어의 not, sed는 영어의 but. 영어의 not A but B처럼 해석한다.

Deo gratias

"신에게 감사를", 즉 "신께 많은 감사를." 1960년대까지만 해도 가톨릭교회는 라틴어로 미사를 드렸다. Deo gratias는 라틴어 미사에서 자주 쓰는 문구다. 특히 미사가 끝날 때 화답하는 마지막 인사로 말이다.

옛날에 기독교신자들은 Deo gratias라는 말로 서로 인사를 나누었다. 누가 찾아와 문을 두드리거나 가난한 사람이 도움을 요청할 때, 베네딕트수도회 문지기는 Deo gratias라고 답했다고 한다.

가톨릭 문화권에서 일상적으로 쓰던 표현이라 이탈리아 같은 곳에서는 장난스럽게도 사용하나 보다. 지루한 이야기를 한참 떠들던 사람이 자리를 뜰 때나 어떤 사람이 모임에 늦었을 때 빈정대듯 Deo gratias를 툭 던진다고.

deus는 '신이', deum은 '신을', 여격 deo는 '신에게'. 기독교의 유일신을 의미하므로 대문자 Deo를 썼다.

gratia는 뜻이 많은 명사다. 여기서는 '감사가' '고마움이'. gratias는 '감사들을' '고마움들을', 그래서 '많은 감사를'.

urbi et orbi

"도시와 세계에." 여기서 도시란 로마를 가리킨다. 로마는 고대 로마제국의 수도이면서 교황청이 있는 도시다. 로마에 사는 교황은 부활절과 성탄절 또는 새 교황 즉위식 등 특별한 때에 성베드로대성당의 발코니에 나와 "로마 도시와 전 세계에" 축복을 보낸다. urbi et orbi는 이 행사와 메시지를 가리키는 말이다.

명사 urbs는 '도시가', urbi는 '도시에'. 영어 단어 urban(도시의)이 여기서 왔다.

명사 orbis의 원래 뜻은 '둥글게 빙 두른 둘레'다. 도시 둘레를 빙 두른 '시골'이라는 의미도 있고, '세계'라는 뜻도 있다. 여격 orbi는 '시골에' 또는 '세계에'. 영어 orb(구, 천체), orbit(궤도, 돌다), orbital(궤도의, 전자 궤도), orbiter(궤도를 도는 것, 인공위성) 등이 이 말에서 나왔다.

한자로 쓰면 urbi는 도시 경京, orbi는 시골 향鄕, urbi et orbi를 경향京鄕이라고 쓸 수 있다. 경향신문사의 이름이 여기서 왔다. 1946년에 천주교 서울대교구의 후원으로 창간된 가톨릭 신문이었기 때문.

lectori salutem

"독자에게 인사를." 옛날 서양 사람은 편지나 책 첫머리에 이 글귀를 적었다고 한다. 이름이나 성별이나 직함을 쓰지 않고 누구에게나 인사할 수 있는 옛날 인사법이다. 요즘은 잘 쓰지 않는다. 머리글자로 L.S.라고 쓰기도 한다.

나는 서경식 선생의 글을 떠올린다. "글을 쓴다는 것은 빈 병에 편지를 넣어 바다에 띄워 보내는 것 같은, 또는 어둠을 향해 돌을 던지는 것 같은 행위다. 누구에게 가닿을지 모르는 채, 알지 못하는 독자를 향해 말하기를 계속하는 것이다."

얼굴 모를 독자님이여, 나도 같은 마음으로 책을 쓴다. 당신의 이름도 성별도 직함도 나는 모른다. 하지만 독자님 당신을 알고 싶다. 올해를 마칠 때까지 lectori salutem을 보내며.

동사 lego는 '읽다', 명사 lector는 '읽는 사람이', 여격 lectori는 '읽는 사람에게'라는 뜻이다.

salus는 '인사가', salutem은 '인사를'. 영어 salute(경례)가 여기서 왔다. 한편 salute는 18세기에 '입맞춤으로 인사하다'란 뜻으로도 쓰였다고 한다.

homo homini lupus

"사람은 사람에게 늑대다.' 로마의 희극작가 플라우투스는 "모르는 인간에게 인간은 늑대"라고 했다. "낯선 사람을 조심하라." 르네상스 시대의 지식인 에라스뮈스의 해석이다.

　　이 말은 근대에 새롭게 해석되면서 유명해졌다. 17세기 영국의 철학자 홉스는 이 말을 낯선 사람뿐 아니라 모든 인간에게 적용했다. bellum omnium contra omnes 벨룸 옴니움 콘트라 옴네스. 그 유명한 말 "만인에 대한 만인의 투쟁"이다. 법질서가 없으면 인간끼리 서로 해칠 것이라고 홉스는 주장했다. 20세기 초 정신분석학을 창시한 지크문트 프로이트 역시 인간 본성을 공격적이라고 봤다.

　　사람은 사람에게 무서운 존재이기만 할까? 인간을 긍정적으로 보는 견해도 있다. homo homini deus 호모 호미니 데우스. '인간은 인간에게 신'이라는 라틴어 격언이다.

　　인간은 인간에게 늑대일 수도, 신일 수도 있다. 내 생각에는 둘 다 인간의 모습 같다.

　　homo는 '사람이', homini는 '사람에게', lupus는 '늑대'.

hodie mihi, cras tibi

"오늘은 나에게, 내일은 너에게."

　무슨 뜻일까? 서양 사람들이 묘비에 자주 새기던 라틴어 글귀라고 한다. '오늘은 나에게 (죽음이 찾아왔지만) 내일은 너에게 (죽음이 찾아갈 것이다).' 죽음을 잊지 말라는 의미다. 바로크 시대에는 예술 작품에 많이 새겨졌다. 비슷한 문장이 구약성서에 나온다. mihi heri, et tibi hodie미히 헤리, 에트 티비 호디에. "나에게 어제, 또한 너에게 오늘."(「집회서」38장 22절) 어찌된 일인지 어제가 오늘로, 오늘이 내일로 하루씩 밀렸다.

　"삶과 죽음의 길이 여기 있음에 두려워하고, 나는 간다는 말도 못 다 이르고 가는가. 어느 가을 이른 바람에 여기저기 떨어질 잎처럼, 한 가지에 나고도 가는 곳 모르는구나." 신라 향가 「제망매가」의 앞부분이다. 월명사 스님은 누이가 세상을 떠나자 이 시를 썼다고 한다.

　죽음은 찾아온다, 우리에게도.

　mihi는 '나에게', tibi는 '너에게'. hodie는 자주 나오는 말로 '오늘'이라는 뜻. cras는 '내일'.

mihi nomen est

독자님이 만약 고대 로마 사람을 만날 일이 있다면 이 표현은 무척 유용할 것이다. 자기 이름을 소개하는 라틴어 문장이니까. "아무개 mihi nomen est." '나의 이름은 아무개다'라는 뜻이다. 여격이 때로는 이렇게 '누구에게 속한' 즉 '누구의'라는 소유 의미로 쓰이기도 한다.

로마 사람의 이름은 세 부분으로 이루어졌다. prænomen 프라이노멘과 nomen 노멘과 cognomen 코그노멘. 이 가운데 개인의 이름이 프라이노멘이었다.

자주 사용되는 프라이노멘이 몇 개 있었다. 로마 사람 이름에는 뜻이 있었는데, 여자 이름 Tertia 테르티아는 셋째, 남자이름 Quintus 퀸투스는 다섯째, Sextus 섹스투스는 여섯째, Septimus 셉티무스는 일곱째, Decimus 데키무스는 열째라는 의미였다. 이름이 다섯째 아이, 열째 아이를 뜻한다는 주장도, 다섯째 달에 태어난 아이, 열째 달에 태어난 아이를 뜻한다는 주장도 있다.

Gaius 가이우스는 '기쁨이', Servius 세르위우스는 '지킴이', Faustus 파우스투스는 '행운이'라는 뜻.

MARTIUS

quidquid discis, tibi discis

"무엇을 배우든, 당신을 위해 배운다." 자기 자신을 위한 공부, 참된 공부에 대해 이야기하는 격언일까? 기원은 그렇지 않다.

로마의 유명한 귀족 페트로니우스가 쓴 소설 『사티리콘』 46장에 이 말이 나오는데, 맥락이 미묘하다. 아가멤논이라는 선생님이 엔콜피우스라는 학부모에게 아들 교육에 대한 조언을 한다. 인문학 공부를 하라는 게 아니라 돈을 잘 버는 직장을 얻기 위해 '스펙'을 쌓으라는 조언이었다. "무슨 공부를 하든 너를 위해서다"라는 말이 이 소설에서는 "무슨 공부를 하든 네 스펙을 위해서다"라는 뜻으로 쓰였다.

페트로니우스는 당시 로마의 교육 현실을 비꼬았다. 인문학의 위기는 이토록 오래된 이야기다.

quidquid는 '무엇이든'이라는 뜻이다. '무엇'을 뜻하는 quid를 겹쳐 썼다. 프랑스어 que크, quoi쿠아, 이탈리아어 che케, 스페인어 que케 같은 단어가 quid에서 왔다.

동사 discis는 '(너는) 배운다', tibi는 '당신을 위하여.'

cui bono

"누구에게 좋은 일인가?" 미스터리물이나 추리소설을 좋아하는 사람이라면 이 문구를 본 적이 있을지도 모르겠다. "이 범죄로 누가 이익을 보는가?"라고 묻는 말이다. 이익을 보는 사람에게 범행 동기가 있다고 추리한다. 범죄소설에서도, 실제 수사 현장에서도 사용하는 표현이라고 한다.

cui bono의 후손이라 할 만한 표현이 여럿 있다. 프랑스어 cherchez la femme세르셰 라 팜므라는 문구는 '그 여성을 찾으라'는 뜻이다. 19세기 프랑스 소설가 알렉상드르 뒤마가 쓴 말로, 범죄 동기 중 '치정'을 강조한 표현이다.

영어 표현 follow the money, '돈을 쫓으라'는 문구도 많이 쓰인다. '금전'이라는 동기에 초점을 맞춘 표현으로, 돈의 흐름을 알면 범인을 알 수 있다는 뜻.

cui(누구에게)는 의문대명사 quis(누가)의 여격이다. bono는 형용사 bonus(좋은)의 여격. cui bono는 어려운 말로 '이중 여격'이라는 특별한 용법이다.

우리가 흔히 쓰는 '보너스'라는 말이 라틴어 bonus에서 왔다. 보너스, 곧 상여금은 언제 받아도 '좋은' 것이므로.

dulce bellum
inexpertis

"겪어 보지 않은 사람에게 전쟁은 달콤하다." 전쟁을 경험해 보지 않은 사람은 전쟁이 근사해 보일지 몰라도, 경험한 사람은 전쟁의 끔찍함을 안다는 의미다. "전쟁 불사"를 함부로 입에 올리는 사람에게 들려주고 싶은 말이다.

　형용사 dulce는 '달콤한'이라는 뜻이다. 고대 라틴어 발음으로 '둘케', 중세 발음으로 '둘체'라고 읽는다. 이탈리아어 dolce돌체가 여기서 왔다. 형용사로는 '달콤한'이라는 뜻인데, 음악 용어로 쓰일 때는 '감미롭게'로 해석한다. 명사로 쓰일 때는 '달콤한 후식'. 이탈리아 식당의 차림표에서 자주 보는 dolci돌치는 복수형이다.

　bellum은 자주 보는 명사로 뜻은 '전쟁'이다. si vis pacem, para bellum(평화를 바란다면 전쟁을 준비하라)에서, 또 bellum omnium contra omnes(만인에 대한 만인의 투쟁)에서 만났다.

　inexperitus는 '경험하지 못한'이라는 뜻의 형용사로, inexpertis는 복수 여격 형태다. 여기서는 '경험하지 못한 사람들에게'라는 뜻이다.

omnia munda mundis

"순수한 사람에게는 모든 것이 순수하다."

『신약성서』「디도서」에 나오는 말로, 사도바울이 티투스라는 사람에게 쓴 편지다. "깨끗한 사람에게는 모든 것이 깨끗하다. 그러나 때 묻고 믿음 없는 사람에게는 깨끗한 것이 없다. 그들의 생각과 양심이 때 묻은 것이다."(1장 15절)

우리도 비슷한 표현이 있다. "부처님 눈에는 부처만 보이고 돼지 눈에는 돼지만 보인다."

「디도서」에는 눈길을 끄는 다른 구절도 있다. Cretenses semper mendaces크레텐세스 셈페르 멘다케스. "크레타 사람들은 언제나 거짓말을 한다."(1장 12절)

이 구절은 '모든 크레타 사람은 거짓말쟁이다'라는 표현으로 더 알려졌다. 이 말이 흥미로운 까닭은 처음 이 말을 한 에피메니데스 역시 크레타 사람이었기 때문이다. 크레타 사람이 거짓말을 한다면, 크레타 사람이 한 "크레타 사람은 거짓말쟁이"라는 말은 거짓말일까, 아닐까?

omnia는 '모든 것'. 형용사 mundus는 '순수한', munda는 '순수하다', mundis는 '순수한 사람들에게는'.

omnia omnibus

"모든 사람을 위한 모든 것." 기독교를 널리 퍼뜨린 사도바울은 사람들의 마음을 사기 위해 노력했다. 율법을 지키는 사람을 만나면 자기도 율법을 지키는 사람처럼, 안 지키는 사람을 만나면 안 지키는 사람처럼 굴었다. factus sum infirmis infirmus, omnibus omnia factus sum파투스 숨 인피르미스 인피르무스, 옴니부스 옴니아 팍투스 숨. "나는 약한 사람들에게 약한 사람이 되었다. 모든 사람에게 모든 것이 되었다." 바울이 편지에 쓴 말로『신약성서』「고린도전서」9장 22절에 나온다.

omnia는 '모든 것이', omnibus는 '모든 사람에게' 또는 '모든 사람을 위해'.

흥미로운 어원 하나를 얘기하자면, '모든 사람을 위해'라는 뜻인 omnibus는 프랑스어 voiture부아튀르(탈것)와 만나 voiture omnibus라는 말이 되었다. 뜻은 '모든 사람을 위한 탈것', 번번이 말하기 번거로워 줄임말로 자주 썼다. 바로 bus. 우리가 날마다 듣는 '버스'란 이름은 라틴어 복수 여격 어미에서 왔다.

non nobis, Domine

non nobis로 시작하는 기독교의 기도문이 있다.

　　non nobis, Domine, non nobis, sed nomini tuo da gloriam논 노비스, 도미네, 논 노비스, 세드 노미니 투오 다 글로리암. "우리가 아닌 신에게, 우리가 아닌 당신의 이름에 영광을 주소서."

　　기독교의 『성서』는 본디 라틴어로 쓰이지 않았다. 『구약성서』 대부분은 히브리어, 『신약성서』는 그리스어로 쓰였다. 우리한테는 라틴어가 어렵지만, 히브리어와 그리스어는 라틴어보다 더 어렵기 때문에 중세 시대에는 라틴어로 번역된 성서가 널리 읽혔다. 중세에 많이 읽힌 라틴어 번역 성서를 '불가타 성서'라고 한다. 『불가타 성서』「시편」 113편 9절에 이 구절이 나온다.

　　싸움에서 승리한 뒤 올리던 기도다. 셰익스피어의 사극 「헨리 5세」를 1989년에 영화로 만들었는데, 이때 영화음악으로 「non nobis, Domine」가 쓰여 더 유명해졌다.

　　non은 영어로 not, sed는 but. non nobis sed nomini tuo는 '우리가 아닌 당신의 이름에'라는 뜻.

dona nobis pacem

'우리에게 평화를 주소서'라는 뜻이다. 기독교의 기도문 가운데 「agnus Dei」아뉴스 데이가 있다. '하느님의 어린 양'이라는 뜻인데, 미사 막바지에 올리는 기도로 이 마지막 구절이 dona nobis pacem, "평화를 주소서"다.

그런 만큼 기독교 종교음악을 듣다 보면 dona nobis pacem이 귀에 남는다. 음악가들이 종종 전체 미사곡의 장대한 마지막으로 삼는다. 모차르트의 「대관식 미사」도, 베토벤의 「장엄미사」도 dona nobis pacem의 화려한 합창으로 끝을 맺는다. 노랫말은 '평화'인데, 승리의 행진처럼 노래가 씩씩하다.

이 구절만 따로 떼어 노래를 짓기도 했다. 돌림노래 「dona nobis pacem」을 1989년 독일 통일 때 많은 사람이 함께 불렀다고 한다.

dona는 '주소서'라는 뜻으로, 동사 dono(주다)의 명령법 형태다. nobis는 '우리에게'. pax는 '평화가', pacem은 '평화를'. 고대 로마식이라면 '파켐'으로 읽겠지만, 중세 기독교 기도문이니 '파쳄'으로 읽는다.

gratia vobis et pax

"그대들에게 은혜와 평화가 있기를." 『신약성서』 곳곳에 나오는 표현이다. 사도바울이 편지를 쓸 때 인사말로 사용했기 때문이다.

종교를 구실로 전쟁을 벌이는 사람도 있지만, 본디 종교란 세상에 평화를 주는 것이라고 나는 믿는다.

이슬람의 인사 "앗살라무 알라이쿰"은 아랍어로 '당신에게 평화가 있기를'이라는 뜻이다.

pacem ei, qui longe est, et qui prope, dixit Dominus 파쳄 에이, 퀴 롱게 에스트, 에트 퀴 프로페, 딕시트 도미누스. "주께서 말씀 하셨다. 평화를 그에게 주리라, 멀리 있는 사람에게도, 가까이 있는 사람에게도." 『구약성서』 「이사야」 57장 19절에 나오는 구절이다.

gratia는 뜻이 많아 우리말로 옮기기 까다로운데, 이 문장에서는 '은혜'라고 번역하면 좋다. gratia et pax는 '은혜와 평화가', vobis는 '그대들에게'.

ei는 '그에게', qui는 관계대명사로 영어의 who와 같다. longe는 '먼', prope는 '가까운', dixit는 '말했다'.

Roma non uno die
ædificata est

"로마는 하루에 건설되지 않았다." 우리에게 익숙한 '로마는 하루아침에 이루어지지 않았다'는 표현이다.

로마 역사는 전설 시대로 거슬러 올라간다. 영웅 아이네이아스는 트로이아의 장군이다. 호메로스의 서사시 『일리아스』와 베르길리우스의 서사시 『아이네이스』에 나오는 인물이다. 이 사람이 트로이아가 망할 때 유민을 데리고 나와 이탈리아에 나라를 세웠다. 이 나라가 로마의 먼 조상이 된다. 로마 사람은 스스로를 트로이아의 후손이라 믿었던 셈이다.

로마는 한동안 왕국이었다. 영어 regal period(왕정 시대)는 라틴어로 왕을 뜻하는 rex에서 왔다. 이후 왕국이 무너지고 공화정이 들어섰다. 영어 낱말 republic(공화국) 역시 라틴어 res publica에서 왔다. 유명한 카이사르와 아우구스투스를 거친 후 로마는 제국이 됐다. empire(제국)라는 영어 단어도 라틴어 impero(명령하다)에서 왔다.

3월 24일까지 로마의 역사와 관련한 라틴어 표현을 살펴볼 것이다. 3월 15일이 특히 눈길을 끄는 날이다. 기대하시길.

ab urbe condita

‘건설된 도시로부터.’ ‘도시가 건설된 때로부터’라고 해석하면 자연스럽다. 도시는 물론 로마다.

전설에 따르면 로물루스와 레무스라는 쌍둥이 형제가 로마를 세웠다. 어머니는 아이네이아스의 후손이고, 아버지는 전쟁의 신 마르스였다.

쌍둥이는 어려서 버림받았다. 강물에 떠내려가던 아기들을 늑대가 거두어 젖을 먹여 키웠다. 장성하여 가문의 원수를 갚고 로마를 건국했다. 후세 사람의 계산에 따르면, 이때가 기원전 753년이었다. 그런데 새로운 도시를 세울 장소를 두고 서로 다투다 로물루스가 레무스를 죽였다. 그래서 로물루스Romulus의 이름을 따 로마Roma라는 이름이 붙었다(레무스가 이겼다면 레마가 될 뻔했다는 우스개가 있다).

ab urbe condita(AUC)는 로물루스가 로마를 건국한 때로부터 몇 년이 지났는지 헤아리는 기원이다. 우리가 불기나 단기나 서력기원을 따지는 것과 비슷하다. 서력기원에 753년을 더하면 된다. 예를 들어 서기 2025년은 AUC 2778년이다.

a 또는 ab은 전치사 ‘~로부터’. urbs는 ‘도시가’, urbe는 ‘도시로부터’, condita는 ‘건설된’.

bellum Romanum

"로마식 전쟁." 로마 사람이 다른 민족을 상대로 벌인 잔인한 전쟁 방법이다.

중세 서양에서는 전쟁을 두 가지로 나누었다. bellum Romanum(로마식 전쟁)과 bellum hostile(적과 싸우는 전쟁). 먼저 bellum hostile는 기사와 기사가 싸우는 전쟁이었다. 전쟁에는 규칙이 있었다. 얼마쯤 법도를 지켰다. 반면 닥치는 대로 마구 죽이는 잔인한 전쟁은 bellum Romanum이라고 불렀다.

로마에서 전쟁을 제일 잘했던 사람이 율리우스 카이사르였다. 갈리아 지방, 지금의 프랑스 땅을 정복하러 가서 bellum Romanum 방식으로 싸웠다. 바로 유명한 갈리아전쟁(기원전 58년~기원전 51년)이다. 기원전 52년의 아바리쿰 전투에서는 전사와 민간인 구별 없이 갈리아 사람 4만 명을 마구 죽였다.

카이사르가 유달리 잔인한 사람이라서가 아니었다. 로마 사람의 전쟁 방식이 본디 그랬다. 민간인을 도륙하고도 그 사실을 자랑스럽게 기록에 남긴 사람들이 로마인이다. 검투사 경기도 이 관점에서 볼 수 있다.

아무려나 그 시절에 태어나지 않아 다행이라고 나는 생각한다.

divide et impera

"나누어서 다스리라." 지중해 세계를 지배하던 로마는 divide et impera 전략을 잘 써먹었다. 전쟁도 잘했지만 정치도 잘했던 카이사르는 헬베티 사람과 아이두이 사람이 서로 다투도록 만들었다.

한편 헬베티 사람은 먼 훗날 Confederatio Helvetica콘페데라티오 헬베티카, 헬베티 사람의 연방을 세운다. 그 나라가 지금의 스위스다. 스위스는 프랑스어, 독일어, 이탈리아어, 로망어를 나라말로 쓴다. 그래서 국명의 약자를 라틴어로 CH라고 쓴다.

카이사르가 갈리아를 정복한 덕분에 로마 사람은 한동안 두 다리 뻗고 마음 편히 잤다. 그런데 카이사르의 인기가 올라갈수록 로마의 공화파 정치인들은 걱정이었다. '카이사르가 군대를 몰고 와 독재자가 되면 어쩌나? imperator(황제)가 되면 어쩌나?' 정치인들은 카이사르를 견제하려 들었다.

divide는 영어로 divide, 명령법으로 '나누라'는 뜻이다. impera는 '통치하라'. divide et impera는 영어로 'Divide and rule!'이다.

alea iacta est

"주사위는 던져졌다." 율리우스 카이사르가 남긴 가장 유명한 말이다.

기원전 49년, 원로원은 카이사르에게 명령했다. 군대를 남겨 두고 로마로 돌아오라고. 정치인들은 카이사르가 군사 반란을 일으킬까 두려웠다.

반면 카이사르가 보기에는 자기 목숨을 정적에게 맡기라는 셈이었다. 어떻게 해야 하나? 승부사 카이사르는 내전을 택했다. 군대를 이끌고 경계인 루비콘강을 건넜다. 오늘날까지도 '루비콘을 건너다'라는 말은 '돌이킬 수 없는 결정을 내리다'라는 뜻으로 쓰인다.

alea iacta est. 군대와 함께 루비콘강을 건너며 카이사르가 외친 말이다. 로마 내전(기원전 49년~기원전 45년)에서 카이사르는 승리했다. 갈리아에서 카이사르와 생사를 함께 했던 군대는 나라가 아니라 카이사르 개인에게 충성했다. 전쟁의 천재 카이사르를 막을 수 있는 사람은 로마에 없었다. 카이사르는 지중해 이곳저곳을 누비며 공화파 시민군을 해치웠다. 로마공화정의 종말이 다가왔다.

alea는 '주사위가', iacta는 '던져진', 동사 iacio(던지다)의 과거분사.

vēnī, vīdī, vīcī

"왔노라, 보았노라, 이겼노라." 내전이 한참이던 기원전 47년, 바다 건너 소아시아 땅으로 싸우러 간 카이사르가 며칠 만에 적군을 물리치고 로마에 보낸 편지다. 세 단어 여섯 음절 짜리 전쟁 보고서. 자신감이 넘친다.

이 무렵 카이사르는 이집트 여왕 클레오파트라와 연애를 하고 있었다. 두 사람은 기원전 48년에 만났다. 이듬해 클레오파트라가 카이사르의 아들을 낳았다. 이름을 카이사리온이라고 지었다. '작은 카이사르'라는 뜻이었다. 클레오파트라는 로마로 따라와 카이사르와 한집에서 살았다.

카이사르도 클레오파트라도 셈이 빠른 정치인이었다. 카이사르는 클레오파트라의 이집트 임금 자리를 지켜 줬다. 또한 클레오파트라의 이집트 땅은 로마에 식량을 공급했다. 카이사르는 물가를 잡아 로마 민심을 안정시켰다. 두 사람은 사랑을 나누면서도 정치를 했다. 아니, 정치를 하면서도 사랑을 나누었달까.

vēnī는 '(내가) 왔다', vīdī는 '(내가) 보았다', vīcī는 '(내가) 이겼다'는 뜻이다. 웨-니-, 위-디-, 위-키-, 여섯 음절 모두 장음으로 길게 발음한다.

idus Martiæ

'3월 15일'이라는 뜻으로, 카이사르가 암살당한 날짜다.

로마공화정을 S.P.Q.R.이라고 부른다. 원로원senatus과 민중populus은 생각이 달랐다. 원로원의 공화파 정치인들은 카이사르가 독재자가 될 것이라고 생각했다. 오랫동안 공화정을 유지한 로마를 독재국가로 바꿀까 봐 걱정했다.

기원전 44년 3월 15일, 공화파 정치인들은 짧은 칼을 숨겨 와 카이사르를 암살했다. 공화정을 지키겠다는 구실이었다. 한 사람한테 책임을 떠넘기지 않기 위해 수십 명이 몸소 짧은 칼로 카이사르를 찔렀다.

반대로 로마의 민중은 카이사르를 개혁가라고 생각했다. 가난한 사람을 위해 나라를 개혁하는 영웅이라고 믿었던 것 같다.

전쟁터에서도 살아남은 카이사르가 로마 한복판에서 짧은 칼에 수십 번 찔려 숨을 거뒀다는 소식을 듣고 민중은 폭동을 일으켰다. 암살자들은 로마 도시 밖으로 쫓겨나고 말았다.

다시 내전이 터졌다. 카이사르를 암살한 공화파의 군대와 카이사르의 후계자를 자처하는 군부 세력이 맞붙었다. 무시무시한 전투 끝에 군부의 장군들이 승리했다. 로마공화정은 이렇게 영영 몰락했다.

sic semper tyrannis

"폭군에게는 언제나 이와 같이." 카이사르를 암살한 자들의 구호로, 카이사르가 독재자 또는 폭군이었다는 공화파의 주장이 깔렸다.

로마의 공화파는 오늘날 민주화운동가와 다르다. 독재 타도가 명분인 점은 비슷하지만, 그 시절 공화파는 부유한 귀족이었다. 민중의 편이 아니었다. 반대로 카이사르는 귀족이었지만 민중파를 표방한 정치인이었다. 가난한 민중이 보기에는 공화파 귀족이 기득권을 지키려고 개혁가를 죽인 셈이었다. 로마 민중이 공화파를 지지하지 않은 이유다. 로마 지식인들이 내전에 대해 애매한 입장을 취한 배경이기도 하다.

tyrannis는 '독재자들에게', '폭군들에게' 그리스어 tyrannos튀라노스에서 왔다. '독재자'라는 뜻. 어려운 말로 '참주'라고 한다. 공룡 이름 Tyrannosaurus rex티라노사우루스 렉스가 여기서 왔다. rex는 라틴어로 '왕', 그리스어 tyrannos를 라틴어 rex로 옮기는 경우가 종종 있다.

semper는 '영원히' 또는 '언제나', sic는 '이와 같이'.

et tu, Brute?

"브루투스여, 너마저도?" 카이사르가 죽을 때 한 말로 아는 사람이 많다. 사실은 먼 훗날 영국의 극작가이자 시인 윌리엄 셰익스피어의 창작이다. 셰익스피어의 사극 「줄리어스 시저」에서 카이사르가 죽을 때 라틴어로 이 말을 한다. 평소에 영어를 쓰다가 죽을 때 라틴어를 내뱉는 장면. 당시 영국 관객에게 깊은 인상을 주었을 터다.

실제로 남긴 말은 무엇일까? 칼을 들고 자신을 공격하는 브루투스를 보고 카이사르가 그리스어로 "카이 쉬, 테크논!"kai su, teknon이라고 탄식했다는 설이 있다. "아들아, 너마저!"라는 말이다. 평소에 라틴어를 쓰다가 죽을 때 그리스어를 남겼다는 소문이 당시 로마 사람들에게 깊은 인상을 주었으리라.

반면 카이사르가 말없이 조용히 죽었다는 설도 있다. 진실은 알 수 없다.

저 말이 유명해진 이유는 카이사르가 브루투스를 아들처럼 아꼈기 때문이다. 숨겨진 아들이었다는 소문도 있다(카이사르는 유명한 바람둥이였다). 그런 브루투스가 카이사르 암살에 앞장섰다. 공화정을 지키겠다는 믿음 때문이었다. 이념은 이렇게 무섭다.

homines quod volunt credunt

"사람은 자신이 원하는 것을 믿는다." 사람들은 각자 믿고 싶은 대로 믿는다. 카이사르가 남긴 말이다.

율리우스 카이사르는 어떤 사람이었을까? 그에 대한 평가야말로 각자 믿고 싶은 대로 믿는 것 같다. 그가 살았을 때나 죽었을 때나 어떤 사람은 독재자라고, 어떤 사람은 개혁가라고 믿었다.

역사가 플루타르코스는 그가 영웅이지만 독재자라고 봤다. 카이사르의 전기를 공들여 썼지만, 그에게 맞서 싸운 카토나 브루투스의 전기도 그만큼 공을 들였다.

중세 말의 시인 단테는 카이사르가 로마를 구할 개혁가였다고 봤다. 단테는 『신곡』이라는 서사시를 썼는데, 카이사르를 죽인 브루투스를 지옥의 가장 험한 곳(얼음 지옥)에 두었다.

2천 년이 지난 지금도 사람들은 카이사르에 대해 각자 믿고 싶은 대로 믿는다.

homo는 '사람이', homines는 '사람들이'. quod는 관계대명사 '것', 영어의 what과 같다. volunt는 '(그들이) 바란다', credunt는 '(그들이) 믿는다'.

festina lente

"천천히 서두르라." 율리우스 카이사르의 후계자 아우구스투스가 좋아한 라틴어 격언이다.

닻을 휘감은 돌고래가 festina lente의 상징이다. '느리지만 빠르게.' 돌고래는 서두름을, 닻은 느림을 의미한다.

아우구스투스는 수많은 경쟁자를 물리쳤다. 장군들과 손을 잡고 공화파 시민군을 무찔렀다. 그런 다음 경쟁자 장군들을 제거했다. 안토니우스도 클레오파트라도 물리쳤다. 로마공화정을 끝내고 로마제국을 세웠다. 로마의 황제가 됐다.

카이사르도 성공하지 못한 일을 아우구스투스가 이뤘다. 비결은 무리하게 서둘지 않은 것. 모양새 좋게 야금야금 권력을 차지할 기회를 기다렸다. 그러면서도 손 놓고 가만 앉아 있지 않았다. 그야말로 천천히 서둘렀다. festina lente를 일생에 걸쳐 실천한 사람이 아우구스투스다.

festina는 명령법으로 '서두르라'는 뜻이다.

형용사 lentus는 '느릿느릿한', 부사 형태가 lente로 '천천히'라는 뜻이다. 이탈리아어로는 lento렌토(느리게). 음악 용어 lento(느리게)가 여기서 왔다.

acta est fabula

"연극은 끝났다." 로마 시대에 연극이 끝나면 무대에서 배우가 이 말을 했다. acta est fabula, plaudite^{악타 에스트 파불라, 플라우디테}. "연극이 끝났습니다, 박수를 보내 주세요."

기원후 14년에 아우구스투스가 죽으며 이 말을 남겼다고 한다. 나는 소름이 돋는다. 마지막 순간까지 그는 남들 보라고 '황제다운' 모습을 연기했을까. 사상 최고의 권력을 누린 사람이 자기 삶을 한갓 희극으로 생각했을까.

아우구스투스는 성공한 정치인이었다. 제국을 세우고 내전을 종식시켜 평화와 안정을 가져왔다. 그러나 개인적인 삶은 어땠을까? 아끼는 친구들을 후계자로 세웠는데, 모두 아우구스투스보다 먼저 죽었다. 딸 율리아는 황제의 가족답게 처신하지 못한다는 구실로 멀리 추방당했다. 개인으로서 아우구스투스는 행복하지 않았을 것이다.

fabula는 '이야기', 영어 fable(우화)이 여기서 왔다. '연극'이라는 뜻도 된다. acta est는 '행해졌다' 또는 '공연됐다', acta는 과거분사다. 영어 act(연기), actor(배우)가 이 말과 관련 있다.

pax Romana

'로마의 평화'라는 말이다. 옛날 로마에는 야누스 신전이 있었다. 야누스가 문의 신이라 그런지, 야누스 신전의 문에는 특별한 의미가 있었다. 로마가 전쟁 중일 때는 문을 열어 두고 평화시에는 닫아 두었다.

귀족과 평민이 서로 미워하고 오래 내전을 벌이는 동안 야누스 신전의 문은 열려 있었다. 아우구스투스가 모든 경쟁자를 물리치고 권력을 잡자 내전이 끝났다. 이때 비로소 야누스 신전의 문이 잠시 닫혔다.

아우구스투스가 황제 자리를 차지한 것이 기원전 27년이다. 이때부터 마르쿠스 아우렐리우스 황제 때까지 200년 동안 지중해 세계는 대체로 평화로웠다. 이때를 pax Romana 라고 부른다.

하지만 이때도 반란과 작은 전쟁이 꾸준히 일어났다. pax Romana는 로마의 군사력으로 강요된 평화였기 때문이다. pax Romana와 잔인하기로 소문난 bellum Romanum은 동전의 양면이었을까.

pax(평화)에서 나온 말이 스페인어 paz(평화)와 프랑스어 paix(평화), 영어 peace(평화)다. 영어 pacific(평화로운), pacifist(평화주의자)도 여기서 나왔다.

in hoc signo vinces

"이 표식으로 이기리라." 여기서 '표식'이란 기독교의 상징인 십자가를 뜻한다. 로마 내전 중에 콘스탄티누스 장군은 행군 하다가 태양을 올려다보았다. 그런데 빛의 십자가와 함께 그리스어로 "이것으로 승리하라"라는 문구가 보였다. 그날 밤 콘스탄티누스는 꿈에서 예수를 만났다고 전해진다. 다음 날 전투에서 콘스탄티누스는 십자가 표식을 군기로 내걸었고, 내전에서 승리해 황제가 되었다.

콘스탄티누스 1세는 업적이 많다. 그래서 대제大帝로 불린다. 내전에서 승리하고 제국의 수도를 옮겼다. 그의 이름을 딴 콘스탄티노플이 동쪽의 새 수도가 됐다(오늘날 튀르키예의 이스탄불이다). 무엇보다도 이후 역사에 영향을 미친 일은 기원후 313년에 기독교를 더 이상 금지하지 않기로 한 것이다. 이때부터 서양 역사는 기독교와 떼어 놓고 말하기 어렵게 되었다. 로마는 가톨릭의 중심지로, 라틴어는 기독교의 중요 언어로 남았다.

hoc는 지시형용사 '이', 영어의 this다. signo는 '표식으로', in hoc signo는 '이 표식으로', vinces는 '(너는) 이기리라'.

Roma invicta

"정복되지 않은 로마." 수많은 외적의 침입을 겪었지만 로마는 수백 년을 버텨 냈다. 콘스탄티누스 1세 때 제국의 중심이 동로마제국으로 옮겨 갔어도 서로마제국은 한동안 건재했다.

　　Roma invicta도 멸망을 피할 수는 없었다. 기원후 410년에 서고트 사람이 쳐들어와 로마 도시를 약탈했다. 476년에는 게르만 사람 오도아케르가 마지막 황제를 쫓아냈다. 이때 서로마제국이 멸망했다.

　　서로마제국이 어쩌다 망했는지에 대해 여러 이론이 있다. 새로운 지배 이념이 된 기독교가 전통적인 로마 사회와 잘 맞지 않았다는 의견도, 경제가 어려워 중산층이 몰락한 탓이라는 의견도 있다.

　　기후변화 때문에 로마제국이 쇠퇴했다는 이론도 있다. 지금은 너무 더워져서 문제인데, 이때는 반대로 세상이 추워서 문제였다. 농사가 안 되고 감염병이 돌아 전쟁이 늘었다고. 인간도 제국도 자연 앞에 보잘것없는 것일까.

　　invicta는 victa의 반대말이다. 과거분사 victa는 수동의 뜻이 있어 '정복된'. invicta는 그 반대니까 '정복되지 않은'.

urbs æterna

"영원의 도시." 로마를 가리키는 말이다. 제국은 끝이 났어도 문화유산은 여전하다.

로마의 법과 정치 제도는 오늘날 세계 각국에 영향을 미쳤다. 로마가 기독교를 국교로 선포한 후, 기독교는 서양 문화에 흔적을 남겼다. 우리가 쓰는 달력은 로마 정치인 율리우스 카이사르가 만든 율리우스력을 로마 교황 그레고리오 13세가 16세기에 고쳐 만든 그레고리우스력이다. 그리스 문화를 계승한 로마의 문학과 철학은 서양 문화의 바탕이 됐다.

17세기부터 19세기까지 유럽 상류층 젊은이는 로마 여행을 다녀오는 것이 중요한 교육 과정이었다. 고대 로마와 중세 이탈리아, 르네상스 문화를 체험하기 위해서였다. 이 여행을 '그랜드 투어'Grand Tour라고 불렀다. 음악가와 미술가도 로마 유학을 다녀오는 경우가 많았고, 로마에 작업장을 열기도 했다. 20세기 초까지도 라틴어는 서양 지식인의 필수 교양이었다. 그래서 우리가 이 책을 읽는 것이기도 하고.

urbs는 '도시', urbi et orbi(도시와 세계에)와 ab urbe condita(로마 건국 기원후)에서 만난 낱말이다. æterna는 '영원한'이라는 뜻의 형용사.

deus ex machina

‘기계장치로부터 나온 신’이라는 뜻이다. 그리스 철학자 아리스토텔레스의 책『시학』에 나오는 유명한 표현이다.

　옛날 그리스 시인들은 널리 알려진 신화를 해석해 이야기를 썼다. 처음에는 인물과 사건을 새롭게 해석해 비극을 시작하더라도, 끝날 때에는 정해진 결말에 따라야 했다. 그런데 이야기가 너무 엉뚱한 방향으로 흐르면 제대로 끝을 맺기가 힘들었다.

　이럴 때 시인들이 사용한 장치가 ‘신을 태운 기계장치’였다. 신으로 분장한 배우가 기계를 타고 원형극장 무대로 내려와 엉뚱하게 흘러가던 이야기를 교통정리해 준다.

　‘이야기 속 인물들의 갈등이 너무 심해지자, 모든 인물을 한 번에 사고로 죽여 버렸다’ 같은 군색한 해결책도 deus ex machina라고 한다. 아리스토텔레스 같은 사람은 이 수법의 남용을 싫어했지만, 오늘날에도 가끔 보이는 방법이다.

　deus는 신. 여기서는 그리스신화의 여러 신 가운데 하나를 가리키기 때문에 소문자로 썼다. ex machina는 ‘기계로부터’. machina는 ‘기계’, 영어 machine이 여기서 왔다.

ex arena funiculum nectis

"모래로 밧줄을 꼰다." 작은 모래 알갱이로는 밧줄을 만들 수 없다. 그런데도 무리해서 밧줄을 꼬려 한다고 빗대는 말이다. 르네상스 시대의 지식인 에라스뮈스에 따르면, 서로 조화할 수 없는 것을 조화시키려 하거나 모순된 주장으로 논리를 구성하려 할 때 이 표현을 사용한다. 해봤자 안 될 게 뻔한 불가능하고 무의미한 일을 시도할 때도 이 표현을 써서 비판할 수 있다.

ex arena는 '모래로'. arena는 '모래', 영어로 경기장을 뜻하는 arena가 여기서 왔다. 콜로세움 같은 로마의 경기장은 바닥을 모래로 덮어 놓았다. 검투사 경기나 공개 처형이 있을 때 희생자가 흘리는 피를 빨아들일 수 있도록. 끔찍하지만 실용적인 이유다.

funiculus는 '밧줄이', funiculum은 '밧줄을'. nectis는 '(너는) 연결한다'는 뜻이다. 영어 낱말 annect(병합하다), connect(연결하다), nexus(연결) 따위가 여기서 왔다. funiculum nectis는 '(너는) 밧줄을 꼰다'는 뜻.

in arena ædificas

"모래에 건물을 짓는다." 모래 위에 누각을 짓는다는 한자성어 사상누각沙上樓閣과 닮았다.

르네상스 시대의 지식인 에라스뮈스는 이 표현이 『신약성서』에 나오는 '모래 위의 집' 비유와 닮았다고 지적한다. qui ædificavit domum suam supra petram퀴 에디피카비트 도뭄 수암 수프라 페트람. 현명한 사람은 "바위 위에 집을 지었다." qui ædificavit domum suam supra harenam퀴 에디피카비트 도뭄 수암 수프라 하레남. 어리석은 사람은 "모래 위에 집을 지었다."(「마태복음」7장 24절과 26절)

in arena는 '모래에', ædificas는 '(너는) 건설한다' 또는 '(너는) 건물을 짓는다'라는 뜻이다. Roma non uno die ædificata est에서 만난 단어.

ædificavit는 '(그는) 건물을 지었다', domum suam은 '그의 집을'. supra petram은 '바위 위에', supra harenam은 '모래 위에'. harena와 arena는 같은 단어다.

in aqua scribis

"물 위에 글씨를 쓴다." 물 위에 글을 써 봤자 금세 사라져 버린다. 소용없는 데 헛힘 쓰는 일을 이르는 말. 르네상스 시대의 지식인 에라스뮈스가 『아다기아』에서 소개한 표현이다.

　한편 옛날 그리스에는 "악한 사람들은 맹세를 물 위에 쓴다"라는 말이 있었다고 한다. 물에 쓴 서명은 곧 사라지니, 악한 사람은 약속을 지키지 않는다는 뜻이다.

　옛날에는 부정적인 의미로 쓰였다. 그런데 요즘 사람은 물 위에 쓰고 싶은 말이 많은가 보다. 인스타그램 등 다양한 SNS에 '쓰고 나서 24시간이 지나면 자동으로 지워지는 메시지' 기능이 있으니. 기록이 남는다는 부담이 없어 쓰는 사람이 솔직해진다고 한다. 또 얼마 후 사라지기 때문에 사람들이 미루지 않고 곧장 읽는다고. 에라스뮈스가 이 세태를 보면 뭐라 할까 궁금하다.

　in aqua는 '물에', aqua는 '물'. '아쿠아맨'이 여기서 왔다. scribis는 '(너는) 쓴다'는 뜻. 영어 scribe(쓰다), script(사본), description(서술) 같은 낱말이 여기서 왔다.

lupus in fabula

"이야기 속 늑대." 자리에 없는 사람에 대해 이야기를 나누는데, 갑자기 그 사람이 나타난 경우 쓰는 말이다. 로마의 희극작가 플라우투스의 글에 lupum in sermone루품 인 세르모네, "말속의 늑대를"이라는 구절이 있다.

우리 속담에 '호랑이도 제 말하면 온다'고 했다. 프랑스어에는 quand on parle du loup킹 옹 파를르 뒤 루프라는 표현이 있다. '늑대에 대해 말할 때'라는 뜻이다. 영어에는 speak of the devil, '악마에 대해 이야기하면 악마가 정말 나타난다'는 말이 있다.

한국 사람은 호랑이, 로마 사람과 프랑스 사람은 늑대, 영국 사람은 악마가 무서웠나 보다. 아무려나 학교 끝나고 친구와 선생님 이야기를 하거나 퇴근 후 동료와 직장 상사 흉을 보는데 당사자가 등 뒤에 나타나면 퍽 당황스럽기는 하겠다.

lupus는 자주 본 단어다. '늑대'라는 뜻. in fabula는 '이야기 속에'. fabula는 아우구스투스의 마지막 말 acta est fabula(연극은 끝났다)에서 만난 단어다.

bos in lingua

"혀 위의 황소." 혀 위에 황소가 올라가 있으니 생각은 있어도 말하지 못한다는 의미다.

앞의 문장에 bos(황소)에 대해 두 가지 해석이 있다. 하나는 글자 그대로 무거운 황소라는 뜻이다. 묵직한 황소에 눌려서 혀를 움직이지 못한다는 말이다. 또 하나는 옛날 동전에 소 모양이 새겨져 있었다는 데서 나온 해석인데, 뇌물을 받았기 때문에 아는 대로 말하지 못한다는 의미일 수도 있다는 것이다. 압력을 받아서건 뇌물을 받아서건 양심대로 자유롭게 말하기 어려운 상황을 뜻한다.

bos는 '소'. 영어 bovine(소의), buffalo(들소), butter(버터) 등의 조상뻘 되는 단어다.

in lingua는 '혀에'. lingua에서 영어 낱말 language(언어), linguistics(언어학) 등이 왔다. 영어로 bilingual은 '두 언어를 하는', trilingual은 '세 언어를 하는', multilingual은 '여러 언어를 할 수 있는'이라는 의미. 이탈리아 파스타의 일종인 linguine링귀네도 여기서 왔다. 작은 혀처럼 생겼다는 뜻.

simia in purpura

"자주색 옷을 입은 원숭이." purpura에는 '자줏빛 염료의 원료가 되는 작은 뿔소라'라는 뜻이 있다. 한 마리를 쪼개 얻는 염료는 고작 두 방울. 원액을 졸여 염료 1그램을 얻으려면 만 마리를 죽여야 한다는 이야기가 있다. 자줏빛 옷은 무척 비쌌다. 로마에서 어린이만 자줏빛 끝동을 장식하고 나라님만 자줏빛 외투를 입었다.

simia in purpura는 원숭이가 나라님의 보라색 관복을 입었다는 뜻이다. 누군가 고위 관직에 올라 떵떵거리지만 사실은 원숭이나 다를 바 없다는 풍자다.

"왕과 제후의 궁전에서 겉옷과 목걸이와 팔찌를 한 또 다른 종류의 원숭이를 만날 수 있다." 이 격언을 소개하며 르네상스 시대의 지식인 에라스뮈스가 덧붙인 말이다.

시대를 넘어 사람들이 공감하는 말이다. 나도 simia in purpura를 주제로 현대사회의 권력자를 빗대 글을 쓴 일이 있다. 요즘 상황에 맞춘다면 멋진 양복을 입은 원숭이도 괜찮을 것 같다.

simia는 '원숭이', purpura는 '자주색'. in purpura는 여기서 '자주색 관복을 입은'이라고 번역한다.

APRILIS

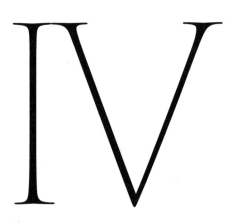

nemo iudex in causa sua

"자기 사건을 맡는 재판관은 없다." 재판관은 자신과 이해관계가 있는 사건의 재판을 맡으면 안 된다는 원칙을 말한다. 재판관이 자기 사건을 재판한다면 누가 그 재판이 공정하다고 믿어 줄까? 재판의 중립성과 객관성을 보장하려는 취지다.

'팔은 안으로 굽는다' 하지 않는가. 서양의 원칙이지만 동양의 상피제相避制와 닮았다. 상피제는 관리가 친족의 업무를 맡아도 안 되고, 출신 고장에 파견되어도 안 된다는 제도다.

nemo는 '아무도 아닌 (사람)' '아무도 없(다)'는 뜻이다. 영어 nobody와 같다. 쥘 베른의 소설 『해저 2만 리』의 네모 선장 이름이 여기서 왔다. 본디 『오디세이아』의 주인공 오디세우스가 스스로를 부른 이름이기도 하다. 그리스어로 outis 우티스, '아무도 아니다'.

iudex는 '재판관이', in causa sua는 '자기 사건에'. causa는 '사건', 영어 cause(소송), accuse(고소하다) 따위 단어가 여기서 왔다.

media vita in morte sumus

"삶의 한가운데 우리는 죽음 속에 있다." 죽음을 잊지 말라는 라틴어 격언 가운데 하나다. '삶의 한가운데 있을지라도 우리는 죽어 가고 있다'는 뜻이다.

눈 밝은 독자님은 눈치챘을 것 같다. 똑같이 '어디에'를 가리키는데, in morte에는 전치사가 있지만 media vita에는 없다. 라틴어는 전치사를 꼭 써야 하는 언어가 아니다. 명사 변화만으로도 여러 가지 뜻을 나타낼 수 있다. 전치사는 강조의 의미가 크다. 같은 전치사라도 어떤 명사 변화 형태와 같이 쓰이냐에 따라 뜻이 달라진다. 그래서 어렵다.

media는 '가운데'라는 뜻이다. 영어 media의 '미디어' 즉 '매체'라는 뜻도 여기서 나왔다. '가운데에서 전달하는 것'이라는 의미다. media vita는 '삶의 한가운데에'.

mors는 '죽음이', morte는 '죽음에', in morte는 '죽음 속에'. mors certa(죽음은 확실하다)에서 만났던 단어.

sumus는 '(우리는) 있다', est(있다)와 같은 동사인데 변화 형태만 다를 뿐이다.

periculum in mora

"위험은 주저함에." 주저하면 위험해질 수 있다는 뜻으로, 주저하지 말고 빨리빨리 일을 처리하라는 말이다.

mora라는 표현을 우리는 만난 적이 있다. 앞서 본 maximum remedium iræ mora est에서. '분노의 최고 치료법은 주저함이다'. 화가 날 때는 일단 시간을 끌어 보라는 조언이다.

그런데 periculum in mora와 maximum remedium iræ mora est는 의미가 서로 반대다. 앞엣것은 mora가 위험하다고, 뒤엣것은 안전하다고 한다. 옛사람의 지혜가 엇갈리는 것을 보니 흥미롭다.

periculum in mora는 법에 관한 격언이라고 한다. 유산 상속 문제 등 관청이 결정을 질질 끌어 관련된 사람이 손해를 보는 경우에 이 말을 쓴다고. 이럴 때는 주저하지 말아야 시민의 권리를 지켜 줄 수 있다.

periculum은 '위험이'라는 뜻이다. 영어 peril(위험), imperil(위험에 빠트리다), perilous(위험한) 따위가 여기서 왔다. in mora는 '주저함 안에'.

hac in hora sine mora

"바로 이 시간에 주저함 없이." 13세기에 편찬된 노래집 『카르미나 부라나』 Carmina Burana의 첫 곡 「오, 운명의 여신이여」 O Fortuna에 나오는 구절이다. 20세기 독일 작곡가 카를 오르프가 후에 곡을 붙였다. 귀에 익은 가락이다.

　옛날 사람이 손으로 베껴 쓴 『카르미나 부라나』 첫머리에 '운명의 수레바퀴' rota Fortunæ 로타 포르투네가 그려져 있다. fortuna는 '운명', fortunæ는 '운명의'. 여기서는 '운명의 여신'이라는 뜻으로 쓰여 Fortuna처럼 대문자로 쓴다.

　운명의 수레바퀴. 운명의 여신 포르투나가 무심히 바퀴를 돌리면 바퀴에 묶인 인간이 높이 올라갔다 나락으로 떨어진다. 노래 가사는 이렇다. "'바로 이 시간에 주저함 없이' 모든 사람들이여, 운명의 장난에 놀아난 나와 함께 울어다오."

　hac는 지시형용사, 영어의 this와 같다. hac in hora는 '바로 이 시간에'라는 뜻. 전치사가 형용사와 명사 사이에 오기도 한다. sine mora는 '주저함 없이'라는 뜻.

nulla dies sine linea

'선 하나 긋지 않고 넘어가는 날이 없다'는 뜻이다. 천재 화가도 날마다 그림을 그렸다. 나처럼 게으른 그림쟁이는 뜨끔할 수밖에.

모르는 것이 없던 로마의 지식인 플리니우스에 따르면 (폼페이에서 죽은 그 용감한 사람 맞다), 이 말을 남긴 사람은 옛날 그리스의 화가 아펠레스였다. 알렉산드로스대왕의 궁정 화가를 지낸 사람으로, 재능도 타고났지만 노력도 멈추지 않았다.

파울 클레 같은 현대 화가도 Kein Tag ohne Linie카인 타크 오네 리니에라는 말을 좋아했다. nulla dies sine linea의 독일어 표현이다. 프랑스 소설가 에밀 졸라는 아펠레스의 말을 집무실에 새겼으며, 프랑스의 작가이자 철학자였던 장 폴 사르트르도 자서전에 이 말을 적었다.

nullus는 '아무것도 없는'이라는 뜻의 형용사다. 영어 낱말 null(없는), annul(취소하다) 등이 여기서 나왔다. 명사 linea는 '선'이라는 뜻. 영어 line(선)이 여기서 왔다. linea 앞에 전치사 sine가 붙어 '선 없이'라는 의미가 된다.

sub rosa

"장미꽃 아래에서." 중세 서양에서 장미의 꽃말은 '비밀'이었다. 한때 서양 사람은 식당 천장에 장미 조각을 장식했는데, 저녁을 들며 나눈 이야기를 비밀로 간직하자는 의미였다고. sub rosa는 '비밀리에'라는 뜻으로 오늘날에도 가끔 쓰는 표현이다.

고대 그리스에서 장미는 아프로디테 여신의 상징이었다. 아프로디테가 사랑의 여신이므로 장미 역시 사랑을 의미했다. 로마신화에서는 베누스 여신(그리스신화의 아프로디테 여신에 해당)의 아들 쿠피도가 침묵의 신 하르포크라테스에게 장미를 주었다고 한다. 사랑의 여신 베누스의 비밀을 지켜 달라는 의미로 장미가 '비밀'이란 의미를 갖게 된 이유가 이 신화와 관련 있다나.

중세 무렵부터 장미는 예수의 어머니 마리아를 상징했다. 묵주는 장미 화환이라는 뜻이다. 그래서 가톨릭신자들은 묵주기도를 하며 장미 화환을 엮는다고 한다. 한편 19세기 말부터 붉은 장미는 사회주의의 붉은색을 상징하게 되었다.

rosa는 '장미'를 뜻하는 명사, 영어 rose와 같다. 전치사 sub(아래)는 영어 subway(땅 아래 지하철), submarine(바다 아래 잠수함) 등의 말에 살아남았다.

barba tenus sapiens

"턱수염만큼 지혜로운 사람." 고대 그리스와 헬레니즘 시대 철학자는 긴 수염을 길렀다. 그러다 보니 실속도 없이 긴 수염만 늘어뜨리고 철학자 행세를 하는 사람도 나왔다. 따라서 겉모습만 똑똑한 척 꾸미고 다니는 사람을 빈정대는 표현이다.

비슷한 표현이 여럿 있다. barba non facit philosophum 바르바 논 파키트 필로소품. '턱수염이 철학자를 만들지 않는다.' barba crescit caput nescit 바르바 크레스키트 카푸트 네스키트. '턱수염은 자라지만 머리는 똑똑하지 않다.' crescit(자란다)는 음악 용어 cre-scendo 크레셴도(갈수록 크게)와 관련 있는 어휘다.

barba는 '턱수염'이라는 뜻. 여러 문헌에 '바르바로사'라는 이름이 나온다. 황제 이름이기도, 해적 이름이기도 하다. '붉은 수염'이라는 뜻이다.

tenus는 '~만큼'이라는 뜻의 전치사. 라틴어에서는 전치사가 명사 뒤에 오기도 한다.

sapiens는 '현명한' '지혜로운'. 자주 보는 단어다.

mea culpa

'나의 잘못으로'라는 뜻.

가톨릭은 미사 때 고백 기도를 한다. "생각과 말과 행위로 많은 죄를 지었으며 자주 의무를 소홀히 하였나이다." 가슴을 치며 다음 구절을 읊는다. "내 탓이오, 내 탓이오, 내 큰 탓이로소이다."

나는 이 기도가 좋다. 인간이 살면서 죄를 짓는다는 사실을 일깨워 주기 때문이다. 당당하기만 한 사람이 나는 두렵다.

라틴어로는 이렇다. peccavi nimis cogitatione, verbo opere et omissione: mea culpa, mea culpa, mea maxima culpa페카비 니미스 코지타티오네, 베르보 오페레 에트 오미시오네, 메아 쿨파, 메아 쿨파, 메아 막시마 쿨파. 해석하면 다음과 같다. "(나는) 죄를 많이 지었습니다, 생각과 말과 행동과 (의무) 소홀로, (즉) 나의 잘못으로, 나의 잘못으로, 나의 큰 잘못으로 (죄를 지었습니다)."

cogitatione는 '생각으로', verbo는 '말로', opere는 '한 일로' 즉 '행동으로', omissione는 '빼먹은 일로', mea culpa는 '나의 잘못으로'.

sine ira et studio

"분노도 당파성도 없이." 로마의 역사가 타키투스가 쓴 『연대기』 첫머리에 나오는 문구다. 화도 내지 않고 편드는 일도 없이 역사적 사건을 써 나가겠다고 다짐한다.

　　역사가로서 바람직한 태도다. 분노와 당파성 때문에 상황을 제대로 인식하지 못하는 경우를 자주 보니까. 하지만 인간이 자기를 둘러싼 사회에서 얼마나 초연할 수 있을까? 로마 사회를 바라보는 타키투스의 시선이 때로는 지나치게 냉소적으로 보이는 까닭은 이 태도 때문이 아닐까. 나는 조심스럽게 생각한다(게다가 타키투스가 역사가로서 그다지 공정한 것도 아니다).

　　studium은 뜻이 다양한 낱말이다. 영어 studious(열심인), study(공부), studio(작업실) 등 다양한 어휘가 여기서 왔다. 원래는 '좋아함'이라는 뜻인데, 좋아함과 공부가 어원상 같다니, 공부는 원래 좋아서 하는 일이었을까? 이 문장에서는 '당파성'이라고 옮긴다. 너무 좋아해 편파적으로 편을 드는 일을 말한다. 요즘 말로 '진영 논리'라고 할 수도 있겠다. 전치사 sine와 붙어 '당파성 없이'.

ab ovo

"알로부터." 사건의 '발단으로부터'라는 뜻이다.

로마 시인 호라티우스는 서간시집 『시학』에서 이야기를 시작하는 두 가지 방법이 있다고 했다. 첫째가 ab ovo이고 둘째가 in medias res인 메디아스 레스다. ab ovo는 사건의 '발단부터', in medias res는 '사건의 중간부터' 들어간다는 뜻이다.

호라티우스에 따르면, 트로이아 전쟁 이야기에서 그 근본적인 발단은 레다가 낳은 알이다. 그 알에서 헬레네가 태어났고, 헬레네의 유괴 때문에 트로이 전쟁이 벌어졌기 때문이다.

그런데 호메로스는 『일리아스』를 쓸 때 ab ovo, 즉 레다가 낳은 알부터 시작하지 않았다. 트로이 전쟁을 시작한 지 9년이 지난 후의 사건부터, 즉 in medias res로 시작했다. 호라티우스는 이 작품을 예로 들며, 이야기는 발단보다 중간부터 시작하는 것이 좋다고 말한다.

한편 로마 시대에는 저녁 식사 코스에서 먼저 달걀부터 먹었다고 한다. ab ovo는 이때도 '(식사) 시작부터'를 의미했다. 시인 호라티우스의 재치 있는 말재간.

a mortuo tributum exigere

"죽은 사람에게 세금을 걷다." 세금을 지독하게 걷어 간다는 의미다. 르네상스 시대의 지식인 에라스뮈스는 그의 저서 『아다기아』에서 당시 힘없는 사람들이 영주, 관리, 성직자 등에게 얼마나 많은 세금을 갈취당했는지 고발한다.

에라스뮈스 자신의 이야기이기도 하다. 에라스뮈스는 잉글랜드에 돈을 벌러 가서 큰돈을 모았는데, 훗날 잉글랜드를 떠날 때 세관에 그 돈을 모두 빼앗긴 경험이 있다.

오늘날 복지국가에서 세금의 의미는 옛날과 다르다. 옛날에는 세금이 영주, 관리, 성직자를 위해 쓰였지만, 오늘날엔 납세자를 위해 쓰이기 때문이다. 오히려 부자의 세금을 깎아 주는 건 사회 전체를 위해 쓸 예산을 깎는 일로 가난한 사람의 지출을 늘리는 셈이다.

적어도 이론은 그렇다. 나도 머리로는 알지만, 세금을 내는 일은 여전히 즐겁지 않다.

mortuus는 '죽은 사람이', a mortuo는 '죽은 사람에게'. tributum은 '세금', 영어 tribute(감사 표시, 공물)란 말이 여기서 왔다.

imperium in imperio

'제국 안의 제국' 또는 '대권 안의 대권' 또는 '나라 안의 나라'. 나라 안의 그림자 나라, 또는 사회를 뒤집길 꿈꾸는 음모 집단 이라는 뜻으로 쓰인다.

　imperium in imperio의 유래가 눈길을 끈다. 19세기에 영국 선교사 제임스 레그가 중국 역사책 『춘추』春秋를 번역했 는데, 고대 중국 주나라의 정치 혼란을 설명하며 imperium in imperio라고 했다. 제후들이 '나라 안의 나라'를 만들어 천자의 권력을 나누어 가졌다는 것. 동양의 상황을 가리키는 라틴어 표현이라니 오늘날 동양에 사는 사람으로서 기분이 묘하다.

　1899년 서턴 그리그즈라는 미국 흑인 작가가 『Imperi- um in Imperio』라는 소설을 썼다. 흑인이 만든 '그림자 나라' 가 미국에서 암약하는 내용으로, 미국의 인종차별에 맞선 유 색인종의 강력한 조직을 상상했다.

　imperium은 '제국'이라는 뜻도, '대권'이라는 뜻도, '명 령'이라는 뜻도 된다. in imperio는 '제국 안에' '대권 안에'. 영어 imperial(제국의), empire(제국) 따위 어휘와 친척뻘 되는 단어다.

in vino veritas

"포도주 속에 진실이 있다." 내 마음에 쏙 드는 격언이다. '술 속에 진실이 있으니 술을 많이 마시자'는 말은 아니고, 술을 마시면 마음속에 있는 진실을 털어놓게 된다는 의미다. 우리 가 잘 쓰는 표현으로 '취중진담'醉中眞談.

르네상스 시대의 지식인 에라스뮈스는 '당신에게 진실 을 말해 줄 세 사람이 있다, 술 취한 사람과 정신 나간 사람과 어린아이'라는 속담을 소개한다. 「벌거벗은 임금님」에서도 임금님이 벌거벗었다는 사실을 폭로한 사람은 어린아이였 다. 어른은 술의 힘을 빌려 정신 나간 사람인 척 솔직한 말을 한다.

오늘날 SNS나 인터넷 커뮤니티의 익명성이 옛날 술의 역할을 한다는 말을 들었다. 솔직하게 만든다는 점에서나 위 험할 수도 있다는 점에서나 익명성과 술은 닮았다. 좋은 점도 있지만 해악도 크다.

vinum은 '포도주가' 또는 '포도 넝쿨이', in vino는 '포도 주 속에'. 프랑스어 vin뱅, 이탈리아어 vino비노, 독일어 wein바 인, 영어 wine이 여기서 왔다. 영어 vine(포도 넝쿨)과 vine- yard(포도원)도 같은 가족.

in varietate concordia

"다양성 안에 화합이 있다." 오래된 격언처럼 보이지만, 사실은 19세기 이탈리아통일운동 때 나온 말이다. 2000년에는 유럽연합의 모토로 채택됐다. in varietate unitas인 바리에타테 우니타스, '다양성 안의 일치'라는 말도 쓰인다.

　　multis e gentibus vires물티스 에 젠티부스 비레스라는 말이 있다. multis e gentibus는 '많은 민족으로부터', vires는 '힘들이'. '많은 민족으로부터 나온 힘'이라는 뜻으로 캐나다 새스캐처원주의 모토다. 한국도 이제 다문화사회인 만큼 귀담아들을 격언이 아닐까.

　　varietas는 '다양성이'. 어제 만난 veritas(진실이)와 비슷하게 생겼다. -tas로 끝나는 여성명사는 '다양성' '진실' 등 추상적인 뜻을 가지고 있다. 라틴어 어미 -tas가 영어 -ty, 프랑스어 -té다. 영어 variety(다양성)와 verity(진실)은 프랑스어 variété바리에테, vérité베리테와 같다. 라틴어 in varietate는 '다양성 안에'.

mens sana in corpore sano

"건강한 육체에 건강한 정신." 귀에 익은 격언이다. 원래는 무슨 뜻이었을까?

육체가 건강해야 정신도 건강하다는 해석에 우리는 익숙하다. 그런데 원래 문맥은 이것과 살짝 다르다. 로마 시인 유베날리스의 『풍자시집』에 나오는 구절인데, 유베날리스는 고난과 혹독한 노동을 달갑게 받아들였던 그리스의 몸짱 영웅 헤라클레스를 좋게 보고, 방구석에서 향락을 즐기다 목숨을 끊었다고 알려진 아시리아의 왕 사르다나팔루스를 하찮게 보았다.

육체가 원인이고 정신이 결과라는 뜻이 아니라 건강한 육체와 건강한 정신을 동시에 가져야 한다는 의미다. 그래야 "죽음을 두려워 않는 굳센 마음을" 얻는다고 유베날리스는 주장한다(건강한 정신이란 죽음을 두려워하지 않는 마음인 것이다).

명사 mens는 '정신이'. 형용사 sanus는 '건강한', 영어 sane(멀쩡한), insane(안 멀쩡한) 같은 단어가 여기서 왔다.

corpus는 '육체가'. hic est corpus meum(이것은 나의 몸이다)에서 만난 적이 있다. in corpore는 '육체에'.

clavum clavo pellere

"못으로 못을 뽑는다" 또는 "쐐기로 쐐기를 뽑는다". 나쁜 것을 몰아내기 위해 다시 나쁜 것을 가져오는 일을 가리킨다. 원뜻은 이처럼 부정적인 의미였다.

그런데 르네상스 시대의 지식인 에라스뮈스는 이 격언을 뒤집어 보자고 제안한다. "이 격언은 과오를 과오로, 죄악을 죄악으로 (……) 몰아내는 경우에 어울리는 말일 뿐만 아니라, 하나의 곤경을 다른 곤경으로써 극복하는 경우에도 적용할 수 있다. 예를 들어 욕정을 힘든 노동으로써 극복하며, 사랑의 열병을 더 숭고한 열정으로써 다스리는 경우다."◀

clavus는 '못이' 또는 '쐐기가', clavum은 '못을' 또는 '쐐기를', clavo는 '못으로' 또는 '쐐기로'. 라틴어 명사는 명사 변화를 통해 다양한 의미가 된다.

pellere는 동사의 부정사 형태다. '뽑다' 말고도 '던지다' '밀다' 등 여러 뜻이 있다. 영어 propeller(프로펠러, 즉 앞으로 나아가게 하는 것), expel(추방하다, 즉 밖으로 떠밀다), appeal(간청하다, 즉 향하여 들이밀다) 등이 여기서 왔다.

◀ 에라스뮈스 저, 김남우 옮김, 『에라스무스 격언집』(아모르문디, 2009).

pollice verso

'엄지손가락을 돌려서'라는 뜻이다. 로마를 다룬 할리우드 영화나 만화에서 눈에 익은 장면이 있다. 검투사끼리 싸우다 한쪽이 쓰러졌을 때, 검투사의 생사를 관객이 결정한다. 관객이 엄지손가락을 위로 들면 살리고, 아래로 내리면 죽인다.

　이 손가락 자세를 뜻하는 말이 pollice verso였다. 그런데 문제가 있다. pollice verso라는 말은 전하는데, 정확히 어떤 자세가 살리고 죽이라는 뜻인지 우리는 모른다. 엄지손가락으로 가슴을 가리키면 죽이라는 뜻이고, 엄지손가락을 감싸면 살리라는 뜻이라는 주장도 있다.

　엄지손가락을 돌리긴 돌리는데, 어느 방향으로 돌린다는 걸까? 옛날 로마 사람을 만나 물어볼 수도 없다.

　위로 들면 살리고 아래로 내리면 죽인다는 해석은 어디서 왔을까? 19세기 프랑스 화가 제롬이 『Pollice Verso』라는 작품에 그린 해석이다. 이 그림을 20세기 할리우드에서 참고하면서 제롬의 해석이 널리 퍼진 것.

　pollex는 '엄지손가락이', pollice는 '엄지손가락으로', verso는 '돌려서'.

ex oriente lux

우리에게 익숙한 '빛은 동방에서'라는 표현이다. 동양에 사는 나는 속으로 반가운 말이기도 하다. 그런데 여기서 '동방'이 과연 어디일까? 시대마다 달랐다.

옛날 서유럽 사람은 동방이 중근동 지방을 가리킨다고 생각했다. 일찍이 중근동 지방에서 고대 문명이 발달하고 기독교가 시작되었기 때문이다.

계몽주의와 낭만주의 시대에는 멀리 동아시아 땅에서 빛이 온다고 생각했다. 서양 사람들이 중국 등 발달한 문명을 접하고 경탄했기 때문이다.

20세기 냉전시대에는 동방이 다른 곳을 가리켰다. 서쪽은 자본주의 진영, 동쪽은 사회주의 진영을 의미했다. 사회주의 진영에서는 '동방이야말로 우리'라고 주장했다. ex oriente pax라는 말도 있었다. '평화는 동방으로부터.' 사회주의 진영에서 평화가 온다며 체제 선전을 시도하기도 했다. 지금 보면 생뚱맞다. 동유럽의 현실 사회주의가 몰락하며 이런 선전도 빛이 바래고 말았다.

oriens는 '동쪽이' 또는 '해돋이가'. ex oriente는 '동방으로부터'. lux는 '빛이'.

ex pede Herculem

"헤라클레스의 발로부터." 수수께끼 같은 말이다. 무슨 뜻일까?

그리스 영웅 헤라클레스는 힘이 장사였다. 몸집도 보통 사람보다 컸다. 얼마나 컸을까? 그리스의 수학자 피타고라스가 계산해 봤다('피타고라스의 정리'로 유명한 그 사람 맞다).

옛날 그리스 사람은 운동경기를 좋아했다. 그리스 땅 곳곳에 경기장을 지었는데, 사람 발 크기의 600배로 길이를 맞췄다고 한다. 그래서 대부분의 경기장이 크기가 비슷했다.

그런데 올림피아의 경기장은 유독 다른 곳보다 컸다. 전설에 따르면, 이 경기장을 신화 속 영웅 헤라클레스가 건설했다고 한다.

피타고라스는 비례식을 이용해 헤라클레스가 지었다는 올림피아의 경기장과 다른 경기장의 크기를 비교했다. 그래서 헤라클레스의 발이 일반적인 사람보다 얼마나 큰지 알아냈다. 그런 다음 발 크기와 몸 전체의 비례를 계산해 헤라클레스의 키를 셈했다. 즉 '헤라클레스의 발로부터' 그의 전체 몸집을 알아냈다는 것이다.

pes는 '발이', ex pedem은 '발로부터'.

nihil sub sole novum

"태양 아래 새로운 것은 아무것도 없다." 내가 특히 좋아하는 문장이다.

『구약성서』「전도서」첫머리에 나오는 말이다. "지금 있는 것은 언젠가 있었던 것이요, 지금 생긴 일은 언젠가 있었던 일이라. 하늘 아래 새것이 있을 리 없다. '보아라, 여기 새로운 것이 있구나!' 하더라도 믿지 마라. 그런 일은 우리가 나기 오래전에 이미 있었던 일이다."(『공동번역 성서』1장 9절과 10절)

nihil은 영어로 nothing이다. '아무것도 없(다)'는 뜻. novum은 형용사 '새로운'. nihil과 novum을 연결해 영어 nothing new처럼 '새로운 것은 없다'로 해석한다.

sub는 '아래에', sub rosa(장미꽃 아래에서)에서 만났던 단어다. 영어 subway를 기억하시길.

sol은 '태양이', sub sole는 '태양 아래'. 영어 solar(태양의), 스페인어 sol솔, 이탈리아어 sole솔레 등이 라틴어 sol에서 왔다. 이탈리아 가곡「O Sole Mio」오 솔레 미오는 '오 나의 태양'이라는 뜻.

summa cum laude

"최고의 칭찬으로." 성적이 가장 뛰어난 졸업생에게 주어지는 서양의 라틴어 찬사다. 우리 식으로 말하면 '최우등상'이랄까.

　　그다음 단계는 magna cum laude(고전 라틴어로 읽으면 '마그나 쿰 라우데', 중세 라틴어로 읽으면 '마냐 쿰 라우데'). '많은 칭찬으로'라는 뜻. 굳이 옮기면 최우등상과 그냥 우등상 사이쯤 되겠다.

　　그다음 단계가 cum laude쿰 라우데. '칭찬으로' 즉 '장려상'이다. 우등상을 받아 본 지 너무 오래된 나 같은 사람은 그저 부럽다.

　　laus는 '칭찬이', cum laude는 '칭찬과 함께'. 자매뻘 동사는 laudo라우도, '찬양하다'. 기독교 종교음악에 자주 나온다.

　　summus는 '가장 높은'이라는 뜻. laude에 맞춰 summa의 형태로 변화했다.

　　summa와 laude 사이에 전치사 cum이 들어갔다. '~와 함께'라는 뜻. 라틴어의 어순은 비교적 자유롭다. 형용사와 명사 사이에 전치사가 끼어드는 형태를 우리는 hac in hora sine mora(바로 지금 주저함 없이)에서 만난 적 있다.

a mari usque ad mare

"바다에서 바다까지." 땅이 넓다는 의미다. 이쪽 바다부터 저쪽 바다까지 땅을 다 차지한다는 좋은 의미로, 『구약성서』「시편」에 나오는 구절이다.

　　　et dominabitur a mari usque ad mare et a flumine usque ad terminos terræ 에트 도미나비투르 아 마리 우스퀘 아드 마레 에트 아 플루미네 우스퀘 아드 테르미노스 테레. "그리고 (그가) 바다부터 바다까지, 강부터 땅끝까지 다스리리라."(「시편」72편 8절, 『불가타 성서』는 71편)

　　　지금은 캐나다의 모토다. 동쪽은 태평양, 서쪽은 대서양에 면해 있어서 그렇다나. 최근에는 북극해를 포함하는 모토를 만들어야 하지 않을까 고민한다고.

　　　mari 또는 a mari는 '바다로부터', mare는 '바다를', ad mare는 '바다까지'. a 또는 ab는 '~로부터', ad는 '~까지'. 모양은 비슷한데 뜻은 정반대다. usque는 '따라서 쭉'이라는 뜻.

igni ferroque

"불과 철로써." 라틴어는 전치사 없이 명사 변화만으로 '~로써' 또는 '~을 가지고'의 뜻을 나타낼 수 있다.

철은 무기를 상징한다. '불로 태우고 무기로 파괴한다.' 전쟁의 참혹함을 나타내는 표현이다.

전쟁할 때 상대 나라나 자기 나라의 시설을 닥치는 대로 파괴하는 초토화 전술을 가리키기도 한다. 19세기 나폴레옹 전쟁 때 러시아의 초토화 전술도 유명하고, 미국 남북전쟁 때 셔먼 장군의 초토화 전술도 유명하지만, 이 전술은 고대 로마 시대부터 때때로 사용되던 무시무시한 전쟁 기술이다.

ferro ignique, ferro atque igni, ferro flammaque^{페로 이그니케, 페로 아트퀘 이그니, 페로 플람마퀘}라고도 한다. 모두 같은 뜻이다.

ignis는 '불이', igni는 '불로써'. 영어에 ignite(불붙이다)라는 단어가 있다. ferrum은 '철', ferro는 '철로써'. 철의 원소기호 Fe가 여기서 나왔다. 약 '훼럼포라'는 빈혈에 먹는 철분 보충제다. -que는 '그리고'라는 뜻. et, atque와 같다. flamma는 '불꽃', 영어의 flame이 여기서 왔다.

utile dulci

베스트셀러를 쓰고 싶다면? 로마 시인 호라티우스가 『시학』에서 2천 년 전에 그 비법을 공개했다. "유용함을 달콤함으로."

호라티우스는 썼다. qui miscuit utile dulci퀴 미스쿠이트 우틸레 둘치, "유용함에 달콤함을 섞은 사람"은 그 자신과 출판사 '사장님께' 큰돈을 벌어 준다고. qui는 관계대명사, 영어의 who와 같다. miscuit(섞었다)는 영어 mix의 친척뻘 되는 라틴어 단어.

여기서 '유용함'은 교훈과 교양, '달콤함'은 재미를 의미한다. 유용한 정보와 달콤한 재미를 함께 주는 책을 쓰라는 조언으로, 나처럼 지식 만화를 그리는 작가가 귀담아들어야 할 '꿀팁'이다.

형용사 dulcis는 '달콤한'. 이 단어는 dulce bellum in-expertis(겪어보지 않은 사람에게 전쟁은 달콤하다)에서 만난 적 있다. 중성 단수 dulce는 명사처럼 써서 '달콤함'이란 의미다. dulci는 '달콤함으로' '달콤함을 가지고'.

형용사 utilis는 '유용한', 중성 단수 utile는 '유용함이' 또는 '유용함을'. 영어 utility(효용)가 여기서 왔다.

in risu veritas

"웃음 속에 진실이 있다." 눈 밝은 독자님은 알아차렸을 것이다. in vino veritas(포도주 속에 진실이 있다)와 꼭 닮았다. 사실은 아일랜드 소설가 제임스 조이스가 in vino veritas를 비틀어 만든 문장이다. 술 취한 사람의 말에 진실이 있듯, 웃자고 꺼낸 이야기에 진실이 숨어 있다는 뜻.

14세기 영국 작가 제프리 초서가 쓴 『캔터베리 이야기』에 나오는 한 장면이 떠오른다. 여관 주인이 요리사에게 면박을 준다. "당신의 요리가 형편없어서 먹은 사람들이 탈이 났다"고. 분위기가 싸늘해지려는 찰나, 여관 주인이 "농담이었다, 화내지 마라"라며 덧붙인다. "농담으로 진실을 이야기할 수도 있는 법이지만." 사람들은 다시 웃음을 터뜨리고, 요리사는 여관 주인에 관한 익살스러운 이야기로 앙갚음하겠다고 받아친다.

"우스갯소리를 하는 광대는 때로 예언자가 되기도 한다." 셰익스피어의 「리어왕」에 나오는 문장이다. '농담 삼아 한 말이 사실이 될 수도 있다'는 뜻이다.

risus는 '웃음이', in risu는 '웃음 속에'. veritas는 '진실이'.

pari passu

"동일한 걸음으로." 오늘날에도 법률과 경제 경영 분야에서 때때로 쓰이는 용어다.

　　빚을 진 쪽, 즉 채무자가 파산절차를 밟을 때 빌려 준 쪽, 즉 채권자들이 pari passu로 손실을 감당한다. 채권자끼리 '동일한 걸음으로', 즉 '더 손해 보고 덜 손해 봄이 없이' 손해를 나누어 가진다는 뜻이다.

　　채무자가 돈 갚을 능력이 없어 파산을 선언하면 채권자들은 돈을 떼이게 된다. 손실을 피할 수 없다. 어떤 채권자는 자기 빚부터 먼저 갚으라고 요구한다. 하지만 그렇게 되면 다른 채권자는 뒤로 밀려 돈을 전혀 받을 수 없다. 이때 pari passu에 따라 '(같은 등급의) 모든 채권자를 동일하게 대우해 달라' 요청할 수 있다.

　　이렇게 하지 않으면 채권자끼리 다툼이 일어난다. 채무자의 재산을 차지하기 위해 서로 경쟁할 것이다. '법정 경주'가 일어날 수도 있다. pari passu는 이를 방지하기 위한 약속이다.

　　passus는 '발걸음이', passu는 '발걸음으로'. 형용사 par는 '동일한'이라는 뜻. 전치사 없이 명사와 형용사 변화만으로 '~으로'의 뜻이 됐다.

manu propria

'자기 자신의 손으로', 즉 '자필 서명'을 의미한다. 서양에서 옛날부터 자필 서명 밑에 덧붙이던 글귀였다. 머리글자로 m.p. 또는 mppria.라고 쓴다.

디지털 시대에도 자필 서명의 중요성은 여전하다. 계약서나 공문서에 manu propria를 요구하는 경우가 많다.

manus는 '손이', manu는 '손으로'. 이탈리아어 mano마노, 프랑스어 main맹이 손주뻘 되는 단어다.

manus는 후손이 많다. manicure매니큐어는 라틴어 manus(손)와 cura(돌봄)에서 나온 단어다. 매니큐어를 바르는 것은 손을 돌보는 일이라 그렇다. 영어 manual(손의), manuscript(손으로 쓴 문서), manipulation(조작), manufacture(수공업) 등이 여기서 왔다. '손으로 하는 일'과 관련된 어휘들이다.

manage(관리하다), mandate(권한을 주다), manner(방법 또는 태도) 등도 manus에서 온 단어다.

한편 영어 sign(서명하다), signature(서명)는 라틴어 signo(서명하다)에서 온 말.

bona fide

"좋은 믿음으로" 혹은 :좋은 믿음을 가지고". 법에서 말하는 '신의성실의 원칙'과 통한다. '착한 마음으로' '좋은 뜻으로' 정도로 해석한다.

bona fide는 디지털 시대에도 중요한 원칙이다. 온라인 공간에서 물건을 사고 팔 때 bona fide가 없으면 거래가 성립할 수 없다. 예를 들어 인터넷으로 책을 샀는데, 받아 봤더니 많이 찢어져 있는 경우가 있다. 판매자가 책에 하자가 있음을 알고도 밝히지 않았다면 bona fide, 즉 신의성실로 행동하지 않은 것이다. 이런 판매자가 많아지면 온라인으로 거래하는 일이 어려워진다.

소셜미디어 사용자 역시 bona fide를 따르는 것이 좋다. 인플루언서가 특정 제품을 리뷰할 때 돈 받고 하는 광고인지 아닌지 명확히 밝히는 일은 신뢰를 위해 중요하다.

fides는 '믿음이', fidei는 '믿음으로'.

bonus는 자주 보는 단어다. '좋은'이라는 뜻. 프랑스어 bon봉, 이탈리아어 buono부오노가 손주뻘 되는 단어다. 우리가 잘 쓰는 '보너스'도, 포르투갈어 '따봉'도 여기서 왔다.

sola fide

'오직 믿음으로'라는 뜻으로, 기독교 종교개혁 때 개신교에서 사용한 말이다.

가톨릭교회는 전통적으로 선행과 자선을 강조했다. 남에게 베풀어야 천국에 간다고 가르쳤다. 그런데 이 가르침을 악용하는 사람들이 나왔다. 돈을 많이 써야 구원을 받는다며 가운데에서 잇속을 챙기는 사람도 있었다.

하지만 마르틴 루터 같은 종교개혁가들이 성서를 열심히 읽어 봤더니, '믿음'만 있으면 구원받을 수 있다고 했다. 돈을 써야 한다는 말은 없었다. 루터는 sola fide를 강조했고, 자선을 중시하던 교황청과 갈등을 빚었다.

sola fide는 처음엔 개혁적인 사상이었다. 부자와 결탁한 당시 교회를 비판하는 측면이 있었다. 다만 요즘 한국의 일부 개신교회가 sola fide를 지나치게 강조하며 '교회에 다니지 않으면 지옥에 간다'는 해석을 내세우는 경우가 있다. "이순신 장군이 아무리 좋은 일을 했어도 기독교 믿음이 없었기 때문에 지옥에 있을 것"이라고 주장한 성직자가 사회에서 빈축을 산 일이 있었다. 이를 보충하는 '익명의 그리스도인'이라는 개념이 있는데, 이 이야기는 다른 곳에서 해야 할 것 같다.

de re publica

'공화정에 대하여'라는 뜻으로, 로마의 정치인 키케로가 쓴 책의 제목이기도 하다. '키케로의 국가론'으로 번역하는 경우가 많다. 키케로는 로마공화정을 지키는 데 헌신했는데, 그의 정치관은 오늘날 관점에서 한마디로 말하기 쉽지 않다. 평민 출신이지만 귀족 편에 섰다. 동시에 공화정 체제를 지키기 위해 반독재 투쟁을 했다. 그러면서도 현실 정치 논리에 따라 군부 인사와 손을 잡기도 했다. 끝내는 아우구스투스에게 배신당하고 독재를 꿈꾸던 안토니우스 세력에게 죽임을 당했다.

res publica는 '공공의 것' '공화국' 또는 '나라'라는 뜻으로도 쓰인다. 우리가 잘 아는 영어 단어 republic(공화국)이 여기서 왔다. 전치사 de는 '~에 대하여'라는 뜻이다.

res는 자주 보는 라틴어 명사로 '업적' '사건' '것' 등 여러 뜻이 있다. 형용사 publicus는 '공공의'라는 뜻. 영어 public, 프랑스어 public퓌블릭, 이탈리아어 pubblico푸블리코, 스페인어 público푸블리코 따위가 모두 한 가족이다.

MAIUS

corruptissima re publica
plurimæ leges

"국가가 심하게 부패하면 법률이 매우 많다." 역사가 타키투스의 글이다. 나라가 어지러울 때 권력을 쥔 세력이 자기네 잇속에 맞춰 법을 남발한다는 맥락이다. 요즘도 그런가? 생각해 봐야겠다. 부패했어도 법을 지켜 가며 부패했다니 로마답다고 해야 할까.

동사 corrumpo는 '부패하다'라는 뜻으로 과거분사는 corruptus, 뜻은 '부패한'(영어 corrupt가 여기서 왔다)이다. 최상급을 만들면 corruptissimus가 된다. 변화형이 corrup-tissima, 뜻은 '가장 심하게 부패한'.

res publica는 우리가 만나 본 표현이다. 한 단어처럼 쓰여 '국가' 또는 '공화국'이라는 뜻. 여기서는 변화형으로 re publica가 쓰였다.

corruptissima re publica는 '나라가 심하게 부패했을 때' 또는 '나라가 심하게 부패하면', 절대 탈격이라는 까다로운 라틴어 용법이다.

형용사 plurimæ는 '수가 많은'. lex는 '법이', leges는 '법들이'.

mutato nomine de te
fabula narratur

"이름만 바꾸면 그대의 이야기다." 로마 시인 호라티우스의 글이다. "어째서 웃는가? 이름만 바꾸면 그대의 이야기인 것을." 남의 이야기인 줄 알고 실컷 비웃었더니, 사실은 자기 이야기였다는 말이다. 자신의 우스꽝스러운 단점을 객관적으로 보지 못하는 것은 옛사람이나 요즘 사람이나 마찬가지다.

동사 muto는 '변경하다' '바꾸다'라는 뜻. 수동의 뜻을 가진 과거분사가 mutatus이고, 그 변화형이 mutato다.

명사 nomen은 여러 차례 만났다. nomen est omen(이름은 하나의 징조다), Ioannes est nomen eius(요한이 그의 이름이다), mihi nomen est(나의 이름은) 등의 문장에서 보았다.

mutato nomine는 절대 탈격 용법이다. '이름이 바뀐다면'이라는 뜻. de te는 '당신에 대하여'. fabula 역시 눈에 익은 명사로 '이야기'라는 뜻이다. acta est fabula(연극은 끝났다)와 lupus in fabula(이야기 속 늑대)에서 보았다. narratur는 수동태로 '이야기된다'는 뜻.

de mortuis nil nisi bonum

"죽은 사람에 대해서는 좋은 것 말고는 말하지 말라." 고인에 대해 굳이 나쁜 일을 끄집어내 이야기하는 것은 예의가 아니다. 고인은 자기변호를 할 수 없기 때문이다. 동양이나 서양이나 옛날이나 지금이나 마찬가지 생각인 것 같다. 줄여서 nil nisi bonum이라고도 한다.

nil은 nihil의 준말이다. '아무것도 없(다)'는 뜻. nihil sub sole novum(태양 아래 새로운 것은 없다)이라는 문장에서 만났다. nisi는 '~없이' 또는 '~말고'라는 뜻으로, nil nisi는 영어로 nothing without과 같다. '~말고는 없(다)' 또는 '~말고는 (하지) 말라'는 뜻.

bonum은 자주 보던 단어로, 형용사 bonus의 변화 형태다. 여기서는 '좋은 것'으로 해석한다.

동사 morior는 '죽다'라는 뜻이다. 분사가 mortuus, '죽은'이라는 뜻으로 형용사처럼 쓰인다. a mortuo tributum exigere(죽은 사람에게 세금을 걷다)에서 본 적 있다. de mortuis는 '죽은 사람들에 대해서는'.

lux in tenebris

"빛이 어둠 속에서." 『신약성서』「요한복음」 첫머리에 나오는 구절이다.

「요한복음」 1장 5절은 라틴어로 다음과 같다. et lux in tenebris lucet에트 룩스 인 테네브리스 루체트. "그리고 그 빛이 어둠 속에 비치고 있다." et tenebræ eam non comprehenderunt에트 테네브레 에암 논 콤프레헨데룬트. "그리고 어둠은 그 빛을 깨닫지 못한다." 여러 해석이 있다. '어둠은 빛을 받아들이지 않는다'고도, '어둠이 빛을 이기지 못한다'고도 해석한다.

나는 '어둠이 빛을 이기지 못한다'는 해석을 좋아한다 (『공동번역 성서』). 기독교를 믿건 믿지 않건 인상적인 구절이다. 어떤 사람에게 빛은 신일 것이고, 어떤 사람에게는 진리일 테고, 어떤 사람에게는 역사일 터다. 어둠은 빛을 깨닫지 못하는 사람들이며, 빛을 받아들이지 않는 세력이며, 빛을 이기지 못하는 힘이다.

lux는 '빛이'. ex oriente lux(빛은 동방에서)에서 만난 단어다.

명사 tenebra는 '어둠이', tenebræ는 '어둠들이', in tenebris는 '어둠 속에서'.

de profundis

"깊은 구렁으로부터" 또는 "심연으로부터". 영국 작가 오스카 와일드의 책 제목은 보통 '심연으로부터'로, 기독교 기도문은 '깊은 구렁 속에서'로 해석한다.

『불가타 성서』「시편」130편에 이런 구절이 있다. de profundis clamavi ad te Domine데 프로푼디스 클라마비 아드 테 도미네, "깊은 구렁 속에서 주께 부르짖사오니", Domine exaudi vocem meam도미네 엑사우디 보켐 메암, "주여, 내 소리를 들어 주소서." (최민순 역「시편」, 한국천주교주교회의). '내 죄를 보지 말고 자비를 베풀어 달라'는 기도다.

오스카 와일드는 de profundis를 제목으로 차용했다. 한때 영국에서는 동성애를 범죄 취급했다. 동성애자라는 이유로 수감된 와일드는 감옥에서 연인이었던 더글러스 경에게 편지를 썼다. 와일드가 자기 말을 들어 달라 간청한 대상은 신이 아니라 사랑하는 남자였다.

profundum은 '구렁', profunda는 '구렁들', 즉 '깊은 구렁'. de profundis는 '깊은 구렁 속에서.'

leonem ex unguibus æstimare

"발톱으로부터 사자를 어림잡다." 알아볼 안목이 있는 사람은 발톱만 봐도 사자가 얼마나 크고 무서운지 알 수 있다는 뜻이다.

leo는 '사자가', leonem은 '사자를'. 영어로 lion, 스페인어로 león레온, 이탈리아어로 leone레오네다. chameleon카멜레온도 여기서 온 단어다. 어원은 '땅의 사자'라는 뜻인데, chamai가 땅, leon이 사자다. 옛날 사람들은 카멜레온이 사자를 닮았다고 생각했나 보다.

unguis는 '발톱이' 또는 '발굽이', ex unguibus는 '발톱들로부터'. 영어에 ungual(발톱의)이라는 형용사가 있다.

동사 æstimare는 '어림짐작하다'라는 뜻이다. 영어 estimate(추산하다), esteem(존경하다), aesthetics(미학) 같은 낱말과 관계가 있다. leonem æstimare는 '사자를 어림짐작하여 알다'라는 뜻이다.

leonem(사자를) ex unguibus(발톱으로부터) æstimare(어림짐작하여 알다). 어디서 본 문장 구조다. ex pede Herculem(헤라클레스의 발로부터)과 닮았다. 뜻도 비슷하다. 사소한 것만 보고도 전체를 대강 파악할 수 있다는 의미니까.

ceteris paribus

"나머지 조건들이 동일하다면." 자연과학과 사회과학에서 자주 사용되는 문구다. 관심 있는 변수 외에 다른 모든 변수는 변하지 않는다고 가정하는 표현이다.

예를 들어 소비자의 선호나 인플레이션 등 나머지 조건은 변하지 않는다는 전제하에 "민트초코 가격이 내리면 민트초코 수요가 증가한다"라고 말할 때 쓰는 라틴어다. '민초파'의 수는 일정하고, 민초 유행도 마찬가지고, 가격만 빼면 기타 등등은 같은 조건이라고 가정한다.

형용사 ceterus는 '나머지의', 중성 복수 cetera는 '나머지 것들'이라는 의미로 명사처럼 쓰인다. et cetera는 '그리고 나머지 것' 즉 '기타 등등'을 뜻한다. 약어 etc.가 우리 눈에 익다(마침표는 줄임말이라는 표시로 생략하면 안 된다). ceteris는 그 변화 형태다.

형용사 par는 pari passu(동일한 걸음으로)에서 만난 적 있다. '동일한'이라는 뜻. ceteris paribus는 절대 탈격 용법으로, '나머지 것들이 동등하다면'이라고 해석한다.

auribus lupum teneo

"나는 늑대의 귀를 잡고 있다." 양쪽 귀를 잡고 있는 한 늑대는 나를 물지 못한다. 하지만 한 손이라도 놓치면 성난 늑대에게 물어뜯긴다. 일단 귀를 잡았다면 손을 놓쳐선 안 된다. 시작하지 않았다면 모를까, 시작한 다음에는 그만둘 수 없다는 뜻이다.

동양에서는 호랑이를 타고 달리다, 즉 기호지세騎虎之勢라고 한다. 호랑이 등에 탔다면 계속 달리는 수밖에 없다. 중간에 내리면 호랑이에게 잡아먹히고 말 테니까. 영어 have a tiger by the tail(호랑이 꼬리를 잡다)은 예기치 않은 곤경에 처했다는 뜻이다.

명사 auris는 '귀가', auribus는 '귀들로써' 또는 '귀들을 가지고'. 귀는 두 개니까 여기서는 '양쪽 귀를 붙잡고' 정도가 좋겠다.

lupus는 '늑대가', lupum은 '늑대를'. 자주 본 단어다.

teneo는 '붙잡는다'라는 뜻. 영어 content(내용), maintain(유지하다) 등이 여기서 왔다. 늑대 귀를 잡다니 tension(긴장)이 가득한 상태일 듯.

naribus trahere

"코를 잡아끌다." 코뚜레 꿰인 소에서 비롯한 표현이라고 한다. 자기 뜻대로 하지 못하고 다른 사람의 의지에 따라 끌려다니는 상황.

mento trahere멘토 트라헤레, '턱으로 잡아끌다'란 표현도 있다. mentum은 '턱이', mento는 '턱으로'. 말의 고삐를 매려고 아래턱을 잡아당기는 일에서 이 표현이 나왔다고 에라스뮈스는 썼다.

북한 속담에 '코 꿴 송아지'라는 말이 있는데, '남에게 약점을 잡혀 하라는 대로 할 수밖에 없는 처지'라는 뜻이다. 영어에는 lead by the nose라는 표현이 있다. 다른 사람을 제 마음대로 쥐고 흔든다는 뜻이다.

naris는 '코' 또는 '콧구멍'이라는 의미다. 콧구멍이 두 개이므로 복수 형태로 자주 쓰인다. naribus는 '양쪽 콧구멍을', 영어 nasal(코의)이 여기서 왔다.

trahere는 '당기다'라는 뜻으로 분사가 tractus인데, 여기서 영어 tractor(트랙터), attract(마음을 끌다), contract(계약), abstract(추상적인), extract(발췌) 따위가 나왔다.

unus pro omnibus,
omnes pro uno

"하나는 모두를 위해, 모두는 하나를 위해."

알렉상드르 뒤마의 소설 『삼총사』에 나오는 "Tous pour un, un pour tous투 푸르 앙, 앙 푸르 투"가 여기서 온 말이다.

러시아혁명 때 썼던 표현이기도 하다. 무성영화 『전함 포템킨』의 인상적인 장면에서 "하나는 모두를 위해, 모두는 하나를 위해"라는 자막이 나온다.

만화 『엉덩이 탐정』에 나오는 대사 "하모위, 모하위"가 이 말의 줄임말이다.

스위스연방CH의 비공식 모토이기도 하다. 스위스는 여러 '칸톤'이 모여 연방을 이룬다. '칸톤은 연방을 위해, 연방은 칸톤을 위해.'

'하나는 모두를 위해'만 강조하지 말고 '모두는 하나를 위해'도 꼭 지켜지면 좋겠다.

unus는 '하나는', pro uno는 '하나를 위해'. 프랑스어 un앙, 스페인어와 이탈리아어 uno우노가 여기서 왔다.

omnes는 '모두가', pro omnibus는 '모두를 위해'. bus의 어원이 된 omnibus는 우리가 만난 적 있는 어휘다.

falsus in uno,
falsus in omnibus

"하나에 대해 거짓말하는 사람은 모든 것에 대해 거짓말한
다." 17세기 영국에서 등장한 이후 지금까지 논쟁을 일으키는
법률 규정이다. '하나를 거짓말하는 사람은 모든 것에 대해
거짓말한다', 한 번이라도 거짓 증언을 한 증인은 다른 일에
서도 거짓 증언을 할 것이므로 전체 증언을 믿을 수 없다는 의
미다.

그런데 정말 그럴까? 한 가지 사실에 대해 위증을 했더
라도 다른 사실에 대해서는 정직할 수 있는 것 아닐까?

이 말도 저 말도 맞는 것 같다. 독자님의 생각은 어떠신지?

unus는 '하나가', in uno는 '하나에 대해서'. omnia는 '모
든 것이', in omnibus는 '모든 것에 대해서'.

형용사 falsus는 '거짓말하는'. 여기서는 '거짓말하는 사
람'이라는 뜻으로 쓰였다. 영어 false와 프랑스어 faux^ㅍ가 이
말에서 왔다.

e pluribus unum

"다수로부터 하나를." 미합중국의 모토 가운데 하나다. 미국 동전에도 찍혀 있다.

옛날에는 많은 주가 모여 하나의 연방을 이룬다는 뜻이 었다. '다수'는 미국의 각 주, '하나'는 연방. 글자 수는 13개. 미국이 처음 독립할 때 13개 주가 합중국을 이루었다. 한 국가지만 13개 주의 정체성과 자치권을 인정했다. 지금은 50개 주가 됐다.

말은 좋지만 쉬운 일은 아니었다. 옛날부터 어떤 사람은 연방정부의 권리가 너무 크다고, 어떤 사람은 더 커야 한다고 봤다. 미국 남북전쟁이 일어난 배경이기도 하다. 남부 주들이 연방정부의 노예 제도 반대 정책에 반발한 것.

지금은 새롭게 다문화사회를 위한 슬로건으로 재해석하기도 한다. 미국뿐 아니라 다양한 인종과 의견이 다양한 사람들이 함께 모여 사는 사회 어디서나 사용할 수 있는 격언이다.

'많은'이라는 뜻의 형용사 multus물투스의 비교급이 plus플루스로 '더 많은', e pluribus는 '더 많은 것들로부터'라는 뜻.

unus는 '하나가', unum은 '하나를'.

illotis manibus

"씻지 않은 양손으로." 옛날 그리스 사람은 제사를 올리기 전에 반드시 손을 씻어야 했다. 따라서 illotis manibus는 '준비되지 않은 상태'를 뜻하는 말이다.

르네상스 시대의 지식인 에라스뮈스에 따르면, 이 말은 준비 안 된 사람이 통치자가 되는 일, 공부 안 한 사람이 신학을 논하는 일 등을 비꼬는 표현이다. 에라스뮈스는 그리스어와 라틴어를 공부하지 않은 사람이 신학자가 되려 한다고 질색했다. 에라스뮈스 본인이 라틴어를 잘했고, 성서를 공부하기 위해 나이 들어 그리스어를 익혔다. 그래서 라틴어와 그리스어를 준비하지 않은 신학자를 더 못마땅하게 여겼던 듯하다.

동사 lavo는 '씻다'라는 뜻으로, manus manum lavat(손이 손을 씻는다)에서 만난 적 있는 낱말이다. 그 과거분사가 lautus 또는 lōtus다. 뜻은 '씻은'. 반대말이 illōtus, '씻지 않은' 또는 '더러운'이라는 의미다. manibus와 어울려 illotis로 변화했다.

manus는 '손이', manibus는 '손들로'. 손은 둘이니 '양손으로'라고 번역했다.

clausula rebus sic stantibus

해석하기 까다로운 표현이다. 법에서는 '사정변경의 원칙'이라고 한다. 라틴어 원문을 해석하면 '사정이 이와 같이 지속된다는 (조건에서) 체결한 계약'이라는 뜻이다. 반대로 '사정이 이와 같이 지속되지 않는다면' 계약을 그대로 이행하기 어렵다는 말이다. 사정이 어느 정도나 변해야 계약을 이행하지 못해도 양해해 주는지 따져 봐야 한다.

동사 claudo는 '닫다' 또는 '끝내다'라는 뜻이다. 영어의 close(닫다). 라틴어 명사 clausula가 여기서 왔다. '결론' 또는 '체결'이라는 뜻이다.

sic는 '이와 같이'라는 뜻의 부사로, sic semper tyrannis (폭군에게는 언제나 이와 같이)에서 만난 적 있다.

동사 sto는 '서다' 또는 '지속되다'라는 뜻으로, 영어의 stand(서다)와 같다. 라틴어 stans는 sto의 현재분사다.

명사 res는 자주 본 단어다. '일이' 또는 '사정이'. rebus는 그 변화 형태다.

rebus sic stantibus는 절대 탈격 용법이다. '일들이 이와 같이 지속된다면.'

quid pro quo

'무엇 대신에 무엇'이라는 뜻이다. 옛날에 약을 지을 때 썼던 말이라고 한다. 처방전에 적힌 약재를 구할 수 없을 때 다른 약재로 대체하는 일을 가리킨다. 요즘 말로 '대체조제'라고 할까.

지금은 다른 분야에서도 쓰인다. '이것과 저것을 교환하여'라는 뜻이다. 정치나 외교 분야에서 자주 나오는 표현이다. 무언가를 대가로 군사원조 혹은 경제 지원을 해 주는 일을 가리킨다. 비즈니스에서도 '한 회사가 기술을, 다른 회사가 마케팅 네트워크를' 대는 경우 등에 쓰인다.

부정적으로도 쓰인다. 정치인이 대가를 받고 특혜를 제공하는 일 따위를 quid pro quo라고 한다. 도널드 트럼프의 탄핵 심판 때도 등장한 말이다. 군사원조를 구실로 트럼프가 우크라이나 정부에 대가를 요구했기 때문이다. 이 오랜 표현이 미국 현대 정치의 주요 쟁점으로 떠올랐다.

quis는 의문대명사, '누가'라는 뜻으로 영어의 who와 같다. cui는 '누구에게', cui bono(누구에게 좋은 일인가)에서 만났다. quid는 '무엇이' 또는 '무엇을'. pro quo는 '무엇 대신에'.

cum hoc ergo propter hoc

"이것과 함께, 그러므로 이것 때문에." 논리적 오류의 한 유형으로, 이 일과 저 일이 함께 일어난다고 해서 이 일이 저 일의 원인이라고 단정 지을 수 없다는 뜻이다. 어려운 말로 하면 '상관관계가 있다고 해서 인과관계가 있는 것은 아니다.'

'지구온난화와 해적의 관계'라는 농담이 있다. 1860년부터 2000년까지 카리브해의 해적이 줄었는데(정말이다), 이 기간 동안 지구의 온도가 올라갔다(역시 사실이다). 관계없는 두 사실을 그래프로 그려 놓고 '해적이 줄어든 것이 기후 위기의 원인'이라고 주장하는 우스개다.

AI 시대가 되면서 다시 눈길을 끄는 오류다. 딥러닝에 기반한 인공지능이 인과관계가 아니라 상관관계를 잘 잡아내기 때문이다. 특정 인종의 범죄율이 높다는 AI의 예측을 보고 다른 사회경제적 원인은 찾지 않은 채 그 인종한테 범죄 성향이 있다고 오해하는 경우가 그 예다.

hoc는 '이것', hac in hora(바로 이 시간에)에서 만난 적 있다. cum hoc는 '이것과 함께', propter hoc는 '이것 때문에'. ergo는 '그러므로'.

malum in se

"그 자체로 악." 이것과 구별되는 개념이 malum prohibitum 말룸 프로히비툼, '금지된 악'이다. malum은 bonum의 반대말이다.

그 자체로 나쁜 malum in se와 금지되었기 때문에 나쁜 malum prohibitum의 차이는 뭘까? 사람을 죽이거나 물건을 빼앗는 일은 malum in se다. 반면 금주법을 어기고 술을 마시는 일은 malum prohibitum이다.

20세기 초 미국에 금주법이 있을 때 술을 사고 파는 일은 malum prohibitum이었다. 그런데 마피아가 술 판매 이권을 독차지하기 위해 살인과 폭력을 저질렀다. 이건 malum in se 라고 하겠다.

'언터처블'이라는 별명을 얻은 수사관 엘리엇 네스는 법을 어기고 술을 파는 사람을 단속했다. 금주법이 폐지되자 네스는 신나게 술을 마셨다. 이는 더 이상 malum이 아니었다. 그러다가 네스는 음주운전 사고를 냈다. 이건 malum in se라고 할 수 있을까. 아무려나 지금은 엘리엇 네스의 이름이 붙은 맥주가 있다.

aqua vitæ

"생명의 물." 연금술에서 많이 쓰던 표현이라 '위타이' 대신 중세 발음인 '비테'라고 읽었다. '생명의 물'이라니 과연 무슨 뜻일까?

aqua vitæ는 에탄올의 농축 수용액을 가리킨다고 한다. 우리가 흔히 쓰는 말로 증류주다. 포도를 술로 담그면 포도주가 되고, 포도주를 끓여서 물과 분리하면 증류주가 된다. 로마가 다스리던 여러 지역에 aqua vitæ라는 말의 흔적이 남아 있다. 이탈리아에서는 acquavite^{아쿠아비테}, 프랑스에서는 eau de vie^{오드비}라고 한다.

이 말은 연금술 시대에 특별한 관심을 받았다. 연금술 이론에 따르면 물, 불, 흙, 공기 네 원소 말고 다섯 번째 원소가 있다고 한다. 제5원소를 찾아내면 황금도 만들고 영원히 사는 약도 만들 수 있다고 믿었다. 어떤 연금술사는 에탄올이 제5원소라고 생각하기도 했다. 딴은 그렇다, 증류주를 마실 때는 영원히 살 것 같은 기분이 드니. 너무 마시면 죽어 버릴 것 같은 기분이지만.

aqua는 '물', in aqua scribis에서 만난 단어다.

vita는 '생명이', vitæ는 '생명의'. 자주 나오는 단어다.

curriculum vitæ

'인생의 행로'라는 의미로, 흔히 쓰는 말로 이력서를 가리킨다. 머리글자로 CV라고 쓴다.

동사 curro는 '달리다'라는 뜻. curriculum은 '달리기 트랙' 또는 '경주장 트랙'. 자주 쓰는 '커리큘럼'이라는 말이 여기서 왔다. vita는 '인생이', vitæ는 '인생의'.

프랑스어에서 영어로 넘어온 표현 résumé도 있다. 원래는 '요약'이라는 뜻이다.

한자말 이력서履歷書는 '밟아온 길을 기록한 글'이라는 의미로, 리履는 '신' 또는 '밟다'라는 뜻이다. résumé보다는 curriculum vitæ에 가까운데, 서양은 뛰고 동양은 걷는다는 점에서 차이가 있다.

역사상 가장 재미있는 이력서 또는 자기소개서를 쓴 사람은 중국 한나라의 문인 동방삭일 것이다. 그때는 길게 쪼갠 나뭇조각에 글을 썼는데, 동방삭은 무려 3천 조각이나 되는 목간에 자기 이야기를 썼다고 한다. 이 글이 어찌나 재미있는지 황제가 일부러 날마다 조금씩 두 달 동안 나눠 읽었다고. 동방삭을 불러 일자리를 준 것은 물론이다(이 책도 독자님이 재미있게 읽어 주면 좋겠다).

dies iræ

"진노의 날". 누가 분노했을까? 기독교의 신이 화가 났다. '진노의 날'은 세상이 멸망하는 날, 이른바 '최후의 심판 날'이다.

　dies iræ는 종교음악으로 유명하다. 진혼곡 레퀴엠을 작곡하는 음악가라면 Dies Iræ에서 우주의 종말을 힘이 넘치는 음악으로 표현할 기회를 놓치지 않는다. 모차르트와 베르디의 레퀴엠에 나오는 Dies Iræ가 특히 유명하다.

　　dies iræ, dies illa ^{디에스 이레, 디에스 일라}

　　진노의 날이, 바로 그날이

　　solvet sæclum in favilla ^{솔베트 세클룸 인 파빌라}

　　세계를 재로 만들 것이다

　　teste David cum Sibylla ^{테스테 다비드 쿰 시빌라}

　　다윗 또 시빌라의 예언대로

　고운 음악으로 유명한 가브리엘 포레의 레퀴엠에는 'Dies Iræ'가 없다는 사실도 흥미롭다.

　ira는 '분노가', ira furor brevis est(분노는 짧은 광기다)와 sine ira et studio(분노도 당파성도 없이)에서 만난 적 있다. iræ는 '분노의' '진노의'.

damnatio memoriæ

'기억 처벌'이라는 뜻으로, '기록말살형'이라고 부르는 처벌이다. 문제가 되는 인물의 이름을 기록에서 지우고 얼굴을 공식 기념물에서 파낸다.

　고대 이집트에서 종교개혁을 하려다 실패한 파라오 아케나텐이 죽은 후 이런 변을 당했다. 로마제국에서도 종종 있는 일이었다. 네로, 콤모두스, 엘라가발루스 등 말썽을 일으킨 황제들이 죽은 후 기록말살형을 당했다.

　20세기에도 기록말살형이 있었다. 소련과 동유럽에서 숙청당한 정치인의 얼굴을 역사 기록사진에서 지우고 그런 사람이 원래 없었다는 듯 교묘히 편집했다.

　중국은 더 무섭다. 인물을 지우고 그 빈자리를 그대로 남겨 두었다. 이런 사례를 보면 damnatio memoriæ의 목적이란 정말로 기억에서 지우는 게 아니라 지워진다는 공포의 기억을 영원히 남기는 것이 아닐까 싶다.

　명사 memoria는 '기억이', memoriæ는 '기억의', 영어의 memory다. damnatio는 '처벌'이라는 뜻. damnatio ad bestias(맹수에게 사람을 던지는 처형)에서 만난 단어다.

malum discordiæ

malum에는 두 가지 뜻이 있다. 장음 ā를 쓴 mālum은 '사과'를 뜻한다. mālum discordiæ는 '불화의 사과' 즉 트로이아 전쟁의 원인이 된 에리스의 사과를 가리킨다.

불화의 여신 에리스는 바다의 여신 테티스의 결혼 잔치에 초대받지 못했다(그리스어로 '에리스'라는 이름 자체가 '불화'라는 뜻. 잔칫집에 '불화'를 부를 리 없다). 앙심을 품은 에리스가 '가장 아름다운 이에게'라고 적힌 사과를 잔칫상에 던졌고, 헤라와 아테네와 아프로디테 세 여신이 트로이의 왕자 파리스한테 가서 누가 가장 아름다운지 판정을 받기로 했다. 파리스는 사랑의 여신 아프로디테(베누스)의 편을 들었고, 그 결과 스파르타의 왕비 헬레네와 사랑에 빠져 달아난다. 헬레네의 남편은 복수하기 위해 그리스 연합군을 소집한다. 트로이아 전쟁의 시작이었다.

단음 a를 쓴 malum은 malum in se(그 자체로 악)에서 만난 단어다. '악'이라는 뜻. 따라서 malum discordiæ는 '불화의 악'을 의미한다.

pater patriæ

'조국의 아버지'라는 뜻으로, 로마에서 나라를 구한 사람에게
붙여 주던 칭호다.

　　이 호칭을 받은 사람이 로마 시대에 여럿 있다. 그중에는
아우구스투스, 베스파시아누스, 티투스, 마르쿠스 아우렐리
우스, 콘스탄티누스처럼 평판 좋은 황제도 있지만 키케로처
럼 논란이 될 만한 정치인도 있다. 그는 카틸리나의 음모를 막
아 나라를 구했다는 이유로 pater patriæ 칭호를 받았는데,
정말 카틸리나가 나라를 뒤집을 음모를 꾸몄는지는 지금껏
논란의 대상이다. 키케로는 명예를 얻었지만 정작 국부國父 대
접은커녕 민중에게 인기도 없었다.

　　칼리굴라, 네로, 콤모두스, 카라칼라, 엘라가발루스처럼
폭정으로 악명 높은 황제도 pater patriæ 칭호를 받았다. 이
런 한심한 지도자일수록 이 근사한 호칭에 집착했기 때문일
지 모른다.

　　'조국의 아버지'라니, 이런 거창한 호칭을 보면 나는 솔
직히 거부감이 든다. 이름부터 지나치게 가부장적이다. 고대
로마 사회가 딱 그랬다.

　　pater는 '아버지', patria는 '조국이', patriæ는 '조국의'.

in ictu oculi

"눈 깜짝할 사이에." 속세의 시간은 '눈 깜빡할 사이에' 지나가고 우리도 세계도 곧 종말을 맞으리라는 의미다.

『신약성서』에 나오는 구절이다. in momento, in ictu oculi, in novissima tuba인 모멘토, 인 익투 오쿨리, 인 노비시마 투바. "한 순간에, 눈 깜빡할 사이에, 마지막 나팔 소리에" 세상의 종말이 찾아오리라(「고린도전서」15장 52절). 성서는 종말 이후의 희망에 대해서도 이야기하고 있지만, 속세를 좋아하는 나는 좀 두렵다.

고대에는 '세상의 종말이 눈 깜빡할 사이에 찾아온다'는 뜻이었다. 중세와 바로크 시대에는 개인의 죽음이 눈 깜빡할 사이에 온다는 뜻으로도 쓰였다. '당신이 언젠가 죽는다는 사실을 기억하라'는 라틴어 격언이 참 많은데, 그 가운데 하나다. 정물화의 제목으로도 종종 쓰였다.

명사 oculus는 '눈'. 영어 oculus(천장에 뚫린 둥근 창)가 여기서 왔다. 눈에 쓰고 가상공간을 체험하는 기기 '오큘러스'도 여기서 온 이름이다. oculi는 '눈의'.

ictus는 '충격' 또는 '박자'라는 뜻.

crocodili lachrymæ

"악어의 눈물." 우리가 오늘날 쓰는 뜻 그대로다. 영어 표현 crocodile tears와 같다. 거짓 슬픔, 자기가 죽여 놓고 희생자를 동정하는 척하는 위선을 꼬집는 말이다. 20세기의 악명 높은 범죄자 알 카포네가 경쟁자 딘 오배니언을 암살한 후 슬퍼하는 척 장례식에 화환을 보낸 일이 있다.

먹이를 삼킬 때 악어가 눈물을 흘린다는 사실은 고대 사람도 알고 있었다. 물론 남의 눈을 의식해 거짓으로 흘리는 눈물은 아니다. '위선자' 취급을 받다니 악어로선 억울할 일이다.

악어는 먹이를 먹으려고 턱을 움직일 때 눈물샘이 자극되어 눈물이 나온다고 한다. 물 밖에 오래 나와 있다가 눈이 말라서 눈물을 흘리기도. 슬퍼서 흘리는 눈물은 아닐지라도 거짓 눈물을 흘리지 않는다는 점에선 악어가 인간보다 나은 듯하다.

명사 crocodilus는 '악어가', crocodili는 '악어의'. lachryma 또는 lacrima는 '눈물', lachrymæ는 '눈물들'. 모차르트의 레퀴엠 중 「Lacrimosa」라크리모사가 여기서 온 제목이다. '눈물 많은 (날)'이라는 뜻.

agnus Dei

"신의 어린 양." 『신약성서』에 따르면 세례자 요한이 예수를 보고 이렇게 외쳤다고 한다. ecce agnus Dei, qui tollit pec-catum mundi에케 아뉴스 데이, 퀴 톨리트 페카툼 문디. "보라, 신의 어린 양, 세상의 죄를 없애는 사람이다."(「요한복음」 1장 29절)

종교음악으로 유명하다. 세사르 프랑크의 곡이 특히 사랑받는다. agnus Dei, qui tollis peccata mundi, miserere nobis아뉴스 데이, 퀴 톨리스 페카타 문디, 미세레레 노비스. "신의 어린 양이여, 세상의 죄를 없애시는 사람이여, 우리에게 자비를 베푸소서."

세례자 요한의 말에서는 tollit(3인칭)였는데, 노래 가사에서는 tollis(2인칭)다.

ecce는 감탄사, '보라'라는 뜻이다. qui는 관계대명사. tollit는 '없앤다', peccatum은 '죄를', mundi는 '세상의'.

agnus는 신에게 희생 제물로 바치는 양이다. 기독교 용어를 읽는 관행에 따라 '아뉴스'로 발음한다. Deus는 '신이', Dei는 '신의'.

imago Dei

"신의 모상模相." 신을 본뜬 것. 기독교에서 '인간'을 뜻한다.

구약성서에 이렇게 나온다. et creavit Deus hominem ad imaginem suam에트 크레아비트 데우스 호미넴 아드 이마지넴 수암. "그리고 신은 그의 모습을 본따서 인간을 창조했다.(「창세기」 1장 27절)

또 이런 구절도 있다. 다른 사람에게 피를 흘리게 한 자는 자신도 피를 흘려야 한다. ad imaginem quippe Dei factus est homo아드 이마지넴 퀴페 데이 팍투스 에스트 호모. "이유인즉 인간은 신의 모습을 본따서 창조되었기 때문이다."(「창세기」 9장 6절)

사람이 정말로 신을 닮았다면, 다른 사람한테 잘해야 한다. 사람을 신 대하듯 대해야 한다. 자기 자신이건 다른 사람이건 함부로 하는 일은 신을 함부로 대하는 일이니.

imago는 '이미지' 또는 '본뜬 것'을 뜻한다. Deus는 '신이', Dei는 '신의'.

mater Dei

"신의 어머니여." 기독교에서 예수의 어머니 마리아를 부르는 말이다. 기독교의 주장에 따르면 예수는 신의 아들이면서 또한 신과 동일하기 때문이다.

가톨릭 기도문 「성모송」에는 이렇게 되어 있다. sancta Maria, mater Dei, ora pro nobis peccatoribus상크타 마리아, 마테르 데이, 오라 프로 노비스 페카토리부스. "거룩한 마리아여, 천주의 어머니여, 우리 죄인들을 위하여 기도하소서."

예수의 어머니 마리아에 대해 논쟁이 많다. 마리아는 신의 딸이면서 신의 아내이자 신의 어머니가 되는 셈이니, 항렬을 굳이 따지면 복잡할 수밖에 없다.

성령에 의해 예수를 잉태했기 때문에 평생 동정이었다는 이야기도 있고, 육체와 영혼이 함께 하늘로 승천했다는 이야기도 있다. 어떤 사람은 이 전승이 사실이라고 믿고, 어떤 사람은 『신약성서』에 명시되어 있지 않다며 의심한다. 마리아에게 기도하는 것이 더 편하다는 사람도 있고, 원칙에 어긋난다고 보는 사람도 있다. 가톨릭과 개신교의 차이이기도 하다. 기독교에도 다양한 입장이 있다.

advocatus diaboli

'악마의 대변인'이라는 뜻으로, '악마의 변호사'라고도 한다.

가톨릭에는 성인聖人 제도가 있다. 누구나 성인이 되는 것이 아니라 교황청에서 '이 사람은 성인'이라고 지정해야 한다. 덕망 있는 사람이 숨지면 교황청에서 그 생애를 꼼꼼히 살핀 후 성인이라고 공인한다. 그 과정이 복잡하다.

옛날에는 성인 후보자의 삶을 일부러 헐뜯어 꼬투리를 잡고 흠결을 찾아내는 절차가 있었다. 이 역할을 맡은 사람을 advocatus diaboli, 악마의 대변인이라고 했다. 공정하고 객관적인 평가를 위해 일부러 악마 편에 서서 말하는 직책을 맡은 것이다.

diabolus는 '악마가', diaboli는 '악마의'. errare humanum est, perseverare autem diabolicum(실수는 인간의 일이지만, 계속 실수하는 것은 악마의 일이다)에서 만난 적 있다.

명사 vox는 '목소리', 동사 voco는 '부르다'. 앞에 ad(~향하여)가 붙어 advoco는 '부르다'라는 뜻. 그 과거분사가 advocatus. 명사로 쓰이면 '대변자' 또는 '변호사'라가 된다. 영어 advocate(변호사)가 여기서 왔다.

caput mundi

"세계의 수도", 즉 로마를 가리킨다. urbs æterna(영원의 도시)와 같은 말이다.

고대에 로마는 세계 제국의 수도였다. 서로마제국이 멸망한 다음에도 로마는 중요한 도시였다. 가톨릭교회의 수장인 교황이 로마에 살았기 때문에 중세 동안 기독교 세계의 중심이었다. 르네상스 시대에는 미켈란젤로와 라파엘로 등 유명한 예술가가 로마에서 활동했다. 한동안 정치적 영향력이 약했을 때도 로마는 문화 중심지였다. 부유한 서유럽 젊은이들이 교양을 쌓으러 로마 유학을 갔다. 19세기에 로마는 다시 중요한 도시가 된다. 통일 이탈리아의 수도가 된 것이다. 지금 로마는 고대와 중세와 근세와 현대의 건물이 공존하는 독특한 도시다.

caput는 '머리'. 나라 이름과 같이 쓰면 그 나라의 수도를 의미한다.

mundus는 '세계가', mundi는 '세계의'. 우리가 만나 본 형용사 mundus(깨끗한)와 모양은 같지만 뜻이 다른 동음이의어다. 명사 mundus는 '세계' 또는 '우주'라는 뜻. 프랑스어 monde몽드가 여기서 왔다. 프랑스 신문 『Le Monde』는 '세계'라는 뜻이다.

imago mundi

"세계의 모상模相." 세계를 본뜬 것이란 무엇일까?

지도일 수도 있다. 지도는 세계의 물과 뭍과 도시를 그림으로 바꾸어 본뜬 것이다. 백과사전일 수도 있다. 세계의 온갖 일과 사물을 말로 바꾸어 본뜬 것이 백과사전이다.

옛 그리스와 로마 사람에겐 imago mundi가 '방패'일 수도 있다. 그리스 시인 호메로스의『일리아스』18권에 아킬레우스의 황금 방패에 대한 묘사가 나온다. 헥토르에게 방패를 빼앗긴 후 헤파이스토스 신에게 부탁해 새로 맞춘 방패였는데, 신의 솜씨로 새긴 imago mundi, 세계의 모상이 그려져 있었다. 그리스 사람이 생각한 우주의 모습, 전쟁하는 도시와 평화로운 도시, 농사짓는 사람들, 소와 양을 치는 사람들, 젊은 남녀가 춤을 추는 광장, 세계를 둘러 흐르는 거대한 바다 오케아노스.

『일리아스』18권의 이 부분을 '아킬레우스의 방패'라고 부른다. 이 대목을 본뜬 시가 여럿 있다.「헤라클레스의 방패」라는 시도 있고, 영국 시인 오든도「아킬레스의 방패」라는 시를 썼다.

imago는 imago Dei(신의 모상)에서 만난 단어다. '본뜬 것.' mundi는 '세계의'.

IUNIUS

VI

sic transit gloria mundi

"세상의 영광은 이렇게 사라진다." 내가 좋아하는 문장이다. 화려한 행사를 볼 때면 이 말이 떠오른다. 명예도 성공도 한때, 우리 모두는 결국 초라하게 세상을 떠날 것이다.

옛날에 교황이 대관식을 할 때 옆에서 이 말을 읊었다고 한다. '이 세상의 영광은 이렇게 사라지니' 영광의 날에도 삶의 덧없음을 잊지 말라는 의미로 말이다.

기독교에서만 이런 의식을 행한 것은 아니다. 기독교와 관계없는 옛날 로마 장군의 개선식도 비슷했다. 늠름한 개선 장군 가까이에서 노예가 따라가며 장군에게 시시때때로 "죽음을 잊지 말라"라고 속삭였다고 한다. 최고의 영광을 누리는 순간에도 죽음 앞에서는 보잘것없는 존재라는 사실을 명심하라는 취지였다.

sic는 '이렇게', 자주 본 단어다. transit는 '건너가다' 또는 '사라지다'. 이 단어 앞부분의 trans-는 트랜스젠더나 트랜스포머 등을 통해 우리에게도 익숙한 어휘다. '건너다'라는 의미가 있다.

gloria는 '영광'. mundus는 '세상이', mundi는 '세상의'.

salvator mundi

"세상의 구원자." 기독교에서 예수를 가리키는 말이다.

한스 멤링이나 티치아노 등 여러 유명 화가가 이 주제로 그림을 그렸다. 예수가 왼손에 둥근 공을 든 채 오른손으로 축복을 하는 도상. 어떤 그림은 십자가가 달린 황금 공이고 어떤 그림은 투명한 공이다. 어느 쪽이든 지구 또는 우주를 상징한다.

『Salvator Mundi』라는 제목의 그림 가운데 하나가 세상에서 가장 비싼 값에 팔렸다(2024년 현재). 2005년 처음 경매에 나왔을 때는 천 달러 남짓한 헐값에 거래되었다. 그런데 얼마 후 이 그림이 르네상스 시대의 천재 예술가 레오나르도 다빈치의 진품이라는 주장이 나왔다. 아니라는 의견도 있었지만, 레오나르도의 작품이 맞다고 인정하는 사람들이 2017년 경매에 달려들었다. 똑같은 그림인데, 다빈치의 이름이 붙으며 값이 하늘 높이 치솟았다. 4억 5천만 달러에 팔리며 사상 최고가를 기록했다. 그림 그리는 사람으로서 오만 생각이 드는 일화다.

동사 salvo는 '구원하다', 명사 salvator는 '구원자'. mundus는 '세상이', mundi는 '세상의'.

instrumentum regni

"왕정王政의 도구." 정부가 인민을 편하게 다스릴 수 있도록 만들어 주는 수단을 가리킨다. 사람들이 말을 잘 듣게 만드는 방법이 무엇일까?

그리스의 역사가 폴리비오스는 로마 사람의 미신과 종교가 통치의 효과적인 수단이라고 봤다. 나라 안의 모든 사람이 현명하기란 불가능한 법이니, 변덕스럽고 불만 가득한 대중을 다스리려면 보이지 않는 공포가 필요하고 했다. 신을 의식하고 지옥을 두려워하는 대중은 쉽게 다스릴 수 있으리라.

종교를 instrumentum regni로 생각한 사람이 동양에도 서양에도 옛날부터 많았다.

오늘날에는 이데올로기가 그 역할을 하는지도 모른다. 위험한 사상을 가진 사람으로 찍혀 따돌림당할까 두려워 말과 행동을 조심하는 사람이 적지 않다. 이념 없는 시대라고 주장하지만, 사회의 지배 이데올로기와 다른 이념을 가지고 살기란 녹록지 않다.

rex는 '왕', regnum은 '왕정이', regni는 '왕정의'.

instrumentum은 '도구'라는 뜻이다. 영어 instrument (도구), instrumental(도구적)이 여기서 왔다.

translatio imperii

"제국 권력의 계승." 옛 제국이 무너지고 새로운 제국이 등장할 때, 권력이 자연스럽게 이양된다는 역사관이다.

로마 사람들은 자기네 나라가 옛날 트로이아의 권력을 물려받았다고 믿었다. 로마의 건국시조 아이네이아스는 트로이아의 영웅이었다. 로마가 망한 후에는 독일, 프랑스, 영국, 튀르키예, 이탈리아의 도시국가 피렌체 등이 로마의 권력을 이어받았다고 각자 주장했다.

중국도 비슷한 사상이 있었다. 이전 왕조가 무너지고 다음 왕조가 들어설 때 '선양'이라는 형식을 갖추었다. 실제로는 전 왕조가 정복당한 것이지만, 전 왕조의 마지막 임금이 다음 왕조의 첫 번째 임금에게 권력을 양보하는 모양새를 취한 것이다. 왕조 교체를 오행상생이라는 물질의 순환 개념에 따라 설명했다.

translatio는 '이전' 또는 '번역'이라는 뜻. 영어와 프랑스어 translation(번역)이 여기서 왔다.

imperium은 imperium in imperio(제국 안의 제국)에서 만난 단어로 '제국이' '권력이', in imperio는 '제국 안에', imperii는 '제국의' '권력의'.

amor fati

"운명에 대한 사랑." 자기 운명을 사랑한다는 뜻으로, 독일 철학자 프리드리히 니체가 한 말로 유명하다.

니체는 세상 일이 무한히 반복된다고 생각했다. '영겁회귀' 사상이다. 지금 나의 삶은 과거에도 반복되었고 미래에도 반복될 것이다. 지금 나의 결정은 무한히 반복될 결정이다. 그래서 무한한 무게를 지닌다. 좋은 일 같기도, 부담스러운 일 같기도 하다.

니체는 삶의 모든 상황을 긍정해야 한다고 주장했다. 이것이 운명에 대한 사랑, 아모르 파티다. 운명이 달콤하든 고통스럽든 받아들여야 한다는 말이다. 고통도 사랑해야 한다.

니체는 젊은 시절에 고대 그리스와 로마의 고전을 공부했다. 아모르 파티, 자기 운명을 사랑하는 사람은 고대 그리스비극의 주인공과 닮았다고 생각했다. 비극의 주인공은 잔인한 운명을 받아들이고 긍정한다. 이렇게 해서 고귀한 영웅이 된다.

fatum은 '운명이', fati는 '운명의'. 영어 fate(운명)와 fatal(운명적)이 여기서 왔다.

amor는 '사랑'이라는 뜻. amor amorem gignit(사랑이 사랑을 낳는다)와 omnia vincit amor(사랑은 모든 것을 정복한다)에서 만났던 단어.

exempli gratia

"예를 위하여", 즉 "예를 들어". 영어의 for example과 같다. 우리 눈에 익은 e.g.라는 머리글자는 이 라틴어 표현의 줄임 말이다.

exemplum은 '예', exempli는 그 변화형이다.

gratia는 뜻이 다양해 해석이 까다롭다. gratia gratiam parit(호의가 호의를 낳는다)에서는 '호의', Deo gratias(신께 감사를)에서는 '감사', gratia vobis et pax(그대들에게 은혜와 평화가 있기를)에서는 '은혜'였다. 여기서는 전치사처럼 '~를 위하여'라고 해석한다.

많이 쓰는 라틴어 줄임말 몇 가지를 더 알아보자.

— et al.(et alii에트 알리이): '그리고 다른 사람들'이라는 뜻이다. 논문이나 책을 쓴 저자가 여러 명일 때 대표 저자 이름 뒤에 et al.을 써서 '(이 사람) 그리고 다른 사람들'이 논문을 같이 썼음을 나타낸다.

— cf.(confer콘페르): '참조하라'는 뜻.

— N.B.(nota bene노타 베네): '주목하라'라는 뜻.

casus belli

"전쟁을 일으킨 사건." 우리말로 '전쟁 명분'이라 옮긴다.

전쟁을 선포하는 나라는 casus belli를 전쟁의 이유로 제시한다. 명분이 너무 별로면 다른 나라들이 전쟁을 지지해 주지 않는다. 오늘날에는 먼저 침략을 당하거나 동맹을 맺은 나라가 침략당한 일을 전쟁 명분으로 삼는다.

제2차세계대전 때는 나치 독일의 비밀 요원들이 폴란드 군대가 먼저 공격한 것처럼 사건을 조작했다. 이 일을 casus belli로 삼아 1939년에 폴란드로 쳐들어갔다. 2003년 미국은 이라크가 대량살상무기를 개발한다는 casus belli를 내세워 이라크를 침공했다(조작된 정보).

casus belli를 억지로 지어내려고 머리를 싸매는 상황을 보면, 전쟁도 꼭 힘센 쪽이 마음대로 할 수 있는 일은 아닌가 보다.

bellum은 '전쟁이' 또는 '전쟁을', belli는 '전쟁의'. si vis pacem, para bellum(평화를 바란다면 전쟁을 준비하라)과 dulce bellum inexpertis(겪지 않은 자에게 전쟁은 달콤하다)와 bellum Romanum(로마식 전쟁) 등에서 만났다. casus 는 '사건'.

lectorem unius libri

lectorem unius libri timeo렉토렘 우니우스 리브리 티메오. "책 한 권만 읽은 독자를 나는 두려워한다." 또는 timeo hominem unius libri티메오 호미넴 우니우스 리브리. "책 한 권만 읽은 사람을 나는 두려워한다."

책 한 권만 읽은 사람이 어째서 두려울까? 두 가지 엇갈린 해석이 있다.

책 한 권만 열심히 판 사람은 대단하다는 뜻이 하나다. 좋게 보는 해석인데, 여기서 '책 한 권'이란 무엇일까? 기독교 문화권에서는 성서를 뜻한다. 아이작 뉴턴은 젊었을 때 수학과 물리학에서 업적을 쌓고 나중에는 연금술과 기독교의 종말론에 푹 빠졌다. 나이가 들어 뉴턴은 homo unius libri, 성서만 읽는 사람이 되고 싶다고 했다.

다른 해석으로, 책 한 권만 파는 사람은 위험하다는 뜻이다. 안 좋게 보는 해석이다. 바람둥이로 알려진 자코모 카사노바는 폭넓은 교양을 쌓은 지식인으로도 유명했는데, 한 가지 책만 보는 외골수를 조심해야 한다고 했다.

lector는 '독자가', lectorem은 '독자를'. liber는 '책이', libri는 '책의'.

vallis lacrimarum

"눈물의 골짜기." 우리가 사는 이 세상을 가리키는 표현이다. 기독교에는 '이 세상은 별로고 저 세상이 진짜'라는 사상이 있다.

in hac lacrimarum valle^{인 하크 라크리마룸 발레}. '이 눈물의 골짜기에서.' "하와의 추방당한 후손인 우리는 당신에게 울부짖습니다. 탄식하고 울며 당신에게 부르짖습니다. 이 눈물의 골짜기에서." 성모마리아를 향해 애원하는 가톨릭 성가 「Salve Regina」^{살베 레지나}(평안하소서, 여왕이여)에 나오는 구절이다.

우리가 사는 이 세상을 눈물의 골짜기라 부르며, 저 세상에서 신의 나라로 들어가고 싶다는 기도다. 죽은 후 하늘나라에 갈 수 있도록 신에게 잘 이야기해 달라고 부탁하는 내용이다. 가톨릭에서는 성모마리아를 거쳐 신에게 청원하는 관행이 있다.

vallis는 '골짜기'. 영어 valley(계곡)가 여기서 왔다.

lacrima 또는 lachryma는 '눈물이', lacrimarum은 '눈물들의'. crocodili lachrymæ(악어의 눈물)에서 만난 단어다. 이때도 복수형을 썼다.

amicorum communia omnia

"친구들은 모든 것을 공유한다."

르네상스 시대의 지식인 에라스뮈스가 이 말을 좋아했다. 그가 쓴 방대한 라틴어 격언집 『아다기아』의 첫 번째 격언으로 이 말을 골랐다. "이 말을 상서로운 시작으로 삼겠다." 마음이 넓은 에라스뮈스라면 라틴어를 익히는 우리도 친구로 여겨 주었을 듯하다.

이런 표현도 있다. omnia sunt communia 옴니아 순트 콤무니아. "모든 것은 공동의 것이다." 좌파 사상 같다고? 누군가는 과격하다며 기겁할 문장이지만, 출전은 『신약성서』다. "신자들은 모두 함께 살면서 모든 것을 공동으로 소유했다."(「사도행전」 2장 44절과 4장 32절). 초기 기독교 공동체의 정신이다. 독일의 종교개혁가 토마스 뮌처는 omnia sunt communia야 말로 복음의 정신이라고 주장했다.

amicus는 '친구가', amicorum은 '친구들의'.

communia는 '공동의 것'. 영어 common(공통의), communism(공산주의) 등이 여기서 왔다.

INRI(Iesus Nazarenus rex Iudæorum)

『신약성서』「요한복음」에 이렇게 나온다. scripsit autem et titulum Pilatus et posuit super crucem erat autem scriptum 'Iesus Nazarenus rex Iudæorum'페로 이그니퀘, 페로 아트퀘 이그니, 페로 플람마퀘. "그리고 빌라도는 명패를 썼다. 그리고 그것을 십자가 위에 두었다. 그 명패에는 '나사렛사람 예수, 유대 사람들의 왕'이라고 쓰여 있었다."(19장 19절).

　　십자가 위에 둔 명패에 라틴어로 Iesus Nazarenus rex Iudæorum(줄여서 INRI)이라고 적혀 있었다는 말이다. 원래 의도는 예수에게 반역죄를 씌우려는 것이었다. 그러나 결과를 보면 예수가 왕임을 인정한 셈이 되었다는 것이 기독교의 해석이다. 기독교문화에서 INRI는 의미심장한 말이다. 십자가를 그린 기독교 미술작품에서 자주 보인다.

　　Iesus는 '예수', Nazarenus는 '나사렛사람', rex는 '왕'.

　　명사 Iudæus는 '유대 사람'이라는 뜻으로 그 복수 속격이 Iudæorum.

ars gratia artis

"예술을 위한 예술", 예술지상주의.

오늘날 우리에게 익숙한 예술관이지만 그 역사는 뜻밖에 짧다. 19세기 초 프랑스 지식인이 "l'art pour l'art라르 푸르 라르"라는 말을 했다. 19세기 영국과 미국의 예술가와 지식인이 예술지상주의 운동을 벌였다. 예술은 그 자체로 존엄하다는 취지다.

옛날에는 예술보다 다른 가치를 우선하는 사람이 많았다. 예술은 도덕적 교훈을 줘야 한다, 교육의 수단이어야 한다고 주장했다.

한편 예술은 사회적 정치적 목적에 이용되어야 한다, 사회변혁의 도구가 되어야 한다고 주장하는 사람도 있었다.

이에 맞서 19세기에 예술 자체가 예술의 목적이어야 한다는 주장이 나왔다. 끝나지 않을 논쟁 같다.

gratia는 뜻이 다양해 해석하기 까다롭다. '호의' '감사' '은혜' 등으로 쓰인 문장을 우리는 만났다. ars gratia artis에서는 exempli grati(예를 위하여/예를 들어)처럼 '~를 위하여'라는 뜻.

ars는 '예술이', gratia artis는 '예술을 위하여'.

temporis ars medicina fere est

"시간은 대개 최고의 치료 수단이다."

　'시간이 약'이라는 우리 속담과 닮았는데 맥락이 조금 다르다. 이 라틴어 표현은 로마 시인 오비디우스의 시에 등장한다. 시의 제목은 「Remedia Amoris」레메디아 아모리스, '사랑의 치료'다.

　오비디우스에 따르면, 사랑의 고통에 빠지지 않는 것이 가장 좋은 방법이지만 만약 사랑에 빠졌다면 그 감정을 빨리 없애야 한다. 사랑이라는 질병에서 빠져나가는 좋은 방법 중 하나가 시간이다. '시간은 대개 최고의 치료제'라는 말이다.

　그렇다고 오비디우스가 사랑의 감정에 부정적이었던 것은 아니다. 「Ars Amatoria」아르스 아마토리아, '사랑의 기술'이라는 시 역시 그의 작품이니.

　tempus는 '시간이', temporis는 '시간의'. amor는 '사랑이', amoris는 '사랑의'.

　medicina는 '치료술'. 영어 medical(의학의), medicine(의술), medic(의무병) 등이 이 말과 관계있다.

　ars는 '기술이' '수단이', 부사 fere는 '대개'.

timor mortis conturbat me

"죽음의 공포가 나를 괴롭힌다." 중세 이후로 서양 문학에서 즐겨 사용되던 문구다.

죽음은 피할 수 없다. 죽음이 두렵지 않다면 거짓말일 터다. 하지만 죽음의 두려움 때문에 괴롭다면, 죽음을 염려하느라 현재에 충실하지 못하다면 어리석은 일이 될 것이다.

옛날 똑똑한 사람들은 철학의 힘으로 또 종교의 힘으로 괴로움을 극복했다. 철학도 종교도 옛날처럼 힘을 쓰지 못하는 오늘날, 우리는 어떻게 죽음의 두려움을 이겨 낼 수 있을까? 큰 숙제다.

동사 timeo는 '두려워하다', 명사 timor는 '두려움'이라는 뜻.

mors는 '죽음이', mortis는 '죽음의', mortem은 '죽음을'. mors certa, hora incerta(죽음은 확실하고 시간은 불확실하다)와 mors mortem superavit(죽음이 죽음을 물리쳤다)라는 문장을 본 적 있다. in morte는 '죽음 안에'. media vita in morte sumus(삶의 한가운데 우리는 죽음 속에 있다)라는 금언을 우리는 만났다.

동사 conturbo는 '혼란스럽게 하다' 또는 '괴롭히다'. 대명사 me는 '나를'.

nunc et in hora mortis nostræ

"이제와 우리 죽을 때에." 가톨릭 기도문「성모송」의 마지막 구절이다.

전통적으로 서양의 기도는 두 부분으로 나뉜다. 앞부분에서 인사를 하고 뒷부분에서 소원을 빈다.

「성모송」앞부분은 성서에 나오는 구절을 반복한다. 마리아와 예수가 '복되다'며 좋은 말을 한다.

뒷부분에서 어떤 소원을 빌까? 라틴어로 이렇다. ora pro nobis peccatoribus오라 프로 노비스 페카토리부스, "우리를 위하여 죄인들을 위해 기도해 주세요." nunc et in hora mortis nos-træ눙크 에트 인 오라 모르티스 노스트레. "이제와 우리 죽을 때에 우리 죄인을 위하여 빌어 주소서." 다른 소원은 없다. 잘 먹고 잘살게 해 달라고 하지 않는다. 가톨릭에서 마리아와 우리 죽음을 어떻게 보는지 드러나는 기도 같아 나는 좋아한다.

nunc는 '지금', et in hora는 '~할 때에 역시', mortis nostræ는 '우리 죽음의'라는 뜻. mors는 '죽음이', mortis는 '죽음의'.

odium generis humani

"인간 종족에 대한 증오", 즉 인간 자체를 싫어하고 망하게 하려고 한다는 의미다. 이 무시무시한 '인류의 적'은 어떤 사람을 가리킬까?

기독교를 비판하는 구절이다. 로마의 역사가 타키투스에 따르면, 로마에서는 한때 기독교인이 '인간 종족을 증오하는 사람들'로 알려졌다. 이들은 로마 사람이 지내는 여러 신을 위한 제사에 참여하지 않았고, 그래서 여러 신을 노하게 했으며, 그 때문에 로마 사람에게 재앙이 닥쳤다는 것이다. 로마 황제 네로가 이를 구실 삼아 기독교인을 맹수에게 밥으로 던졌다. 이것이 바로 damnatio ad bestias(맹수에게 던지는 처형)다.

다만 타키투스가 이 말을 한 맥락은 기독교보다도 네로를 비판하기 위해서였다. 냉소적 지식인이었던 타키투스는 네로도 싫고 기독교도 못마땅했을 것 같다.

genus는 '종족이', generis는 '종족의'. 영어 generation(세대), general(일반적) 등이 여기서 왔다.

humanum은 '인간적인', errare humanum est(실수는 인간의 것이다)에서 만났던 단어다. humani는 그 변화 형태다.

Gygis anulus

"기게스의 반지." 기게스에 대해 두 가지 이야기가 유명하다. 하나는 그리스 철학자 플라톤이 전하는 기게스의 반지 이야기다. 멀리 리디아 땅의 양치기 기게스가 손가락에 끼고 돌리면 투명 인간이 되는 마법의 반지를 손에 넣는다. 마법의 힘을 얻은 기게스는 왕궁에 몰래 들어가 왕비와 사랑에 빠진다. 둘이 함께 임금을 죽이고, 기게스가 임금이 되었다.

또 하나는 그리스 역사가 헤로도토스가 전하는 이야기다. 기게스는 리디아 왕 칸다울레스의 강요에 못 이겨 왕궁에 숨어 들어갔다가 우연히 왕비의 벗은 몸을 보게 된다. 이 일을 눈치챈 왕비가 왕을 죽이고 기게스를 리디아의 왕으로 삼았다. '보이지 않게 들어가서' 왕을 죽이고 왕비와 결혼한다는 설정은 마찬가지지만, '반지'는 나오지 않는다.

기게스의 반지 이야기는 묻는다. 투명 인간이 되는 반지처럼 큰 능력을 얻고도 사람은 착하게 살 수 있을까? 영국의 학자이자 작가 톨킨이 이 모티프를 바탕으로 쓴 소설이 『반지의 제왕』이다.

Gyges는 '기게스가', Gygis는 '기게스의'. anulus는 '반지'.

ignorantia iuris non excusat

"법을 모르는 것은 변명이 되지 않는다." 법을 어긴 사람이 "법을 몰랐어요"라고 해명해도 소용이 없다는 말이다. 야속한 원칙이지만, 법을 몰랐다고 법적 책임을 지우지 않는다면 누구나 법을 몰랐다고 주장할 것이다.

동시에 법을 만든 이들이 법을 널리 알려야 한다는 뜻도 된다. 남몰래 제정한 법은 구속력이 없다.

그러다 보니 예외도 생긴다. 법이 불명확하거나 통신이 미치지 못하는 곳에 있어서 처벌을 면한 사례가 있다. 캐나다에서 사냥꾼 네 명이 수렵법을 위반해 기소되었다. 그런데 무죄판결을 받았다. 이들이 오지에서 사냥하는 동안 법이 개정되어 새 법을 알 수 없었기 때문이라고 한다.

동사 nosco는 '알다'라는 뜻이다. 옛날에는 gnosco라고 썼다. 영어 know(알다)와 같은 뿌리. 부정의 접두어 i-가 붙으면 g가 살아난다. ignorantia는 '모름'이라는 뜻.

ius는 '법이', iuris는 '법의'.

non excusat는 '변명이 되지 않는다'.

Biblia pauperum

"가난한 자들의 성서." 서양 중세 말에 유행했던 그림 성서를 가리킨다. 가난한 사람, 일반 대중은 라틴어나 그리스어를 읽지 못했다. 이런 자들을 위해 성서의 내용을 그림으로 그렸다. 페이지마다 성서 장면을 소개한 여러 컷의 글과 그림이 나란히 놓였다. 등장인물의 대사는 오늘날 말풍선처럼 적어 넣기도 했다.

연결된 그림과 말풍선이라니, 어디서 본 형식 아닌가? Biblia pauperum은 오늘날 만화의 기원으로 이야기되기도 한다. 만화책의 조상님인 셈으로, 나 같은 만화가에게는 반가운 책이다.

다만 Biblia pauperum은 목판인쇄로 찍어 냈기 때문에 책값이 비싸서 정작 가난한 사람들은 가질 수 없었다. '가난한 자들의 성서'라는 이름이 무색하다. 그런 점에서 오늘날의 저렴한 만화책이 오락 수단으로도 지식 전달 매체로도 적절하다고 생각한다.

Biblia는 영어 Bible과 같다. '성서'라는 뜻.

형용사 pauper는 '가난한'이라는 뜻. 명사처럼 쓰이면 '가난한 사람이'. pauperum은 '가난한 사람들의'.

vanitas vanitatum

vanitas vanitatum, omnia vanitas ^{바니타스 바니타툼, 옴니아 바니타스}. "헛됨이고 헛됨이로다, 세상만사가 헛됨이로다."『구약성서』「전도서」의 첫머리에 나오는 구절이다.『공동번역 성서』의 다음 구절이 우리말로 자연스럽다. "헛되고 헛되다, 모든 것이 헛되다."

서양의 화가들은 죽음을 상징하는 물건을 그림 속에 그려넣곤 했다. 바니타스 회화라는 말을 우리는 앞에서 만났다. 시든 꽃, 악기, 유리 잔과 거품 뿐 아니라, 해골과 모래시계 등을 그려 세상사의 헛됨을 나타냈다.

흥미로운 점은 해적 깃발의 해골 역시 바니타스 회화에서 기원을 찾을 수 있다는 사실이다. 깃발에 그린 해골과 모래시계는 '헛되이 욕심을 부리지 말고 모두 내놓으라'는 뜻

vanitas는 '헛됨이', vanitatum은 '헛됨들의'.

세상살이는 헛되고 우리 인간은 죽는다. homo bulla(인간은 거품), in ictu oculi(눈 깜짝할 사이에), sic transit gloria mundi(세상의 영광은 이렇게 사라진다) 같은 표현을 우리는 이미 만났다.

bellum omnium contra omnes

"만인에 대한 만인의 투쟁". 앞서 homo homini lupus(사람은 사람에게 늑대다)에서 만났던 표현이다. 두 말 모두 영국의 사상가 토머스 홉스가 써서 유명해졌다. 홉스는 인간의 본성을 비관했다. 그에 따르면 자연 상태에서 삶이란 '만인에 대한 만인의 투쟁'이다. '인간은 다른 인간에게 늑대'와 같다.

그래서 법이 필요하고 나라가 필요하다는 것이 홉스의 주장이다. 홉스는 bellum omnium contra omnes를 막기 위해 사회계약과 절대 권력이 필요하다고 봤다. 오늘날 사람들은 사회계약은 필요하다고 보지만 절대 권력이 꼭 필요하다고 생각하지는 않는다.

그런데 bellum omnium contra omnes는 오늘날 한국 사회에서 두드러진다. 소셜미디어와 포털 댓글을 보면 모두가 모두와 싸운다. 사람들은 늘 화낼 준비가 되어 있다. 화낼 거리가 생기면 우르르 몰려가 화를 낸다.

입시와 취업을 둘러싼 경쟁도 살벌하다. 모두가 비슷한 꿈을 꾸고 모두가 모두와 경쟁한다. 아무도 행복하지 않은 사회로 가는 걸까.

nanos gigantum humeris insidentes

"거인의 어깨에 앉은 난쟁이." 17세기에 수학자이자 과학자인 아이작 뉴턴이 이 말을 인용해 유명해졌다. '거인의 어깨에 올라앉으면 난쟁이라도 멀리 볼 수 있다'는 뜻이다. 스스로를 난쟁이라 칭하고 선학들을 거인으로 높였다. 뉴턴 자신이 수학과 과학의 거인이었는데도.

뉴턴 이전부터 지식인들이 종종 쓰던 말이었는데, '거인의 어깨'는 그리스와 로마의 인문 교양, '난쟁이'는 중세와 르네상스 지식인을 가리켰다. 뉴턴은 근세 과학에 대해 이 말을 쓴 것이다.

nanus는 '난쟁이가', nanos는 '난쟁이들을'. 우리에게 익숙한 나노기술, 나노미터 같은 표현이 여기서 왔다.

반대말 gigas는 '거인이', gigantum은 '거인들의'. 이탈리아어 gigante기간테와 영어 giant(거인)가 여기서 왔다.

humerus 또는 umerus는 '어깨가', humeris는 '어깨들에'.

동사 sedeo는 '앉다', insideo 역시 '앉다'라는 뜻. insidens는 '앉은', insidentes는 그 변화 형태다.

depositio cornuum

"뿔을 제거하다", 즉 뿔을 없애는 의식으로, 중세 서양 대학의 '신입생 환영회'를 가리킨다.

환영회라고 했지만, 사실 신입생을 고문하고 괴롭히는 짓궂은 의식이었다. 신입생은 야생동물과 같은 상태이니 동물의 흔적을 지워야 한다는 것이다. 그래서 신입생은 뿔 달린 모자를 쓰고 멧돼지 이빨을 입에 물었다. 선배들은 신입생을 짐승 취급하며 모욕한 다음 뿔과 이빨 등 동물의 특징을 없앴다. '뿔을 없애는 의식'이라 불린 이유다. 그런 다음에는 술잔치를 벌였다. 술을 무리하게 퍼먹이는 것도 옛날부터 지금까지 신고식의 단골 메뉴다.

지금도 그렇지만 중세에 대학생이란 대단한 특권. 특권을 누리는 젊은이들이 일부러 짓궂게 구는 일도 예나 지금이나 닮았다.

동사 pono는 '자리에 놓다', 반대말 depono는 '자리에서 치우다'. 그 명사형이 depositio, '제거'라는 뜻.

cornu는 '뿔이' 또는 '뿔을', cornuum은 '뿔들의'. 영어 unicorn(일각수)이나 Capricorn(염소자리)이 여기서 왔다.

Fortuna huiusce diei

'바로 이날의 행운의 여신', 즉 '오늘의 행운'을 관장하는 여신이다.

우리는 앞서 운명의 여신 Fortuna를 만났다. 운명의 여신을 부르는 「O Fortuna」라는 노래도, 운명의 여신이 돌리는 rota Fortunæ도 봤다. Fortuna는 무시무시한 여신이다.

그런데 Fortuna huiusce diei는 편안한 느낌이다. 운명의 여신이 지닌 한 측면이다. 소소한 일상의 행복을 맡은 신. 로마 사람이 열심히 섬겼다. 거대한 신전의 흔적이 남아 있다.

로마 사람은 늘 죽음을 떠올리며 현재를 더 충실히 보내자고 다짐했다. 인간의 삶에서 현재를 중요하게 여겼다. 그런 마음으로 '오늘의 행운을 관장하는 여신'을 섬겼으리라.

hic는 지시형용사, 영어의 this다. in hoc signo vinces(이 표식으로 이기리라)와 hac in hora sine mora(바로 지금 주저함 없이)에서 만났다. 변화 형태가 huius, 강조하는 꼴이 huiusce다.

dies는 '날이', diei는 '날의'. huiusce diei는 '바로 이날의', 즉 '오늘의'라는 뜻.

fidei defensatrix

fidei defensor피데이 데펜소르 또는 fidei defensatrix는 '신앙의 수호자'라는 뜻이다. 헨리 8세와 엘리자베스 1세 같은 종교개혁 시대 잉글랜드 왕과 훗날의 영국 왕을 가리킨다.

처음에 로마교황청에서 헨리 8세에게 이 칭호를 줬다. 젊었을 때만 해도 그는 개신교의 종교개혁에 맞서는 가톨릭 편이었다. 1521년 헨리 8세는 마르틴 루터의 사상에 반대하는 책을 냈고, 교황 레오 10세는 그에게 '신앙의 수호자'라는 칭호를 수여했다. 그런데 잉글랜드가 종교개혁의 물결에 휩싸이자 헨리 8세는 성공회, 즉 개신교의 편을 든다. 교황청은 그를 파문한다. 하지만 이번엔 잉글랜드 의회가 1543년에 헨리 8세에게 '신앙의 수호자'라는 칭호를 준다. 한 인물이 가톨릭과 개신교 양쪽에서 같은 칭호를 받다니.

훗날 여왕이 된 엘리자베스 1세 역시 '신앙의 수호자'가 되어 종교개혁에서 개신교의 편을 들었다. 지금 영국 왕 찰스 3세도 신앙의 수호자라 불린다.

fides는 '믿음이' '신앙이', fidei는 '믿음의' '신앙의'. defensor는 남자, defensatrix는 여자.

lacrimæ rerum

"사물의 눈물". 베르길리우스의 서사시 『아이네아스』에 나오는 글귀다.

아이네이아스는 트로이아의 영웅이었다. 나라가 망하자 생존자를 이끌고 유랑을 떠난다. 카르타고에 도착해 트로이아의 함락을 묘사한 벽화를 본다. 자기네가 겪은 일을 그려 놓은 그림이었다. 눈물이 난다.

아이네이아스는 말한다. sunt lacrimæ rerum et mentem mortalia tangunt순트 라크리마이 레룸 에트 멘템 모르탈리아 탄군트. "사물의 눈물이 있고, 죽음을 피할 수 없는 존재들이 마음을 건드리는구나."

'사물의 눈물'이란 사물을 보고 사람이 우는 것일 수도, 사람의 고통을 보고 사물이 우는 것일 수도 있다. 한편 그리스와 로마의 서사시에서 '죽을 운명의 존재'란 인간과 인간 세상의 일을 뜻한다. '세상사에는 눈물이 있고 인간사가 마음을 움직인다'고 해석하면 어떨까.

훗날 아이네이아스는 눈물을 이겨 내고, 트로이아의 생존자들과 함께 이탈리아 땅으로 가서 나라를 세운다. 이 나라가 훗날 로마가 된다.

res는 '사물이', rerum은 '사물들의'.

tempus edax rerum

"모든 것을 먹어치우는 시간." '시간은 모든 것을 먹어치운다'고 해석할 수도 있다.

로마 시인 오비디우스의 서사시 『변신 이야기』 15권에 나온다. "모든 것을 먹어치우는 시간이여, 그리고 그대, 시샘 많은 늙음이여." 인간 가운데 가장 아름다운 여인이었던 헬레네의 한탄이다. "너희는 모든 것을 파괴한다, 모든 것을 죽음으로 몰아간다." 오비디우스는 헬레네가 거울 앞에 앉아 자기 얼굴의 주름을 보며 한탄하는 장면을 읊었다. 제우스 신의 딸이었던 반신반인 헬레네, 트로이 전쟁의 원인이 된 세계 최고의 미인 역시 시간의 잔인함을 피해 가지는 못했다.

이와 다른 신화로, 헬레네가 남편 메넬라오스와 함께 낙원에 들어가 영원한 젊음을 누렸다는 전승이 있다. 신화에 밝은 오비디우스가 이 이야기를 몰랐을 리 없다. 아마 일부러 잔인한 결말을 택하지 않았을까. 시간의 잔인함을 강조하기 위해서 말이다.

res는 '사물이', rerum은 '모든 것들의'. edax는 '먹성 좋은'이라는 뜻의 형용사.

rerum species sæpe fallax est

"사물의 겉모습은 때때로 속임수다." 겉모습으로 판단하지 말라는 뜻이다.

fallaces sunt rerum species 팔라케스 순트 레룸 스페키에스라는 말도 있다. "사물의 겉모습은 속임수다." 영화 『아이언맨 2』에 나와 유명해진 표현이다.

프랑스어로는 Les apparences sont trompeuses 레자파랑스 송 트롱푀제라고 한다. '겉모습은 속임수다.' 영어에는 Don't judge a book by its cover(표지만 보고 책을 판단하지 말라)는 속담이 있다. 우리말에는 '겉모습만 보고 사람을 판단하지 말라'는 표현이 있다.

초라한 겉모습을 얕잡아 볼 일도, 화려한 겉모습을 부러워할 일도 아니다. 소셜미디어가 발달한 요즘 더욱 와닿는 격언이다.

res는 '사물이', rerum은 '사물들의'.

species는 '겉모습은' 또는 '겉모습들은'.

fallax est는 '속인다', fallaces sunt도 '속인다'. 앞엣것은 단수, 뒤엣것은 복수 형태다.

omnium rerum
principia parva sunt

"모든 일은 작게 시작한다." 키케로가 한 말이다.

『구약성서』「욥기」에 비슷한 말이 나온다. "처음에는 보잘것없겠지만 나중에는 훌륭하게 될 것일세."(8장 7절) 흔히 인용하는 "네 시작은 미약하였으나 끝은 창대하리라"라는 말로 익숙하다.

우리 속담에 '시작이 반'이라 했다. 라틴어에도 같은 표현이 있다. principium dimidium totius 프린키피움 디미디움 토티우스. '시작은 모든 일의 반.' 옛 그리스 시인 헤시오도스는 "어리석은 이들은 반이 전체보다 얼마나 더 많은지 모른다"고 읊었다.

'천리 길도 한 걸음부터'라는 속담과도 통한다. 이제 6월 말, 한 해가 절반이 지나갔지만 뭐라도 시작하기에 늦지 않은 때다.

omnium rerum은 '모든 일의'. 자주 본 표현이다.

principium은 '시작', principia는 '시작들'. 아이작 뉴턴의 책 『프린키피아』의 제목이기도 하다.

parva는 '작은', parva sunt는 '작다'.

requiem æternam
dona eis Domine

"주여, 그들에게 영원한 안식을 주소서."

기독교의 진혼곡을 '레퀴엠'이라고 부른다. 어째서 이런 이름이 붙었을까? 죽은 사람을 위한 진혼 미사가 requiem이라는 단어로 시작하기 때문이다.

dies iræ(진노의 날)를 소개하며 이야기했지만, 레퀴엠 가운데 모차르트와 포레와 베르디의 레퀴엠이 특히 유명하다. 가사가 귀에 쏙쏙 들어오는 가브리엘 포레의 레퀴엠을 들으며 '레퀴엠 에테르남 도나 에이스 도미네'라고 따라 불러 보면 어떨까.

requies는 '안식이', requiem은 '안식을'.

형용사 æternam은 '영원한'이라는 뜻. urbs æterna에서 만난 단어다.

동사 dono는 '(나는) 주다', dona는 명령형 '주소서'.

eis는 '그들에게'라는 뜻의 대명사.

명사 dominus의 호격이 domine다. 뜻은 '주인이여' '주님이여'. 대명사 Domine로 쓴 것은 보통 사람인 '주인님'이 아니라 기독교의 유일신 '주님'을 뜻하기 때문이다.

IULIUS

VII

Sancte Petre ora pro nobis

"성 베드로여, 우리를 위하여 비소서."

가톨릭에는 모든 성인聖人 호칭 기도가 있다. 성인의 이름을 하나씩 부르는 기도다. 왜 성인을 부를까? 기도하는 사람을 위해 성인이 함께 신에게 탄원해 달라는 의미다.

이 기도의 라틴어 원문을 보면, 라틴어로 사람 이름을 부르는 방법을 알 수 있다.

대부분은 '성인이'와 '성인이여'의 형태가 같다. Maria마리아, Sylvester실베스테르, Agnes아녜스가 그런 경우다.

그런데 어떤 이름은 서로 형태가 다르다. '베드로가'는 Petrus, '베드로여'는 Petre. '바울이'는 Paulus, '바울이여'는 Paule. '도마가'는 Thomas, '도마여'는 Thoma. '그레고리오가'는 Gregorius, '그레고리오여'는 Gregori.

Sanctus Petrus는 '성 베드로가', Sancte Petre는 '성 베드로여'다.

Homo ludens

'놀이하는 사람', 우리말로 좀 멋을 부려 옮기면 '유희하는 인간'이다. 네덜란드의 역사학자 하위징아는 놀이를 인간의 본성으로 보았다. 라틴어로 쓰면 근사해 보인다. 그래서 공부 좀 한 서양 사람들은 인간 종의 이름을 라틴어로 적었다.

— Homo ludens(놀이하는 인간). ludens는 동사 ludo(놀다)의 현재분사.

— Homo sapiens호모 사피엔스(생각하는 인간). sapiens는 동사 sapio(생각하다)의 현재분사.

— Homo erectus호모 에렉투스(똑바로 선 인간). erectus는 동사 erigo(일으키다)의 과거분사.

— Homo habilis호모 하빌리스(손을 쓰는 인간). 형용사 habilis는 '손의' 또는 '솜씨 있는'이라는 뜻.

— Homo faber호모 파베르(만드는 인간). 명사 faber는 '만드는 사람' 또는 '창조자'라는 뜻.

분사는 원래 동사였기 때문에 homo ludens라는 표현에는 '사람이 놀고 있다'라는 문장이 숨어 있다. 분사 ludens의 의미상 주어가 homo.

primum movens

"원동자"原動子. 그리스 철학자 아리스토텔레스는 세상 모든 일에 원인과 결과가 있다고 보았다. 지금 일어나는 일에는 원인이 있고, 그 원인에는 또 원인이 있고, 그 원인에도 역시 원인이 있다. 이처럼 원인의 원인의 원인을 찾아 무한히 소급할 수 있다.

원인을 찾아 끝도 없이 거슬러 올라가는 '무한 소급'을 피하기 위해 아리스토텔레스는 우주에서 일어나는 모든 운동의 원인이 되는 '최초의 원인'이 있다고 했다. 세상 모든 일이 일어나는 원인이 되지만, 그 자신은 원인이 필요하지 않은, 그런 특별한 존재.

아리스토텔레스의 아이디어는 서양 중세 철학과 신학에 영향을 미쳤다. 우주의 모든 운동을 설명하기 위해 최초의 원인, 즉 primum movens가 필요하다는 이론에 많은 사람이 신을 떠올렸다.

동사 moveo는 '움직이다', 분사 movens는 '움직이는'. primum은 '최초의 (것)'.

문장으로 풀면 '최초의 것이 움직인다'는 뜻이다. 분사를 동사로 이해하면 복잡한 라틴어 표현을 해석할 때 도움이 된다.

res cogitans

"생각하는 존재." 문장으로 풀면 '존재가 생각한다'는 뜻이다.

　　프랑스 철학자 데카르트는 세상 모든 일이 의심스럽다는 사실을 깨달았다. 내가 지금 보고 듣고 맛보는 것이 꿈인지 아닌지 알 수 없다. 예를 들어 감각을 통해 우리를 속이는 악마가 있다면? 눈앞에 있는 이 책도, 책을 올려놓은 탁자도, 내가 앉은 의자도 정말 존재한다는 보장이 있을까? 꿈이나 환각에서도 우리는 이런 탁자와 의자를 보게 마련이니 말이다. 우리는 플라톤의 동굴 비유에 나오는 것처럼 동굴에 묶여 그림자만 바라보는 사람일 수도, 영화처럼 '매트릭스'에 갇힌 사람일 수도, 통 속에 든 뇌일 수도 있다.

　　데카르트는 고민에 빠졌다. 그러다 알아낸 확실한 사실이 있다. 이런 의심을 하는 주체, 즉 '생각하는 나'만큼은 확실히 존재한다는 사실이다. 이 사실만큼은 의심할 수 없다고 데카르트는 생각했다. cogito ergo sum코기토 에르고 숨. "나는 생각한다. 그러므로 나는 존재한다."

　　동사 cogito는 '생각하다', 분사 cogitans는 '생각하는'. 의미상 주어가 res(것, 존재).

natura naturans, natura naturata

철학자 스피노자는 자연을 natura naturans와 natura na-turata로 구별했다. '낳는 자연'과 '낳아진 자연'이라는 뜻이다.

철학 용어로 '능산적 자연'과 '소산적 자연'이라고 옮긴다. 어려운 말이다. 본래 라틴어 표현을 생각하면 차라리 쉽다. 명사 natura는 '자연', 동사 naturo나투로는 '자연스럽게 낳다'라는 의미가 있다. naturans는 '낳는', 현재분사다. natur-ata는 '낳아진', 과거분사다.

스피노자에 따르면 두 자연은 이렇게 다르다.
— natura naturans: 원인, 실체, 능동적 원리로서의 신.
— natura naturata: 결과, 현상, 신의 표현이자 현현.

스피노자는 철학을 통해 신의 존재를 증명하려 했다. 그런데 이렇게 증명된 신은 초월적인 창조자의 모습이 아니었다. 그 시대 종교인들은 스피노자의 주장에 화가 났다. 1656년 암스테르담에서 스피노자는 유대교에서 파문당하고 유대인 공동체를 떠나야 했다.

abundans cautela non nocet

'조심함은 지나쳐도 해가 되지 않는다'는 격언이다.

　'만사萬事 불여不如튼튼'이라는 말이 있다. 판소리 「흥부가」에 나온다. '~만 못하다'는 뜻의 '불여'처럼 어려운 표현이 있어서 꼭 한자말 같지만, '튼튼'이라는 말을 쓴 걸 보면 우리말 표현이다. '무슨 일이든 튼튼함만 못하다', 즉 '무슨 일이든 튼튼히 하는 편이 좋다'는 뜻이다. '돌다리도 두드려 보고 건너라'는 속담과 뜻이 통한다.

　명사 unda는 '파도'('파도가 운다'로 외우면 좋을까?), 물의 요정 운디네Undine와 관련 있는 말이다. 동사 abundo는 '넘치다'라는 의미. 그 현재분사가 abundans다. '넘쳐흐르는'이라는 뜻이다.

　cautela는 '조심함'이라는 뜻이다. 동사 caveo 카웨오/카베오 (조심하다)의 명사.

　abundans cautela는 '넘치는 조심', 문장으로 풀면 '조심함이 넘친다'는 뜻이다. 우리말로 '조심함은 지나쳐도'라고 해석하면 자연스럽다. nocet는 '해를 끼치다'.

lupus non timet canem latrantem

"짖는 개를 늑대는 두려워하지 않는다."

A barking dog never bites라는 영국 속담이 있다. '짖는 개는 물지 않는다.'

lupus는 자주 본 단어다. '늑대가'라는 뜻. lupum은 '늑대를'. homo homini lupus(사람은 사람에게 늑대다), lupus in fabula(이야기 속 늑대)에서 만났다.

timeo는 '(나는) 두려워한다', non timet는 '(그는) 두려워하지 않는다'. lectorem unius libri timeo에서 본 단어다.

canis는 '개가', canem은 '개를'. canis canem edit(개가 개를 먹는다)라는 문장을 본 바 있 다.

동사 latro는 '짖다', 현재분사 latrans는 '짖는', 그 변화 형태가 latrantem이다.

canem latrantem은 '짖는 개를'이라는 뜻. 문장으로 풀면 '개가 짖는다'. 분사 latrantem의 의미상 주어가 canem 이다.

in flagrante delicto

'범죄가 한창 타오르는 중에', 즉 '현행범'이라는 뜻이다.

in flagrante delicto는 범행 현장에서 곧장 체포되는 일을 말한다. '잘못이 한창 타오르는 중에' 현행범으로 붙잡힌 상황이다.

비슷하지만 약간 다른 말로 영어 스모킹건smoking gun이 있다. '연기가 나는 총', 범행 직후의 강력한 증거를 말한다. 막 발사되어 연기가 피어오르는 총을 증거로 확보했다는 뜻이다.

동사 flagro는 '타오르다', 현재분사 flagrans는 '타오르는', 변화 형태가 flagrante.

명사 delictum은 '잘못이' 또는 '범죄가', in delicto는 '범죄에'.

우리말로 자연스럽게 옮기려면 문장으로 풀어야 한다. flagrante의 의미상 주어가 delicto다. 즉 범죄가 일어나는 중에.

vox clamantis in deserto

"광야에서 외치는 자의 목소리." 세례자 요한을 가리키는 말이다.

세례자 요한의 세 가지 모습.

— 역사적으로 요한은 종교 지도자였다. 광야에서 고행하며 유대 사람들에게 "우리는 죄인이다, 죄를 씻으라"라고 설득했다. 요한 운동의 추종자가 너무 많아지자 헤롯 안티파스 왕은 반란이 일어날까 두려워 요한을 잡아다 처형했다.

— 『성서』에서 전하는 요한은 약간 다르다. 요한 운동 추종자가 많았다는 이야기는 빠지고, 왕의 잘못을 지적하자 왕이 화가 나서 그를 죽였다고 한다.

— 이슬람의 요한은 아히야라 불린다. 기독교의 요한과는 또 다른 모습인데, 어려서 경전을 깨우치고 예수보다 먼저 열두 제자를 세상에 파견했다고 한다. 요한 운동의 세력이 한때 예수 운동을 앞섰다는 사실의 반영일까?

vox는 '목소리'. in deserto는 '광야에서'.

동사 clamo는 '부르짖다', 현재분사 clamans는 '부르짖는', clamantis는 '부르짖는 (사람)의'.

gementes et flentes

"탄식하고 울며." 일전에 in hac lacrimarum valle, '눈물의 골짜기에서'라는 표현을 봤다. 눈물의 골짜기에 갇힌 사람들이 바로 gementes et flentes를 하는 것이다. 가톨릭 성가 「살베 레지나」에 나온다.

가톨릭에서는 이승과 저승을 딱 잘라 구별한다. 우리가 사는 이승을 슬프고 고통스러운 곳이라 여긴다. 이승은 그저 눈물의 골짜기일 뿐이다. 진정한 삶은 저승에 있다고 본다.

따라서 저승에서 잘살게 해 달라고 기도해야 한다. 연옥 생활도 짧게 해 달라고 기도하고 싶다. 그런데 내가 기도할 때 누가 신 옆에서 도와주면 좋겠다. 그래서 가톨릭신자는 인간인 성인과 성모마리아를 찾는다. 이 세상에서 나의 삶이 끝날 때 나에 대해 신에게 좋게 이야기해 달라고 탄원한다.

동사 gemo게모/제모는 '탄식하다', 현재분사 gemens는 '탄식하는', gementes는 복수 형태. 마찬가지로 fleo는 '울다', flens는 '울며', flentes는 복수형.

amantes amentes

‘사랑에 빠진 사람은 미친 사람’이라는 뜻이다. 제정신인 사람은 하지 않을 짓을 사랑에 빠진 사람은 저지른다. 내가 좋아하는 격언이다.

로마의 희극작가 테렌티우스의 작품 「안드로스의 여인」 Andria 1막 3장에 이런 구절이 나온다. inceptio (e)st amentium, haud amantium 인켑티오 (에)스트 아멘티움, 하우드 아만티움. “사랑에 빠진 이들이 아니라 미친 자들의 계획이다.”

내용은 이렇다. 남녀가 비밀 결혼식을 올린 후, 꾀 많은 노예 다부스를 자기네 계획에 끌어들여 함께 아버지를 속이자고 한다.

다부스는 아무리 봐도 이 계획이 성공할 것 같지가 않다. 그래서 “미친 사람들의 계획”이라고 중얼거린다. 그러나 결국 이 계획에 끌려 들어가 위험한 도박을 해야 하는 처지가 된다. 그래도 독자님은 너무 걱정하지 마시라. 결말은 모두가 행복한 해피 엔딩이니.

동사 amo는 ‘사랑하다’, 현재분사 amans는 ‘사랑하는’, amantes는 ‘사랑하는 (사람)들’. amentes는 ‘정신 나간 (사람)들’.

poeta doctus

'박식한 시인'이라는 뜻.

그리스와 로마 시대에 시를 쓰려면 학식이 있어야 했다. 그리스신화나 호메로스의 서사시를 잘 알고 창작에 끌어다 써야 제대로 된 시인으로 평가받았다.

아리스토텔레스의 『시학』과 호라티우스의 『시학』을 보면, 시는 배워서 쓰는 것이라는 관점이 잘 드러나 있다. 옛날 서양에서는 열심히 공부하고 그 내용을 과시하는 예술이 시였다. 자기 속마음을 털어놓는 예술이 시라는 생각은 나중에 나온 예술관이다.

명사 poeta는 '시인'이라는 뜻으로, 여성명사 같지만 남성명사다. 소설가 밀란 쿤데라는 소설『생은 다른 곳에』에서 "시인은 남성과 여성을 함께 가진 사람"이라고 했다.

동사 doceo는 '가르치다'라는 뜻. 과거분사 doctus는 '배운' '박식한'. 영어 doctor(박사)와 관련 있다. 한편 현재분사 docens는 '가르쳐 주는'. 영어 docent도슨트가 여기서 왔다. 과거분사에서 '배운' 사람, 현재분사에서 '가르치는' 사람이 온 셈.

nunquam non paratus

'반드시 준비된 상태로 있으라'는 의미다.

미국 해안경비대의 모토이기도 하다. 신속히 대응할 준비를 항상 갖추고 있다는 의미다. 영어로 옮기면 Be prepared!가 될 텐데, 이는 스카우트의 모토다.

예전에 만난 illotis manibus(씻지 않은 손으로)와도 뜻이 통할 것 같다.

non은 영어로 not, nunquam은 never. 둘을 합치면 이중부정으로 '결코 ~하지 말지 말라'가 된다. 자연스럽게 풀면 '반드시 ~하라'는 뜻이다.

동사 paro는 '준비하다', 과거분사 paratus는 '준비된'. 각각 영어로 prepare(준비하다), prepared(준비된). 그 밖에도 paro에서 나온 영어 낱말이 많다.

— apparatus(장치), '준비된 것'이라는 의미에서 발전.

— repair(수리하다), '다시re 준비한다'는 뜻에서.

— parade(행진), '준비된 대열로 행진한다'는 맥락.

dictum factum

"말한 대로 행한다." 프랑스에는 Joindre le geste à la parole 주앙드르 르 제스트 아 라 파롤이라는 속담이 있다. '행동을 말에 맞춘다'는 의미다. 우리에게 익숙한 표현으로 언행일치言行一致가 있다.

dictum(말)의 친척 손주뻘 되는 영어 단어가 많다.

— dictionary(사전), 말이 모인 책.

— dictate(명령하다), 원래 '받아쓰게 하다'라는 뜻이 있다.

— predict(예측하다), 앞서pre- 말하는 일이다.

— contradict(모순되다), 반대로contra- 말하는 일이다.

factum(행동)과 관련된 단어도 많다.

— fact(사실), 행해진 것.

— factory(공장), 물건을 만드는 곳.

— artifact(인공물), 사람이 만든 것.

dico는 '말하다', dictus는 '말한', dictum은 '말한 (것)'. 마찬가지로 facio는 '행하다', factus는 '행한', factum은 '행한 (것)'.

p.s.(post scriptum)

편지를 쓸 때 본문 뒤에 덧붙이는 말을 post scriptum, 줄임말로 p.s.라고 한다. 한자말 '추신'追伸과 같다. 동아시아 사람이 똑똑해 보이려고 어려운 한자말을 쓰는 것처럼, 서양 사람은 그리스어나 라틴어 어휘를 쓴다.

원래는 편지를 다 쓰고 난 다음에 빠트린 내용을 덧붙일 때 쓰는 말이었다. 옛날에는 종이에 한번 글을 쓰면 수정하기 어려웠으므로, 편지를 처음부터 다시 쓰는 대신 p.s.라고 쓰고 간단하게 덧붙였다.

그런데 전자우편을 주로 쓰는 요즘도 p.s.를 쓴다. 본문 중간에 몇 마디 덧붙이는 게 어렵지 않은데도 굳이 p.s.를 쓰고 뒤에 덧붙인다.

소셜미디어에서는 게시물을 요약하거나 강조할 내용을 덧붙일 때 쓴다. 핵심 내용을 본문에 넣지 않고 p.s. 뒤로 빼는 것이다. 원래 뜻과는 달라졌지만, 여전히 널리 쓰이는 표현이다.

동사 scribo는 '쓰다', 과거분사 scriptus는 '쓰인', scriptum은 '쓰인 (것)'이라는 의미.

res iudicata

'판결된 사안'이라는 뜻으로, 문장으로 옮기면 '사안이 (이미) 판결되다' 정도가 되겠다. 판결이 일단 확정되면 같은 사안으로 더는 재판을 받지 않는다는 법의 원칙이다.

사법 시스템이 신뢰를 잃지 않기 위해 필요한 원칙인데, 이 원칙이 없다면 질 게 뻔한 소송이라도 단지 상대방을 골탕 먹이기 위해 끊임없이 소송을 거듭할 수 있다.

재판이 많아지면 법원도 힘들다. 의미 없는 재판을 반복하는 건 법원의 시간을 잡아먹는 일이다. 만에 하나 여러 번 재판했다가 다른 판결이 나온다면 법체계의 일관성도 무너진다.

같은 사안에 대해 상급법원의 판단을 물어보는 항소와 상고 제도와는 다르다. res iudicata는 최종 판결이 확정된 다음에 적용되는 것이다.

예외가 있다. 중요한 증거가 새로 발견될 경우, 또 이전 재판 과정이 엉터리였을 경우 재심을 한다. 군사정권 시절 고문으로 거짓 진술을 받아 낸 재판이 재심에서 뒤집힌 경우가 적지 않다. 한국 현대사의 상처다.

동사 iudico는 '판결하다', 과거분사 iudicata는 '판결된'.

tabula rasa

"텅 빈 서판." 우리말로 흔히 '백지상태'라 옮긴다.

영국의 철학자 존 로크 때문에 유명해진 말이다. 로크는 인간이 아무런 지식 없이 태어나 교육을 통해 지식과 관념을 얻는다고 보았다. 인간이 지식을 가지고 태어난다고 본 플라톤 같은 철학자와 반대다.

tabula는 글씨를 쓰는 서판이다. 영어 tabulate(평평하게 하다), table(평판), tablet(판), tabloid(타블로이드) 따위가 여기서 왔다. 로마의 서판은 평평한 판 위에 밀랍을 바른 형태였다. stylus(첨필)이라는 필기구를 함께 썼다. 뾰족한 앞부분으로 글씨를 쓰고, 납작한 뒷부분으로 밀랍에 쓴 글씨를 긁어냈다.

동사 rado는 '긁어내다', 과거분사 rasa는 '긁어낸'. 영어 낱말 rase 또는 raze(지우다), razor(면도날), erase(지우다) 따위가 여기서 왔다.

첨필을 뒤집어 tabula의 글씨를 모두 '긁어내면' 빈 서판이 된다. 이것을 우리말로 '백지상태'라고 옮긴 것이다. 뜻이 바로 들어온다는 점에서 근사한 번역이다.

Græcia capta ferum victorem cepit

"정복당한 그리스가 야만적인 승리자를 정복했다." 로마 시인 호라티우스가 남긴 말이다. '야만적인 승리자'는 로마 사람 자신을 의미한다. 로마는 군대로 그리스 세계를 정복했지만, 놀랍도록 발전한 그리스의 문명 앞에서 스스로를 야만인이라 느꼈다. 따라서 그리스가 문화로 로마를 정복했다는 말이다.

로마는 그리스를 흉내 냈고, 그런 로마를 서양 여러 나라가 흉내 냈고, 서양 여러 나라를 근대 개화기 때 동아시아가 따라 했다.

동사 capio는 '붙잡다' '정복하다', 과거분사 capta는 '붙잡힌' '정복당한'. Græcia captasms는 '정복당한 그리스', 문장으로 풀면 '그리스가 정복당하다'라는 뜻이다.

형용사 ferum은 '야만적인'. victor는 '승리자가', victorem은 '승리자를'.

cepit는 '붙잡았다'는 뜻으로 capio의 완료 형태다. 수동의 뜻을 가진 capta와 능동의 뜻을 가진 cepit가 서로 대조를 이룬다. 로마가 그리스를 잡았지만 그리스가 다시 로마를 잡았다.

iustitia dilata est iustitia negata

"미루어진 정의는 부정당한 정의다." 결과가 정의롭더라도 그 과정에서 지나치게 시간을 끌면 진정한 정의가 실현된 것이 아니라고 보는 견해다. 미국의 사회운동가 마틴 루서 킹 주니어 목사가 이 말을 인용해 유명해졌다.

동사 differo는 뜻이 다양하다. '흩어 놓다'는 뜻도, '넓게 펼치다'는 뜻도, '미루다'는 뜻도, '다르다'는 뜻도 있다. 앞뒤 문맥까지 모두 살펴 뜻을 결정해야 한다. 라틴어가 아무리 공부해도 어려운 까닭은 이런 단어가 심심치 않게 튀어나오기 때문이다. 과거분사는 dilata. 영어의 differ(다르다), defer(연기하다), dilate(넓히다) 따위 다양한 어휘가 여기서 왔다.

동사 nego는 '부정하다', 과거분사는 negata. 영어 negate(부정하다)가 여기서 왔다.

라틴어 ius는 '권리' 또는 '법', iustus는 '정의로운', iustitia는 '정의'. 옛날 라틴어는 i와 j가 같은 글자였다. 영어 just(공정한), justice(정의)가 여기서 왔다.

crambe bis cocta

"두 번 삶은 양배추." 원래 문장은 길다. crambe bis cocta mors est크람베 비스 콕타 모르스 에스트. '두 번 삶은한 양배추는 죽음이다.' 양배추는 두 번 삶으면 지독히 맛이 없다는 뜻이다.

르네상스 시대의 지식인 에라스뮈스가 『아다기아』에서 이 격언을 소개했다(책 곳곳에 맛없는 포도주에 대한 불평이 숨어 있다).

crambe는 '양배추', 그리스어에서 온 단어다. 영어 cabbage(양배추)는 뜻밖의 어원을 가졌다. '머리'를 뜻하는 라틴어 caput가 기원인데, 양배추가 열린 모습이 사람 머리통을 닮아서일까?

부사 bis는 '두 번'. Ianus Bifrons(두 얼굴의 야누스)를 소개한 날에 bi-가 들어간 다양한 영어 단어를 만났다.

동사 coquo는 '요리하다', 과거분사 cocta는 '조리된'. 영어 cook(요리하다)이 여기서 왔다.

bis와 coctus가 만나 우리에게 익숙한 영어 biscuit(비스킷)이 됐다. 원래는 라틴어 panis bis coctus(두 번 구운 빵)라는 뜻. 두 번 삶은 양배추보다는 확실히 비스킷이 맛있다.

omnia dicta fortiora
si dicta Latina

"무슨 말이든 라틴어로 하면 더 강력하다." 살짝 비꼬는 듯해서 재미있는 표현이다. '라틴어로 말하면 무엇이든 더 세다.' 나 같은 만화가에게는 솔깃한 말인데, 마법이나 괴물 이름을 라틴어로 지으면 더 그럴싸하게 들릴 것이기 때문이다.

『일리아스』와 『오디세이아』를 우리말로 번역한 이준석 선생이 농담 삼아 말한 적 있다. "영어로 자동차 이름을 지으면 소형차 포니Pony가 되는데, 라틴어로 지으면 고급 세단 에쿠우스Equus가 된다." 영어 포니나 라틴어 에쿠우스나 둘 다 '말'馬이라는 뜻이다.

omnia는 '모든 것이', 자주 본 단어다.

동사 dico는 '말하다', 과거분사 dicta는 '말한'. dictum factum에서 만났다. dictum은 단수, dicta는 복수.

형용사 fortis는 '강한', 비교급 fortiora는 '더 강한'.

si는 '만약'이라는 접속사, 영어로 if.

Latina는 '라틴어로' '라틴어를 이용하여'.

verba volant, scripta manent

"말은 날아가도 글은 남는다." 말은 날아가 사라져도 글은 기록으로 남는다는 뜻이다. 구술문화보다 문자문화에 무게를 두는 나 같은 사람이 좋아할 법한 문장이다.

　　말과 글은 옛날부터 경쟁하는 사이였다. 말을 중시한 쪽은 글자 때문에 사람의 기억력이 나빠진다고 보았다. 사실이다. 반대로 글을 중시하는 쪽은 말의 휘발성을 문제 삼았다. 말은 사라지니 글로 적어야 한다고. 역시 사실이다.

　　말과 글의 경쟁도 21세기에는 새로운 양상이다. 기술이 발전해 말 역시 글처럼 붙잡아 둘 수 있다. 말이 다시 유리한 처지가 됐다. 요즘 사람은 모르는 내용을 찾을 때 글(사전)보다 말(유튜브)을 먼저 검색한다.

　　명사 verbum은 '말', verba는 '말들'.

　　scripta는 동사 scribo의 과거분사. post scriptum(추신)에서 만났다.

　　동사 volant는 '(하늘을) 날다'라는 뜻. 배드민턴의 셔틀콕을 프랑스어로 volant볼랑, 스페인어로 volante볼란테라고 한다. 동사 maneo는 '남다'라는 뜻.

op. cit. (opere citato)

'언급된 저작에서'라는 뜻이다. 문장으로 풀면 '저작이 언급되다.' 옛날 논문에서 자주 보이는 표현이다.

논문에서 다른 글을 인용할 때 쓰는 라틴어 표현이 여럿 있다.

— ibid.(ibidem 이비뎀): '같은 (책)'. '아까 말한 책'이라는 뜻.

— loc. cit.(loco citato 로코 키타토): '언급된 곳에서'. 아까 말한 책의 같은 쪽.

— op. cit.(opere citato): '언급된 저작에서'. 아까 말한 책의 다른 쪽.

명사 opus는 '작품' 또는 '저작'이라는 뜻이다. 우리가 잘 아는 단어 오페라 opera가 여기서 왔다. 클래식 음악을 좋아하는 사람은 Op.라는 머리글자도 익숙할 것이다. opus number, '작품 번호'라는 뜻이다. opere는 명사 변화 형태다.

동사 cito에는 '불러내다'라는 뜻이 있다. 영어 단어 cite(인용하다), citation(인용)이 여기서 왔다. 과거분사 citato는 '언급된'.

Tarquinio expulso

"타르퀴니우스가 추방된 이래로." 문장으로 풀면 '타르퀴니우스가 추방되다'라는 뜻이다.

로마공화정과 로마제국은 유명하다. 그런데 로마 왕국은 그만큼 유명하지 않다. 로마는 한때 왕이 다스리는 나라였다고 한다. 전설 속 마지막 왕 타르퀴니우스와 그 아들 섹스투스는 몹쓸 짓을 많이 했다. 로마인들이 들고 일어났다. 왕을 내쫓고 공화정을 세웠다.

키케로가 연설할 때 이 일을 초들었다. "타르퀴니우스가 추방된 이래로 로마에는 왕이 없었다." 키케로는 공화파 정치인이었다. 군부 지도자 안토니우스를 겨냥했다. 그가 왕, 즉 독재자가 되려 한다고 주장했다. 키케로의 연설은 효과가 있었다. 로마 정치판에서 안토니우스의 낯을 깎아내렸다. 화가 단단히 난 안토니우스는 훗날 키케로의 목을 잘라 시내에 전시했다. 살벌한 시대였다.

동사 pello는 '밀어내다'. clavum clavo pellere(못으로 못을 뽑다)에서 만났다. expello는 '밖으로 밀어내다'라는 뜻. 영어 expel(추방하다)이 여기서 왔다. expulso는 과거분사. Tarquinio와 함께 절대 탈격으로 쓰였다.

væ victis

"정복당한 자들은 비참하다." 전쟁에서 패한 쪽이 승자의 가혹한 요구를 수용해야 할 때 쓰는 말이다.

로마 사람이 늘 전쟁에서 이겼던 것은 아니다. 로마는 동쪽의 파르티아(오늘날의 이란), 서쪽과 남쪽의 카르타고, 북쪽의 갈리아와 게르만 사람과 싸웠다.

기원전 390년 무렵, 갈리아 사람이 로마에 쳐들어왔다. 로마는 막대한 금을 바치기로 했다. 저울에 금을 달 때 갈리아 족장 브레누스가 자기 칼을 저울에 던져 올렸다. 바쳐야 할 금의 무게가 늘어났다. 로마 사람이 항의하자 브레누스가 말했다. "væ victis", "정복당한 자들은 비참하다." 승자의 요구가 가혹해도 받아들이라는 협박이었다.

오늘날 국제정치에서 강대국과 약소국의 관계를 설명할 때도 쓰인다. 약소국은 강대국이 하자는 대로 하지 않을 수 없으니 말이다.

væ는 원래 '아이고!'라는 감탄사다. 이 문장에서는 '비참한 (일)'이라는 뜻.

동사 vinco는 '이기다', 과거분사 victus는 '정복당한', victis는 '정복당한 (사람)들에게'.

quantus tremor est futurus

"얼마나 큰 떨림이 있을 것인가." 레퀴엠의 두 번째 노래 「디에스 이레」 Dies Iræ에 나오는 가사다.

　　앞부분 가사는 이미 살펴봤다. 진노의 날이 오면 세상이 예언대로 잿더미가 되리라는 내용이었다.

　　뒷부분 가사는 다음과 같다.

　　quantus tremor est futurus 콴투스 트레모르 에스트 푸투루스
　　얼마나 (큰) 두려움이 있을 것인가
　　quando judex est venturus 콴도 유덱스 에스트 벤투루스
　　심판자가 오실 그때에
　　cuncta stricte discussurus! 쿵크타 스트릭테 디스쿠수루스!
　　모든 것을 철저하게 심판하시리라!

　　futurus는 '있을', venturus는 '올', discussurus는 '심판할' 또는 '파괴할'. 이 세 단어는 라틴어의 미래분사다. futurus에서 영어의 future(미래)가 왔다.

sæpe stilum verte, bonum libellum scripturus

"이따금 스틸루스를 돌려야 좋은 글을 쓸 것이다." 재치 넘치는 로마 시인 호라티우스의 글쓰기 비법이다.

스틸루스를 반대로 돌리라는 건 무슨 말일까? stilus는 앞서 나왔던 stylus, 즉 첨필과 같은 것이다. 앞은 뾰족하고 뒤는 납작한 필기구. 따라서 글을 쓰기만 하지 말고 이따금 지우기도 해야 장차 좋은 글을 쓸 수 있다는 뜻이다. 많이 다듬을수록 글은 좋아진다는 말씀.

sæpe는 '이따금'. rerum species sæpe fallax est(겉모습으로 판단하지 말라)에서 만난 단어다.

verte는 '반대로 돌려라'는 명령법. pollice verso의 verso가 그 과거분사다.

bonum은 '좋은', libellum은 '작은 책을' '글을'.

동사 scribo는 '쓰다', 미래분사 scripturus는 '쓸'.

morituri te salutant

"죽을 자들이 당신께 인사드립니다." 기괴한 인사다. 어떤 사연이 담겼을까.

로마인은 볼거리를 좋아했다. 로마의 부유한 유력자는 비싼 돈을 들여 검투사끼리 죽고 죽이는 구경거리를 마련했다.

클라우디우스 황제는 모의 해전을 열기도 했다. 경기장에 물을 대어 가짜 바다를 만들고 배에 탄 사람들끼리 서로 죽고 죽이게 한 것이다. 역사가 수에토니우스의 『황제 열전』에 따르면 이 배에 탄 사람들이 황제에게 이렇게 인사했다. "곧 죽을 사람들이 당신께 인사드립니다." 시민의 오락거리를 위해 자기 목숨을 던진 것이다.

로마 사람은 목숨에 대해 우리와 생각이 달랐다. 자기 목숨도 남의 목숨도 소중하게 여기지 않았던 걸까. damnatio ad bestias(맹수에게 던지는 처형)와 bellum Romanum(로마식 전쟁)에서 짐작할 수 있다.

동사 morior는 '죽다', 미래분사 moriturus는 '죽을', morituri는 '죽을 (사람)들이'.

동사 salutant는 '인사하다', 명사 salus는 '인사'. lectori salutem(독자에게 인사를)에서 만난 단어다.

Carthago delenda est

"카르타고는 멸망해야 한다!"

로마의 명문가 카토 집안에 유명한 정치인이 두 사람 있었다. 선대를 대大 카토, 후손을 소小 카토라고 부른다(대 스키피오와 소 스키피오, 대 플리니우스와 소 플리니우스도 마찬가지 경우다). 그런데 대 카토는 어떤 주제로 연설을 하든 "카르타고는 멸망해야 한다"라는 말로 끝맺었다고 한다.

북아프리카 서쪽에 있던 카르타고는 지중해의 패권을 둘러싸고 로마와 겨루던 나라였는데, 로마와 세 차례 큰 전쟁을 겪고(포에니전쟁) 결국 멸망했다. 로마 군대는 카르타고 도시를 철저히 파괴한 다음 땅에 소금까지 뿌렸다. 카토의 바람대로 되었다. 카르타고 사람들은 딱하지만.

독자님께 죄송하지만 여기에서는 꽤 까다로운 라틴어 문법을 설명하고 넘어가야 한다. 게룬디움gerundium이라는 용법이다. 해석할 때 ① 미래, ② 당위, ③ 수동의 세 가지 의미를 넣어야 한다.

동사 deleo는 '파괴하다' 또는 '지우다', 게룬디움 delenda는 '① 장차 ② 당연히 ③ 멸망해야'라고 해석한다.

quod erat demonstrandum (Q.E.D.)

"그것은 마땅히 증명되어야 할 것이었다." 수학 시간에 증명 문제를 풀다가 마지막에 Q.E.D.라는 줄임말을 본 일이 있을 것이다. 라틴어에서 온 머리글자로, '증명 끝'이라는 뜻이다.

demonstrandum의 흥미로운 기원을 살펴보자.

— 동사 moneo는 '조언하다' 또는 '경고하다'라는 뜻이다.

— 명사 monstrum은 '신이 보내는 경고', 즉 '불길한 징조'. 그래서 '괴물'이라는 뜻이 있다. 영어 단어 monster(괴물)가 여기서 나왔다.

— 동사 monstro는 '보여 주다'라는 뜻이다.

— 앞에 접두어 de-가 붙어 demonstro가 된다. '보여 주다' 또는 '증명하다'라는 뜻. 영어 demonstrate(보여 주다)가 여기서 왔다.

동사 demonstro의 게룬디움이 demonstrandum이다. 따라서 '① 앞으로 ② 마땅히 ③ 증명되어야'라는 뜻이 된다.

관계대명사 quod는 '것', 영어의 what과 같다. 동사 erat는 '이었다'라는 뜻.

pacta sunt servanda

"약속은 마땅히 지켜져야 한다." 법과 관련한 표현이다. 사람과 사람이 맺은 계약은 지켜야 한다. 지키지 않으면 법의 제재를 받을 수 있다. 국제법의 원칙이기도 하다. 나라와 나라가 조약을 맺을 경우, 약속을 지키지 않는 나라는 국제사회에서 신용을 잃는다.

예외가 있다. clausula rebus sic stantibus(사정변경의 원칙)라는 문장을 앞서 우리는 살펴보았다. '사정이 이와 같이 지속된다는 (조건에서) 체결한 계약'이라는 뜻이다. '사정이 이와 같이 지속되지 않는다면' 계약을 지키기 어렵다는 뜻도 된다. 나라 안팎의 사정이 크게 바뀌어 수십 년 전 맺은 조약을 더는 지킬 수 없게 될 경우 아주 가끔 예외가 인정된다는 이야기다.

아무려나 계약 준수는 개인이나 국가가 믿을 만한지 평가하는 중요한 기준이 된다. 그러니 약속은 함부로 하면 안 된다.

pacta는 '약속들은'. servo는 '지키다' 또는 '유지하다'. 게룬디움 servanda는 '① 앞으로 ② 마땅히 ③ 지켜져야 할'.

AUGUSTUS

semper reformanda

원래 문장은 이렇다. ecclesia semper reformanda est 에클레시아 셈페르 레포르만다 에스트. "교회는 영원히 개혁되어야 한다." 기독교 종교개혁과 관계있는 문구다.

개신교가 먼저 종교개혁을 시작했다. 마르틴 루터는 1517년에 「95개조 반박문」을 발표했다. 교회가 영원히 개혁되어야 한다는 생각에서였다.

가톨릭교회도 가만있지 않았다. 1545년부터 1563년까지 '트렌트공의회'라는 종교회의를 열어 개혁을 시작했다. 그런데 가톨릭교회에서 시작한 종교개혁을 가리키는 말이 여러 가지다. 가톨릭 종교개혁 또는 대항 종교개혁이라고 부르기도 하지만, 반종교개혁 또는 반동종교개혁이라고도 부른다. 보는 입장에 따라 용어도 달라지는 것 같다.

가톨릭과 개신교는 오늘날에도 경쟁하듯 개혁 중이다. '영원한 개혁', 종교에만 적용될 정신은 아닐 것 같다.

게룬디움 reformanda는 '장차 마땅히 개혁되어야' 한다는 의미. semper는 '언제나' '늘' '영원히'라는 뜻.

mutatis mutandis

"변경해야 할 것을 변경해서." 규칙이나 판례 등에서 필요한 부분을 고쳐 다른 일에 적용할 때 쓰는 말이다. 영어로 with the necessary changes(필요한 부분을 고쳐서)가 비슷한 뜻이다.

수학이나 철학에서 이 증명을 약간만 바꿔 저 증명에 쓸 때, 법률에서 이 상황의 판례를 고쳐 저 상황에 적용할 때 사용한다.

이 일과 저 일이 비슷하면서도 약간 다를 때가 있다. 그래서 이 상황에 적용한 규칙을 저 상황에 그대로 적용할 수 없다. 상황에 맞게 조정이 필요하다. 변경할 부분mutandis이 변경된mutatis 경우 다른 상황에도 적용할 수 있다.

한국말로 옮기기 까다로운 말이지만, 뜻밖에 유용한 표현이다. 길게 설명할 말을 짧게 줄여 주니까. 외국에서는 곧잘 쓰는 표현인데, 그리스 문헌을 공부한 안재원 선생이 일상생활에서 이 표현을 쓰는 모습을 본 적이 있다(멋있어 보였다).

lex ferenda, lex lata

"만들어야 할 법, 이미 만들어진 법." 장차 이런 법률이 있어야 한다는 당위는 있지만, 아직 현실에 존재하지 않는 법이 lex ferenda다. 반대로 현실에 이미 존재하는 실정법이 lex lata다.

재판을 할 때는 lex lata에 따른다. nulla pœna sine lege 눌라 포에나 시네 레게라는 표현이 있다. '법률 없이는 처벌도 없다'는 뜻이다. 하지만 사람들은 재판을 통해 정의가 실현되리라 기대한다. 그래서 lex ferenda에 따라 재판하길 바란다.

그런데 재판할 때 lex lata뿐 아니라 lex ferenda를 참고하는 것이 바람직한 일일까? lex ferenda에 담긴 정의 실현의 의지도 좋지만, 재판은 실정법인 lex lata에 따라야 하는데 말이다. 원칙과 현실이 엉키는 지점이다. 실정법이 아쉽더라도 없는 법으로 사람을 처벌할 수는 없으니.

동사 fero는 뜻도 많고 변화 형태도 불규칙하다. 여기서는 '만들다' 또는 '낳다'. ferenda는 게룬디움, lata는 과거분사.

iustitia non est neganda, non differenda

"정의는 부정되어서도, 지연되어서도 안 된다." 정의가 실현되어야 함은 물론이고, 실현이 늦어져서도 안 된다는 말이다.

재판이 밀리면 정의 실현도 늦어진다. 오늘날 여러 나라는 신속한 재판을 위해 노력한다. 디지털화도 좋은 방법 같다. 앞으로 AI가 판례를 검토해 준다면 재판에 걸리는 시간은 더 줄어들 것이다.

한편 우리는 앞서 비슷한 문장을 만난 적 있다. iustitia dilata est iustitia negata. '미루어진 정의는 부정당한 정의다.'

동사 differo는 '미루다', 과거분사 dilata는 '미루어진', 게룬디움 differenda는 '장차 마땅히 미루어질', non differenda는 '미루어져서는 안 (된다)'.

동사 nego는 '부정하다', 과거분사 negata는 '부정된', 게룬디움 neganda는 '장차 마땅히 부정당할', non neganda는 '부정되어서는 안 (된다)'.

과거분사와 게룬디움의 같은 점과 다른 점을 음미하며 두 문장을 해석해 보시길.

de gustibus non est disputandum

"취향에 대해서는 논쟁할 수 없다." 누구 취향이 더 나은지 아닌지 하는 논쟁은 성립할 수 없다는 격언이다.

이 사람은 바흐를 좋아하고 저 사람은 뉴진스를 좋아한다고 할 때, 바흐를 좋아하는 사람을 구닥다리라고 비웃을 수 없고, 뉴진스를 좋아하는 사람을 유행을 좇는다며 비난할 수 없다는 이야기다. 취향이란 틀린 것이 아니라 서로 다른 것이다. 영어 표현 There is no accounting for tastes(취향에 대해서는 설명할 수 없다)와 통한다.

그런데 이것으로 충분할까? 각자 자기가 좋아하는 작품을 좋아하면 그만이지만, 세상에는 '뛰어난 작품'이라는 것이 존재한다. 영국의 철학자 데이비드 흄은 호메로스의 작품을 예로 들었다. 『일리아스』와 『오디세이아』는 옛날이나 지금이나 '좋은 작품'으로 대접받는다. 취향에 대해서는 논쟁할 수 없지만, 어떤 작품이 좋은 작품인지 아닌지 우리는 이야기한다. 어떻게 이런 일이 가능할까? 미학의 오랜 딜레마다.

de gustibus는 '취향(들)에 대해서'.

nil desperandum

"결코 절망하지 말라." 많은 사람이 좋아하는 라틴어 격언이다.

호라티우스의 『송가』 1권 7편에서 왔다. nil desperandum Teucro duce et auspice Teucro 닐 데스페란둠 테우크로 두케 에트 아우스피케 테우크로. "절망하지 말라, 테우크로스가 지도자이며 테우크로스가 수호자니까." 테우크로스가 우리를 이끌고 지켜 주는 한 희망을 갖자는 말이다.

테우크로스는 누구인가? 살라미스섬의 왕 텔라몬의 아들이며 그리스 영웅 아이아스의 배다른 동생이었다. 트로이아 전쟁 때 아이아스와 함께 싸웠는데, 아이아스가 이 전쟁에서 목숨을 잃었다(자살했다).

아버지 텔라몬은 상심했다. 아이아스의 시신과 무기를 고향으로 가져오지 않았다는 이유로 살아남은 아들 테우크로스마저 고향 살라미스에서 쫓아냈다. 그러나 테우크로스와 그를 따르는 사람들은 절망하지 않았다. 테우크로스가 지도자라면 희망을 가질 수 있으니까.

호라티우스는 절망에 빠진 친구를 격려하기 위해 테우크로스의 이야기를 들려준다.

동사 spero는 '희망을 갖다', despero는 '절망하다'.

addendum

책이나 논문 뒤에 원문 내용을 보충하는 추가 부분을 adden-
dum이라고 한다. 계약서 아래에 붙은 추가 조항을 가리키기
도 한다. 서양에서는 요즘도 때때로 쓰는 어휘다.

여전히 자주 쓰이는 라틴어 게룬디움을 살펴보자.

— agenda^{아겐다/아젠다}: 실천해야 할 의제. 동사 ago(행하다)의
게룬디움. 흔히 말하는 '어젠다'는 이 말을 영어식으로
읽은 것이다.

— memorandum^{메모란둠}: 잊지 말아야 할 것을 적어 놓은 쪽
지. 흔히 말하는 '메모'가 이 줄임말이다.

— referendum^{레페렌둠}: '국민투표'를 말한다.

— corrigendum^{코리겐둠/코리젠둠} 또는 corrigenda: 책 뒤나 별
지에 넣는 '본문에서 정정되어야 할 부분'을 의미. 흔히
말하는 '정오표'.

corrigenda와 뜻이 같은 말로 errata가 있다. '잘못된 내
용'이라는 뜻. 동사 erro(잘못하다)의 과거분사. errare hu-
manum est(실수는 인간의 일이다)에서 만났던 단어다.

castigat ridendo mores

"웃음으로 관습을 꾸짖는다" 또는 "웃음으로 관습을 바로잡는다." 유머와 풍자를 통해 사회의 잘못된 관습과 도덕을 바로잡는다는 라틴어 표현이다.

"이 사회의 관습이 잘못되었다"라고 호통치기는 쉽다. 그러나 사람들이 반감을 품을 것이다. 하고자 하는 말을 달콤한 웃음으로 포장하면 어떨까. 듣는 사람도 성내지 않고 받아들일 것이다. 앞서 만난 in risu veritas(웃음 속에 진실이 있다)와도 통하는 바가 있다.

웃음은 날카로운 칼과 같다. 프랑스 철학자 베르그송도, 러시아 민속학자 프로프도, 프랑스로 망명한 소설가 밀란 쿤데라도 웃음에 대해 깊이 생각하고 책을 썼는데, 웃음의 공격성에 주목했다. 칼은 잘 쓰면 유용하다. 웃음을 잘 쓰면 사회의 잘못을 고칠 수 있다. 함부로 휘두르면 웃음도 칼처럼 위험하겠지만.

동사 castigat는 '꾸짖는다' 또는 '바로잡는다'는 뜻. 영어 catigate(혹평하다)가 여기서 왔다.

동사 rideo는 '웃다', 동명사 ridendo는 '웃음으로'. 라틴어 동명사는 헷갈리기 쉽다. 뜻은 다르지만 모양은 게룬디움과 똑같기 때문.

docendo discitur

"가르치며 배운다." 교학상장敎學上長이라는 말이 있다. 가르치는 사람도 배우는 사람도 함께 성장한다는 의미다.

　　로마의 철학자 세네카가 쓴 『루킬리우스에게 보내는 도덕 편지』 1권 7편에 이런 구절이 나온다. homines dum docent discunt호미네스 둠 도켄트 디스쿤트. "사람들은 가르치는 동안 배운다." 세네카에 따르면, 우리를 더 낫게 만들어 줄 사람과 사귀어야 하고, 우리가 더 낫게 만들어 줄 수 있는 사람을 친구로 삼아야 한다.

　　많은 사람에게 둘러싸여 '인싸'로 시간을 보내 봤자 우리가 더 나아지는 데는 도움이 되지 않는다고 세네카는 편지에 썼다. 대중에게 인기가 높았던 검투사 경기도 세네카는 그저 살인 행위일 뿐이라고 봤다. 검투사 경기를 부정적으로 본 동시대의 드문 기록이다.

　　동사 doceo는 '가르치다', 동명사 docendo는 '가르침으로써'. dies diem docet(날이 날을 가르친다)와 poeta doctus(박식한 시인)에서 만난 적 있다.

　　동사 disco는 '배우다'와 '가르치다'라는 뜻이 모두 있다. 수동태 discitur는 '가르침을 받다'.

saltus in demonstrando

흔히 말하는 '논리적 비약'을 가리킨다.

'우리 가게에 손님이 많아졌으니 곧 전체 경제가 회복될 것이다' '이번 수학 시험에서 좋은 점수를 받았으니 나는 천재가 틀림없다' 같은 말이 논리적 비약이다. 우리가 만난 적 있는 una hirundo non facit ver 역시 '제비 한 마리가 찾아왔으니 봄이 온 것이 틀림없다'는 논리적 비약을 꼬집은 표현이다.

'해적이 줄어들 무렵부터 지구온난화가 시작되었으니, 해적의 감소가 기후위기의 원인'이라거나 '백 살까지 산 우리 할아버지가 날마다 담배를 피웠으니, 흡연은 장수의 비결'이라거나 하는 말 역시 논리적 비약에 해당한다. 상관관계가 있다고 해서 인과관계가 있는 것은 아니다. 앞서 cum hoc ergo propter hoc(이것과 함께, 그러므로 이것 때문에)라는 문장을 살펴본 적 있다.

saltus는 '비약' '펄쩍 뜀'이라는 뜻.

in demonstrando는 '증명 속에'. quod erat demonstrandum(마땅히 증명되어야 할 것)에서 만난 단어인데, 해석이 다르다. 앞엣것은 동명사(증명함), 뒤엣것은 게룬디움(증명되어야 할).

ad captandum vulgus

"대중을 사로잡기 위하여." argumentum ad captandum^{아르구}
^{멘툼 아드 캅탄둠}, '사로잡기 위한 논증'이라고도 한다.

　　수사학의 방법이다. 듣는 사람의 순진함을 이용한다.
"우리 제품을 쓰면 10년은 젊어 보입니다"라거나 "우리 후보
만이 당신 일자리를 지킬 수 있습니다" 같은 광고 문구가 ad
captandum vulgus의 예다. 곰곰이 생각하면 거짓말이지만
믿는 사람이 있다. homines quod volunt credunt, 사람들은
믿고 싶은 대로 믿기 마련이니까.

　　'대중을 사로잡는' 기술은 나날이 발전한다. 인터넷 시대
가 되면서 ad captandum vulgus는 새로운 전성기를 맞았다.
인공지능으로 손쉽게 가짜 뉴스를 만들고, 소셜미디어로 빠
르게 정보를 퍼뜨리고, 빅데이터로 맞춤형 정보를 추천하고,
잘못된 광고를 믿는 사람들끼리 온라인에서 어울려 서로 부
추긴다.

　　동사 capto는 '잡다', ad captandum은 '잡기 위하여'. 동
명사라서 능동의 뜻.

　　vulgus는 '대중' '군중'. 영어 vulgar(저속한)가 여기서
왔다.

ars moriendi

"죽음의 기술." 서양에서 한때 널리 읽혔던 책이다. 죽음을 맞은 사람을 위해 잘 죽는 방법을 소개했다.

잘 죽으려면 어떻게 해야 하나? ars moriendi는 중세에 나왔기 때문에 기독교다운 내용이 많은데, 죽음 직전의 다섯 가지 유혹을 뿌리쳐야 한다고 했다. 불신에 대한 유혹을 떨치고, 구원받지 못할 거라는 절망을 버리고, 너무 고통스러우니 빨리 죽고 싶다는 조바심을 버리고, 자기가 잘났다는 마음을 버리고, 세상일에 대한 집착을 버리라는 것.

요즘 죽음의 기술은 다를 터다. 정신과의사 엘리자베스 퀴블러 로스는 죽음 직전의 다섯 단계를 이야기한다. 첫 번째 단계는 죽는다는 사실을 받아들이지 않는 부정. 두 번째 단계는 왜 죽어야 하는지 화를 터뜨리는 분노. 세 번째 단계는 '무언가를 바꿀 수 있었다면 죽음을 피할 수 있었을 것'이라며 현실을 받아들이지 않는 협상. 네 번째 단계는 우울. 다섯 번째 단계는 죽음을 받아들이는 수용.

동사 morior는 '죽다', 동명사 moriendi는 '죽음의'. 명사 mors(죽음)는 우리가 자주 만났던 단어다.

modus vivendi

"삶의 방식." 사람이 살아가는 방법도 뜻하지만, 쓰임새가 다양하다. 생물의 생활양식이나 국제관계를 설명할 때도 쓴다.

19세기 서양에서는 당장 평화조약을 맺기는 어렵지만 그럭저럭 싸우지 않고 어울려 살아가는 방식을 의미하는 말로 자주 쓰였다고 한다. 타협과 평화 공존의 기술을 보여 주는 말이다. 20세기 냉전시대를 거치며 오늘날에는 다양한 국제 갈등 상황에서 일시적이지만 효과적인 해결책을 가리키는 말로 쓰인다고 한다.

modus operandi모두스 오페란디라는 말도 있다. '일하는 방식'을 가리킨다. 비즈니스 분야에서 '저 기업의 일하는 방식은 이런 특징이 있다'고 할 때 쓰는 말이다. 범죄 수사에서도 쓰인다. 범죄자가 '일하는' 방식, 즉 '범행 수법'의 특징을 분석해 프로파일링하면 수사에 도움이 된다.

modus는 '방법'이라는 뜻. 영어 mode(방법), 프랑스어 mode모드(유행) 등이 여기서 왔다.

동사 vivo는 '살다', 동명사 vivendi는 '삶의'. vivere militare est(삶이란 곧 전쟁이다)에서 만난 단어다.

cacoëthes scribendi

"글쓰기라는 나쁜 습관." 글을 읽고 쓰는 사람이 깜짝 놀랄 글귀다. 글쓰기를 나쁜 습관이라고 비난한다.

이 글귀가 흥미로운 이유는 시인이 한 말이기 때문이다. 로마 시인 유베날리스는 『풍자시집』 7편에서 글쓰기는 나쁜 습관이라고 주장한다. 어째서? 글쓰기는 고된 일인 데다가 열심히 해도 돈이 되지 않기 때문이다.

시인인 유베날리스의 불평은 어쩌면 자기 자신을 향한 것일지도 모른다. 나는 이 글귀에서 반대로 '글쓰기의 황홀함'에 대해 생각한다. 이토록 어렵고 보람 없는 일인데도 우리는 글쓰기를 계속할 수밖에 없으니.

cacoëthes는 그리스어에서 왔다. e 위에 점 두 개를 찍은 것은 앞의 o와 붙어 œ가 되지 않는다는 표시다. 그래서 '카코에테스'라고 끊어 읽는다. 뜻은 '나쁜 습관'.

동사 scribo는 '쓰다', 동명사 scribendi는 '글쓰기의'. in aqua scribis(물 위에 글씨를 쓰다)와 post scriptum(추신) 등 많은 표현에서 만난 단어다.

ratio decidendi

재판할 때 왜 이런 판결을 내렸는지 '판결의 근거'를 의미하는 말이다.

영국과 미국처럼 판례를 중요하게 여기는 나라에서 특히 중요하다. 예전 판례를 해석해 원칙을 찾아 ratio deci-dendi로 삼기 때문이다.

독일과 한국 같은 성문법 국가는 법 조항을 재판의 근거로 삼지만, 그래도 판례는 중요하다. 때에 따라 재판 내용이 달라지면 사람들이 재판 결과를 받아들이지 않을 것이다.

ratio는 뜻이 많다. '이성' '추론' '계산' '이론' '관점' '원칙' 등 여러 가지로 해석한다. 여기서는 '근거'라는 뜻이다. 영어로 넘어가 ratio(비율), rational(이성적인)이 됐다. 프랑스어로 넘어가서는 raison레종(근거)이 되었고, 이게 다시 영어로 넘어가 reason(이성)이 됐다.

동사 cædo는 '카이도' 또는 '케도'라고 읽는다. 뜻은 '자르다'. 여기서 나온 동사 decido는 '잘라 내다' 또는 '결정하다', 동명사 decidendi는 '결정함의'.

nunc est bibendum

"이제 마실 때다." 라틴어 '건배사'랄까. 기쁜 일이 생겼으니 포도주로 축배를 올릴 때라는 뜻이다. 무슨 일이기에?

　　로마 시인 호라티우스의 『송가』 1권 37편에 나오는 표현인데, 클레오파트라의 죽음을 축하하는 시다. 클레오파트라를 동정하는 요즘 사람에게는 당황스러운 구절일 터다.

　　클레오파트라는 이집트의 마지막 여왕이었다. 카이사르와 연애했고, 그가 죽은 뒤 안토니우스와 사랑에 빠졌다. 얼마 후 아우구스투스가 안토니우스와 내전을 벌였는데, 클레오파트라가 안토니우스를 조종해 로마를 집어삼킬 것이라고 로마 사람들을 겁주었다. 호라티우스 같은 로마 사람들은 아우구스투스를 응원했다.

　　아우구스투스가 안토니우스를 물리치자 패배한 클레오파트라는 스스로 목숨을 끊었다고 한다. 이 소식을 들은 로마 사람들이 축배를 들었다는 씁쓸한 내용이다.

　　동사 bibo는 '마시다'라는 뜻. bibendum이 문제다. 게룬디움일까, 동명사일까? '마실'로 해석하는 경우가 많다(게룬디움). 하지만 '마시는'으로 해석해도 뜻이 통한다(동명사).

nota bene(N.B.)

'주의 깊게 보라'는 의미다. 책을 읽다 보면 N.B.라는 표시를
때때로 만난다. nota bene의 줄임말이다.

　　일상에서 자주 쓰는 라틴어 줄임말을 모았다.

—　per cent.(per centum 페르 켄툼/페르 첸툼): '백에 해당하는', 우
　　리가 흔히 쓰는 '퍼센트'. 옛날에는 줄임말임을 밝히기
　　위해 띄어쓰기도 하고 점도 찍었다고 한다.

—　q.v.(quod vide 쿠오드 위데/쿠오드 비데): '이것을 보라', '참조'라
　　는 뜻. 동사 vide만 '보라' '참조하라'는 뜻으로 따로 쓰이
　　기도 한다. veni, vidi, vici(왔노라, 보았노라, 이겼노라)
　　에서 만났던 단어다.

　　동사 noto는 '주목하다', 명령법 nota는 '주목하라'.

　　부사 bene는 '잘' '좋게'라는 뜻. 영어 benefit(혜택)이
여기서 왔다.

ora et labora

"기도하고 노동하라." 베네딕트수도회의 오래된 슬로건이라고 한다.

베네딕트회는 분도회라고도 한다. 베네딕트회를 창립한 가톨릭의 성인 베네딕트는 수도자들이 모여 기도만 하면 삶의 균형을 잃지 않을까 염려했다. 그래서 "기도도 하고 일도 하라"라고 수도자들에게 권했는데, 이 전통이 지금껏 이어진다.

동양에도 비슷한 전통이 있다. 중국 당나라 때 백장산에서 수행한 선불교 승려 회해는 "일일부작 일일불식"—日不作 一日不食이라는 말을 남겼다. '하루 일하지 않으면 하루 먹지 말라'는 뜻이다. 수행만 하지 말고 노동도 함께 하라고 제자들을 가르친 것이다.

동사 oro는 '기도하다', 명령법 ora는 '기도하라'. 영어 orator(연설가), oratory(웅변술 또는 기도실), oratorio(오라토리오) 등이 여기서 왔다.

동사 laboro는 '노동하다', 명령법 labora는 '노동하라'. 영어 labor(노동), laboratory(실험실), collaboration(공동 작업 또는 부역) 따위가 여기서 온 낱말.

hic Rhodus, hic salta

"여기가 로도스다, 여기서 뛰어라." 로도스는 그리스의 섬. 『이솝 우화』에서 비롯한 말이다.

어떤 사람이 자기가 로도스섬에서 멀리뛰기를 엄청 잘했다고 허풍을 떨자 옆에 있던 사람이 말했다. "여기가 로도스다, 여기서 뛰어라."

잘난 척하는 허풍쟁이의 모습은 '빈 수레가 요란하다'는 우리 속담과도 통한다.

'여기서 뛰라'는 여러 해석이 가능하다. 말보다 행동이 중요하다, 또는 자랑만 하지 말고 성과로 증명하라, 또는 '지금 여기'에서 최선을 다해야 한다는 뜻도 된다.

이 말이 더 유명해진 까닭은 헤겔과 마르크스가 인용했기 때문이다. 헤겔의 『법철학』과 마르크스의 『루이 보나파르트의 브뤼메르 18일』에 나온다. 두 위대한 사상가가 각각 이 말을 어떻게 해석했는지 쉽고 간략하게 정리해 보고 싶었으나 내 능력을 벗어나는 일이라 아쉽다.

동사 salto는 '춤추다' 또는 '높이 뛰다', 명령법 salta는 '높이 뛰어라'.

libera me

"나를 자유롭게 하소서." '나를 구하소서'라는 의미로, 레퀴엠에 나오는 기도문이다.

Libera me, Domine, de morte æterna 리베라 메, 도미네, 데 모르테 에테르나. "주여, 영원한 죽음으로부터 나를 구하소서."

중간에 'dies illa, dies iræ'라는 귀에 익은 표현도 등장한다. Dies illa, dies iræ, calamitatis et miseriæ 디에스 일라, 디에스 이레, 칼라미타티스 에트 미세리에. "바로 그날, 진노의 날, 재앙과 비참함의 날에." 이 세상이 종말하는 날을 뜻한다.

말미에 'requiem æternam'도 나온다. Requiem æternam dona eis, Domine 레퀴엠 에테르남 도나 에이스, 도미네. "그들에게 영원한 안식을 주소서, 주여." 영원한 죽음 대신 영원한 안식을 달라는 기도다.

동사 libero는 '자유롭게 하다', 명령법 libera는 '자유롭게 하소서'.

프랑스 작곡가 가브리엘 포레의 레퀴엠에 나오는 'libera me'가 유명하다. 따라 부르기 좋은 곡이니, 가사를 음미해 보자.

cura te ipsum

원래 표현은 medice, cura te ipsum메디케, 쿠라 테 입숨. "의사여, 너 자신을 치료하라." 남의 병을 고치는 의사에게 그 자신의 병이나 치료하라고 쏘아붙이는 표현이다.

『이솝 우화』 가운데 '개구리와 여우' 이야기가 있다. 개구리 의사가 나타나 "모든 병을 고칠 수 있다"라며 큰소리를 쳤다. 여우가 비꼬았다. "아파 보이는 네 피부나 고쳐 봐라." 말만 하지 말고 성과를 내놓으라는 점에서 앞서 만난 hic Rhodus, hic salta(여기가 로도스다, 뛰어라)와 통하는 점이 있다.

『신약성서』「루가복음」 4장 23절에도 인용된 오랜 속담이다. 그런데 언급된 맥락이 다르다. 예수는 이 속담을 반박한다. "너희는 이 속담을 들며 '고향에서도 당신 기적을 행해 보라'고 말할 것이다." 고향 나사렛에서 예수가 한 말이다. nemo propheta acceptus est in patria sua네모 프로페타 악셉투스 에스트 인 파트리아 수아. "자기 고향에서는 어떤 예언자도 받아들이지 않는다."(4장 24절)

동사 curo는 '돌보다' '치료하다', 명령법 cura는 '치료하라'.

da mihi factum

원래 문장은 이렇다. da mihi factum, dabo tibi ius^{다 미히 팍툼,} ^{다보 티비 유스} "나에게 사실을 달라, 당신에게 법을 주겠다."

사실관계를 제시하는 것까지만 소송 당사자의 몫이고, 법을 해석하고 적용하는 것은 법원의 몫이라는 법률 격언이다. 민사소송을 할 때 그 사건에 어떤 법이 적용되는지 소송 당사자가 전문 지식까지 알아야 하는 부담을 줄이자는 취지다.

거의 같은 표현으로 narra mihi factum, narro tibi ius ^{나라 미히 팍툼, 나로 티비 유스}가 있다. '나에게 사실을 말하라, 당신에게 법을 내가 말해 주겠다.'

iura novit curia^{유라 노비트 쿠리아}라는 표현도 있다. '법원이 법을 안다'는 뜻이다. 법에 대한 지식은 법원이 가지고 있으니, 소송 당사자는 거기까지 신경 쓸 필요 없다는 말이다.

동사 do는 '주다', 명령법 da는 '달라', 미래시제 dabo는 '(나는) 주겠다'. 동사 narro는 '말하다', 명령법 narra는 '말하라'.

mihi는 '나에게', factum은 '사실을', ius는 '법을', iura는 '법들을'.

da mi basia mille

"나에게 천 번의 입맞춤을 해 달라." 어쩌면 이 책에서 가장 행복한 표현일 것이다.

로마 시인 카툴루스의 시 5편에 나온다. da mi basia mille, deinde centum다 미 바시아 밀레, 데인데 켄툼. "나에게 천 번의 입맞춤을 해 달라, 또 백 번을." dein mille altera, dein secunda centum데인 밀레 알테라, 데인 세쿤다 켄툼. "또 천 번을, 또 백 번을." deinde usque altera mille, deinde centum데인데 우스퀘 알테라 밀레, 데인데 켄툼. "또 천 번을, 또 백 번을."

그가 유부녀 레스비아와 사랑에 빠졌을 때 지은 시다. 끝이 좋은 사랑은 아니었다. 카툴루스가 실연당하고 젊어서 죽었으니까.

입 맞출 상대가 없는 사람은? 커피를 마시면 된다. 커피란 Lieblicher als tausend Küsse립리혀 알스 타우젠트 퀴세, "천 번의 입맞춤보다 사랑스러운" 맛이니까. 바흐가 작곡한 「커피 칸타타」의 가사다.

basia는 '입맞춤', mille는 '천'千.

sapere aude

"과감히 알려고 하라." 똑똑해지기 위해 용기를 내라.

로마 시인 호라티우스의 『서간집』 1권 2편에 나온다. 시인은 격려한다, 지금 당장 용기를 내라고. 더 나은 사람이 되는 일을 뒤로 미루지 말라고. 일을 미루는 건 마치 '강물이 다 흘러간 다음에 강을 건너겠다'고 기다리는 것처럼 어리석은 일이라고 꼬집는다. nunc te melioribus offer눙크 테 멜리오리부스 오페르. "지금 당장 그대 자신을 더 나은 일에 바치라."

시인은 말한다. dimidium facti qui cœpit habet디미디움 팍티 퀴 코이피트 하베트. "시작한 사람은 절반을 이룬 것이다." 시작이 반이니 어서 시작하라는 뜻이다. 그 첫걸음이 sapere aude다.

독일 철학자 임마누엘 칸트가 써서 더 유명해졌다. 칸트는 sapere aude를 계몽주의의 슬로건으로 삼았다. "과감히 똑똑해지려고 하라."

동사 sapio는 '똑똑하다' 또는 '알다', 부정사 sapere는 '똑똑하려고'.

동사 audeo는 '감히 ~하다' '용기 내어 ~하다'. 명령법 aude는 '감히 ~하라'는 의미.

salve Regina

"평안하소서, 여왕이여!" 여기서 여왕은 예수의 어머니 마리아를 가리킨다.

「Salve Regina」는 마리아에게 바치는 가톨릭의 기도다. 종교음악으로도 유명하다. 이 기도의 부분부분을 gementes et flentes(탄식하며 울며)와 in hac lacrimarum(이 눈물의 골짜기에서)이라는 표현으로 만나 본 적 있다.

기도는 이렇게 시작한다. salve Regina, Mater misericordiæ살베, 레지나, 마테르 미제리코르디에. "평안하소서, 여왕이여, 자비로운 어머니여." vita, dulcedo, et spes nostra, salve비타, 둘체도, 에트 스페스 노스트라, 살베. "생명이여, 달콤함이여, 그리고 우리 희망이여, 평안하소서." 내용은 「성모송」과 통한다. 이 세상은 비참한 곳이니, 저 세상에서 예수를 만나게 해 달라는 부탁이다.

rex는 '왕', regina는 '여왕'. 대문자 Regina로 쓴 것은 마리아를 가리키기 때문이다.

salve는 '안녕하세요' '평안하소서', 라틴어 인사말이다. 동사 salveo의 명령법이다.

miserere nobis

"우리에게 자비를 베푸소서." 기독교의 기도문이다.

기독교의 신은 양면을 가졌다. 무서운 면과 자비로운 면. 생각해 보면 기독교만 그런 것은 아니다. 이슬람, 유대교, 불교 등 여러 종교가 신은 두려워해야 하는 존재이자 자비로운 존재라고 가르친다.

기도문 「아뉴스 데이」에 나오는 구절이기도 하다. "하느님의 어린 양, 세상의 죄를 없애시는 주여, 자비를 베푸소서."

자비는 여러 종교가 공유하는 가치다. 한국 천주교는 옛날에 miserere nobis를 '우리를 불쌍히 여기소서'라고 번역했고, 지금은 '자비를 베푸소서'라고 옮긴다.

17세기에 알레그리가 작곡한 종교음악 「Miserere」도 있다. miserere mei, Deus미제레레 메이, 데우스. "나에게 자비를 베푸소서, 신이여." 어린 모차르트가 이 음악을 듣고 베껴 적었다는 일화가 유명하다. 같은 가락이 여러 번 반복되는 곡이니, 신동에게 어려운 일은 아니었으리라.

동사 misereor는 '연민을 품다', 명령법 miserere는 '자비를 베푸소서'.

cave canem

'개를 조심하라.' 로마 시대에 집 앞에 붙이던 '개 조심' 문구다.

입구에 CAVE CANEM을 모자이크로 장식해 둔 집이 폼페이 유적에 남아 있다. 나쁜 사람은 들어오지 말라는 뜻이다. 진짜로 개를 키웠는지 아닌지는 모른다. 요즘 CCTV가 없는데도 '주의, CCTV 촬영 중'이라 붙여 놓는 집도 많으니.

가끔 서양고전학 연구자들이 농담 삼아 연구실 문이나 책상 앞에 cave canem을 붙여 두기도 한다. 물론 연구실에서 개를 키우지는 않는다. 고전학 연구실에 훔쳐 갈 물건이 있지도 않겠지만.

『신약성서』에 이런 구절이 있다. videte canes, videte malos operarios 비데테 카네스, 비데테 말로스 오페라리오스. "개를 조심하시오. 나쁜 짓 하는 사람들을 조심하시오."(「필립비인들에게 보낸 편지」 3장 2절) 사도바울이 뜬금없이 '개에게 물리지 않게 조심하라'고 편지를 썼을 것 같지는 않다. '나쁜 사람'을 '개'에 비유해 말한 거라고 전통적으로 해석한다.

동사 caveo는 '조심하다', 명령법 cave는 '조심하라'.

aut disce aut discede

"배우든지, 떠나든지 하라." 공부하지 않을 거면 떠나라는 말이다. 학교나 독서실에 어울리는 문구다.

영국 로체스터 왕립학교의 모토다. 604년에 설립되었는데(1541년에 재설립), 세계에서 두 번째 또는 세 번째로 오래된 학교라고 주장한다. 이 학교보다 앞서 설립된 학교는 역시 영국의 캔터베리 왕립학교다. 597년에 설립되었다. 두 학교보다 오래되었다고 주장하는 학교가 있다. 중국의 스스石室 중등학교로, 기원전 142년 즈음에 설립되었다고 한다. 학교가 계속 운영되었는지는 논란의 여지가 있다. 아무려나 이런 문제로도 영국과 중국이 자존심 대결을 하는가 보다.

동사 disco는 '배우다' 또는 '가르치다', 명령법 disce는 '배우라'. 영어 disciple(제자)이 여기서 왔다는 주장이 있다(아니라는 주장도 있다).

동사 cedo는 '가다', 동사 discedo는 '떠나다', 명령법 discede는 '떠나라'. 영어 access(가까이 가다, 즉 접근하다), exceed(밖으로 가다, 즉 초과하다)가 cedo에서 온 말.

Jerusalem, surge

"예루살렘이여, 일어서라." 일어나서 무엇을 하라는 걸까?

　　기독교에서는 예수가 십자가에 못 박혀 죽은 날을 성금요일이라 한다. 그다음 날인 성토요일에 바치는 기도다. Jerusalem, surge, et exue te vestibus jucunditatis^{예루살렘, 수르제, 에트 엑수에 테 베스티부스 주쿤디타티스}. "예루살렘이여, 일어서라, 그리고 기쁨의 옷을 벗으라." induere cinere et cilicio^{인두에레 치네레 에트 칠리시오}. "재를 뒤집어쓰라, 굵은 베옷을 입으라." 예루살렘에서 예수가 죽었으니 예루살렘은 일어서서 애도하라는 말이다.

　　'굵은 베옷을 입고 재 위에 앉는' 건 『구약성서』「요나서」 3장 6절에 나오는 행동이다. 잘못을 뉘우치지 않으면 도시 니네베가 멸망하리라는 예언을 듣고, 니네베의 왕이 의복을 벗고 굵은 베옷을 입고서 재 위에 앉았다고 한다. 예루살렘은 예수를 죽인 잘못을 뉘우치라는 이야기다.

　　동사 surgir는 '일어나다', 명령법 surge는 '일어나라'. 동사 exuo는 '벗다', 명령법 exue는 '벗으라'.

nosce te ipsum

"너 자신을 알라." 서양 철학사에서 가장 중요한 격언일 텐데, 유명한 소크라테스의 말을 라틴어로 옮긴 것이다.

원래는 그리스 델포이 신전에 새겨진 금언이었다. 예언의 신 아폴론이 인간에게 주는 충고랄까. 인간 자신의 한계를 깨달으라는 의미였다.

아테네 사람 소크라테스가 이 말을 새롭게 해석했다. 소크라테스의 친구가 '세상에서 가장 똑똑한 사람은 소크라테스'라는 신탁을 받았는데, 소크라테스가 생각하기에 자기는 아무것도 제대로 아는 게 없는 사람이었다. 곰곰이 생각해 본 끝에 "나는 아무것도 모른다는 사실을 안다는 점에서 똑똑하다"라는 결론에 도달했다. 자기 자신을 깨달은 것이다.

시대마다 사람마다 이 말을 여러 가지로 해석했다. 르네상스 시대의 지식인 에라스뮈스는 "자기 자신의 장점에 대해서도 알아야 한다"라고 했다.

명령법 nosce는 '알라'. 동사 nosco는 원래 gnosco였다. '알다'라는 뜻. fur furem cognoscit et lupus lupum(도둑이 서로를 알아보듯 늑대가 늑대를 알아본다)에서 살펴본 적 있다. 델포이 신전의 금언에 대해서는 이 책 말미에서 다시 살펴볼 것이다.

vademecum

"나와 함께 간다." 나와 함께 가는 것이 무엇일까?

vademecum은 '작은 책' '핸드북'을 가리킨다. 서양 중세 시대에는 성경 구절이나 기도문을 담은 vademecum이 있었고, 르네상스 시대에는 고전 문헌의 주요 구절을 모은 소책자가 있었다. 오늘날엔 여행자를 위한 가이드북 따위를 vademecum이라고 한다. 이 책도 독자에게 라틴어의 세계를 소개하는 vademecum이 되면 좋겠다.

vade retro Satana^{바데 레트로 사타나} "물러가라, 사탄아"도 vade가 나오는 유명한 구절이다. 예수가 악마에게 한 말인데, 나중에 악령을 퇴치할 때 쓰는 말이 됐다. 엑소시즘에 관심 있는 독자에게 추천할 표현이다.

동사 vado는 '가다', 명령법 vade는 '가라'. mecum은 '나와 함께'. vade-mecum이라고 하이픈을 넣어 쓰기도 한다.

vado는 많은 영어 단어의 기원이 됐다. invade는 '안으로 가다', 즉 '침입하다'라는 뜻. evade는 '밖으로 가다', 즉 '탈출하다'. pervade는 '구석구석 스며들다', wade는 '물을 헤치며 걷다'라는 뜻.

SEPTEMBER

vade retro, Satana

"사탄아, 물러가라." 신약성서에 나오는 표현이다.

예수가 곧 닥칠 자신의 수난에 대해 예언했다. 십자가에 못 박혀 죽으리라고. 그러자 제자 베드로가 그런 일은 일어나선 안 된다고 했다. 예수가 대답했다. vade retro me Satana quoniam non sapis quæ Dei sunt sed quæ sunt hominum 바데 레트로 메 사타나, 쿠오니암 논 사피스 쿠에 데이 순트 세드 쿠에 순트 호미눔. "물러나라 사탄아, 너는 신의 일을 생각하지 않고 대신에 사람의 일을 생각하기 때문이다."(「마르코복음」 8장 33절)

정작 이 말을 들은 이는 악마가 아니라 예수의 가장 충실한 제자인 베드로였다. 예수의 죽음을 슬퍼했을 뿐인데 졸지에 사탄 취급을 받은 베드로는 억울했을지도 모르겠다.

엑소시즘에 관심 있는 독자가 흥미를 느낄 구절이기도 하다. 가톨릭에서는 구마 의식을 행하는데, 거기엔 엄격한 전제가 있다. 정신의학으로 치료가 불가능한 경우여야 하며, 지역 주교의 허가를 받아야 한다.

동사 vado는 '가다', 명령법 vade는 '가라'.

experto crede

"경험자를 믿으라." 『아이네아스』에 나온다.

주인공 아이네이아스는 트로이아의 영웅으로, 먼 훗날 로마가 될 도시를 이탈리아 땅에 건설하러 왔다. 이 땅에 살던 원주민들은 아이네이아스를 싫어했다.

그들에게 그리스의 영웅 디오메데스가 충고한다. "나는 직접 아이네이아스와 싸워 봤소. 경험한 사람을 믿으시오. 그가 얼마나 높이 방패를 들어 올리는지, 어떤 회오리바람으로 창을 던지는지."(11권 283행) 아이네이아스와 전투를 치러 본 디오메데스가 '힘센 아이네이아스와 싸우지 말라'고 조언한 것이다.

experto crede는 '전문가를 믿으라'는 뜻으로도 쓰인다. 그런데 요즘은 전문가를 믿지 않는 시대인 것 같아 걱정스럽다.

동사 credo는 '신뢰를 주다' '믿다'. 명령법 crede는 '믿으라'.

동사 experior는 '실험하다' 또는 '경험하다', 과거분사 expertus는 '경험한', 명사 experto는 '경험한 (사람)'을. 영어 expert(전문가), experiment(실험) 등이 여기서 왔다.

vince malum bono

"선의로 악을 이기라." 악을 악으로 대응하지 말고 선으로 물리치라는 경구다.

말은 쉽지만 지키기 어려운 이념이다. 악을 물리치려면 악한 수단을 써야 한다는 의견도 많다. 앞서 clavum clavo pellere(못으로 못을 뽑다)라는 표현을 만났다. '악을 악으로 물리친다'는 뜻이다.

그래도 악을 선으로 물리치려는 노력을 해야 한다. 악한 수단에 손을 댔다가 자기도 악해지는 경우가 많으니. 괴물을 상대하다가 자신 역시 괴물이 되어 버렸다는 이야기가 많은 소설과 만화에 나오지 않는가.

『신약성서』「로마서」에 나오는 표현이다. noli vinci a malo, sed vince in bono malum 놀리 빈치 아 말로, 세드 빈체 인 보노 말룸. "악에 지지 말라, 그 대신 선함 안에서 악을 이기라."(12장 21절)

동사 vinco는 '이기다', 명령법 vince는 '이기라'. veni, vidi, vici(왔노라, 보았노라, 이겼노라) 등에서 만났다.

malum은 '악을', bono는 '선으로써'.

veni, Creator Spiritus

"오소서, 창조자인 성령이여." 기독교의 기도문이다.

원래 기도문은 이렇게 시작한다. veni Creator Spiritus, mentes tuorum visita 베니 크레아토르 스피리투스, 멘테스 투오룸 비지타. "오소서, 창조자인 성령이여, 당신 피조물들의 마음을 방문하소서."

음악을 좋아하는 독자라면 들어 봤을 문장이다. 구스타프 말러의 교향곡 8번 1악장이 이 기도문에 곡을 붙인 것이다.

말러의 교향곡 8번을 '천인千人 교향곡'이라고 부른다. 1910년 독일에서 초연할 때 오케스트라, 성악가, 합창단, 어린이 합창단까지 거의 천 명에 가까운 사람이 동원되어서 주최 측에서 '천인 교향곡'이라는 이름을 붙였다고. 말러 본인은 이 제목을 좋아하지 않았지만.

첫 공연은 대성공. 공연이 끝난 후 청중이 20분 동안이나 박수를 쳤다. 그런데 이 곡이 싫다는 사람도 제법 있었다. 지금도 말러 음악을 좋아하는 사람과 싫어하는 사람이 갈린다. de gustibus non est disputandum(취향에 대해 논쟁할 수는 없다)이니.

동사 venio는 '오다', 명령법 veni는 '오라'.

audi alteram partem

"다른 쪽의 의견도 들으라." 한쪽 의견만 듣지 말고 다른 쪽의 의견도 들어 봐야 한다는 라틴어 격언이다.

삶의 어느 분야에나 적용되는 말이다. 어느 한쪽의 의견만 듣고 결정했다가 나중에 후회하는 경우를 종종 봤다. 다양한 의견을 두루 들어야 한다. 분쟁이 있을 때는 더 그렇다.

법률 원칙이기도 하다. 재판관은 양쪽 이야기를 다 들어야 한다. 그런데 피고가 재판정에 나오지 않는 경우가 있다. in absentia인 압센티아, 바로 궐석재판인데, audi alteram partem 원칙을 지키기 위해 노력이 필요한 상황이다.

동사 audio는 '듣다', 명령법 audi는 '들으라'. Audi는 독일 자동차 회사의 이름이기도 하다. 독일의 아우구스트 호르히 Horch라는 사람이 자기 이름을 따서 회사를 만들었다가 나와서 새로 회사를 차렸다. 회사 이름을 정해야 하는데 자기 이름은 다른 회사가 가지고 있다. 어떻게 할까? 마침 친구 집에서 회의를 하는데, 구석에 있던 친구의 아들이 라틴어 공부를 하다가 이렇게 말했다. "Horch보다 라틴어 Audi가 낫지 않을까요?" 독일어 horch 역시 '들으라'는 뜻이기 때문.

audi, vide, tace

"들으라, 보라, 침묵하라." 흥미로운 격언이다. 들을 것을 듣고, 볼 것을 본 다음 사람들에게 말하지 말고 혼자만 알고 있으라는 뜻이다. 입이 근질거려서 어떻게 참으란 말이지?

audi, vide, tace는 비밀결사단체 프리메이슨의 구호다. 아마 프리메이슨과 관련한 음모론을 적어도 하나쯤은 들어봤을 것이다. 실제로는 그런 이상한 단체가 아니고, 자선 활동을 중시하는 민간단체라고 한다. 오래되고 큰 단체여서인지, tace에서 보듯 '비밀'을 지켜서인지 이상한 음모론에 엮이곤 한다. 세계 지배를 꿈꾼다거나 유명 인사를 암살했다거나하는 거짓 소문이 있다.

일본의 '세 원숭이'가 떠오른다. 귀를 가린 원숭이, 눈을 가린 원숭이, 입을 가린 원숭이. 듣지 말고 보지 말고 말하지 말라는 의미다. audi, vide, tace와 비슷하면서도 다르다.

동사 audio와 video에서 우리가 흔히 쓰는 말 오디오와 비디오가 왔다.

동사 taceo는 '침묵하다', 명령법 tace는 '침묵하라'. 영어 tacit(암묵적인)가 여기서 왔다.

laudate Dominum

"신을 찬양하라."

　『구약성서』「시편」 가운데 117편(『불가타 성서』는 116편)이 가장 짧은데, 딱 두 줄이다. 종교음악으로 유명.

　첫 줄은 신을 찬양하라는 권유다. laudate Dominum, omnes gentes; laudate eum, omnes populi라우다테 도미눔, 옴네스 젠테스, 라우다테 에움, 옴네스 포풀리. "신을 찬양하라, 모든 민족이여, 그를 찬양하라, 모든 사람이여."

　둘째 줄은 이유다. quoniam confirmata est super nos misericordia ejus, et veritas Domini manet in æternum쿠 오니암 콘피르마타 에스트 수페르 노스 미세리코르디아 에주스, 에트 베리타스 도미니 마네트 인 에테 르눔. "이유인즉 그의 굳건한 자비가 우리 위에 있고, 주의 진리 가 영원히 머물기 때문이다."

　동사 laudo는 '찬양하다', 명령법 laudate는 '(당신들은) 찬양하라'. 명사 laus는 '찬양', magna cum laude(많은 칭찬 으로)에서 만난 적 있다.

cædite eos

"그들을 죽이라." 무시무시한 구절이다.

전체 구절은 더욱 끔찍하다. Cædite eos. Novit enim Dominus qui sunt eius 체디테 에오스. 노비트 에님 도미누스 퀴 순트 에유스. "그들을 죽이라. 신은 자기 백성을 아신다." 일단 죽이면 그 가운데 억울하게 죽은 사람은 나중에 신이 하늘나라로 데려갈 것이라는 뜻이다.

13세기 초 가톨릭의 알비십자군이 베지에 학살을 벌일 때 이 말이 나왔다. 알비십자군은 이단인 카타리파를 토벌한답시고 프랑스 남쪽 땅에 처들어가 사람을 마구 죽였다.

베지에의 성에는 2만 명의 정통 가톨릭신자와 300명의 카타리파 신자가 살았다. 누가 가톨릭이고 누가 카타리파인지 구별하기 어려운 상황이었다. 수도원장 아르노 아말릭이 아이디어를 냈다. "일단 모두 죽여라. 정통 가톨릭신자는 신이 구별해서 하늘나라로 데려갈 테니." 그래서 십자군은 베지에의 성에 있던 모든 사람을 죽였다. 가톨릭의 흑역사다.

동사 cædo는 '자르다' 또는 '죽이다', 명령법 cædite는 '(당신들은) 죽이라'.

mecum omnes plangite

"모든 이여, 나와 함께 울어다오."

『카르미나 부라나』의 첫 번째 곡 「오, 운명의 여신이여」의 마지막 구절이다. hac in hora sine mora(바로 지금 주저함 없이)에서 이 노래를 만난 적 있다. 운명의 여신 포르투나의 변덕 때문에 한때 잘나가던 '내가' 이제 몰락해 비참한 처지니, '나와 함께 울어 달라'는 내용이다.

포르투나는 고대 로마 다신교 시대에 숭배받는 여신이었는데, 중세 기독교 시대에는 유일신의 섭리를 드러내는 알레고리로 사용되었다. 중세에도 여전히 변덕스러운 성격이었다.

『카르미나 부라나』는 13세기 초에 편찬된 노래집인데, 내용은 풍자, 연애, 음주 등 세속의 이야기다. 한동안 잊혔다가 19세기에 독일 수도원에서 발견되었다.

1935년과 1936년에 독일 작곡가 카를 오르프가 노랫말에 곡을 붙였다. 카를 오르프는 이 곡이 성공을 거두고 한때 잘나갔으나, 하필 그때가 나치 독일 시대였던 바람에 지금은 그가 나치에 동조했나에 대한 논쟁이 있다. 이 역시 포르투나의 변덕일까.

동사 plango는 '울다', 명령법 plangite는 '(당신들은) 울라'.

ite, missa est

"가라, 이것은 파견이다" 또는 "가라, 이것은 미사다." 가톨릭 미사와 루터교 예배의 마지막에 사용되는 문구로 미사가 끝났으니 가서 복음을 전파하라는 의미다. 이 말이 나오면 예배가 끝났다는 것이니 집에 갈 수 있다(야호).

가톨릭이나 성공회 신자가 아니어도 음악을 좋아하는 독자라면 '미사'라는 말이 익숙할 터다. 미사 음악을 작곡한 음악가가 많기 때문이다. 바흐의 「B단조 미사」, 모차르트의 「대관식 미사」, 베토벤의 「미사솔렘니스」 등이 특히 유명하다. 레퀴엠도 특별한 종류의 미사 음악이다.

미사 음악에는 보통 다음과 같은 노래가 들어간다. Kyrie 키리에, 신의 자비를 구하는 노래. Gloria클로리아, 신의 영광을 찬양하는 노래. Credo크레도, 신의 이런저런 점을 믿는다는 노래. Sacntus상투스, 신은 거룩하다는 노래. Benedictus베네딕투스, 신의 이름으로 오는 이를 찬미하는 노래. Agnus Dei아뉴스 데이, 신의 어린 양에게 자비를 구하는 노래.

동사 eo는 '가다', 명령법 ite는 '(당신들은) 가라.'

fac simile

"똑같이 만들라." 어디서 본 듯한 표현이다. 그럴 만하다. 우리가 흔히 말하는 '팩시밀리'가 이것이다. '팩스'라는 줄임말로 친숙하다.

뜻은 조금 다르다. 영어 facsimile의 원래 뜻은 '원본과 꼭 닮은 복제품'이다. '복사물을 전송하는 기계'(즉 팩스)라는 뜻은 나중에 붙었다.

문예이론가 발터 베냐민이 『기술 복제 시대의 예술 작품』을 쓴 때가 1935년, 프랑스 철학자 보드리야르가 『시뮬라크르와 시뮬라시옹』을 쓴 때가 1981년. '원본과 복제를 구별할 수 없는 세상이 온다'고 선언한 지 수십 년이 지났다. 그때 이후로 복제 기술은 놀랍게 발전했다. 지금은 디지털 시대로, 원본이 따로 없다고들 한다.

동사 facio는 '만들다', 명령법 fac은 '(너는) 만들라'.

형용사 similis는 '닮은', silmile는 명사처럼 쓰여 '닮은 것'. 영어 similar(닮은)와 simulation(시뮬레이션) 등이 여기서 왔다. 철학을 좋아하신다면 프랑스어 simulacre^{시뮬라크르}와 simulation^{시뮬라시옹} 같은 말에 익숙할 터.

confer

'참조하라.' cf.라는 준말로 익숙하다. cf.처럼 논문이나 공식 문서 따위에 때때로 쓰이는 라틴어 표현을 알아보자.

— vid.: 본딧말은 vide^{위데/비데}(보라). 동사 video(보다)의 명령법이다.

— v.s.와 v.i.: 본딧말은 vide supra^{위데/비데 수프라}(위를 보라)와 vide infra^{위데/비데 인프라}(아래를 보라).

— viz.: 본딧말은 videlicet^{위데리케트/비데리체트}, '즉, 다시 말해'라는 뜻으로, 앞의 내용을 구체적으로 설명하고 예시를 들 때 쓰는 말. videre licet^{위데레 리케트/비데레 리체트}는 '보는 것이 허용된다' 즉 '볼 수 있다'.

— sc.: scilicet^{스킬리케트/스킬리체트}의 준말로, '즉, 다시 말해'라는 뜻이다. scire licet^{스키레 리케트/스키레 리체트}는 '아는 것이 허용된다'.

동사 fero는 뜻도 많고 변화도 다양한 불규칙동사다. 기본 뜻은 '가져오다' '나르다'인데, 그 밖에도 여러 가지 뜻이 있다. 명령법은 fer.

동사 confero는 '함께 가져오다' '모으다' '참조하다'. 명령법은 confer. 영어 conference(학회)가 여기서 왔다.

navigare necesse est

"항해는 꼭 필요하다." 원래 문장은 길다. navigare necesse est, vivere non est necesse나위가레 네케세 에스트, 위웨레 논 에스트 네케세. "항해는 필요하다, 삶은 꼭 필요하지 않다." 죽더라도 항해는 꼭 해야겠다는 뜻이다.

로마의 장군 폼페이우스가 한 말이다. 바다 건너 적을 물리치러 가야 하는데 날씨가 나빴다. 배가 뒤집힐까 두려워 사람들은 배를 띄우려 하지 않았다. 플루타르코스의 『영웅전』 중 「폼페이우스」 편에 따르면, 바다에 강한 바람이 불고 뱃사람들이 소란스러울 때 폼페이우스가 배에 올라 외쳤다. "항해는 필수다, 목숨은 필수가 아니다."

폼페이우스는 한때 로마에서 대단한 인기를 누렸다. 카이사르만 아니었다면 전쟁에서도 정치에서도 일인자가 되었을 것이다. 끝내 카이사르에게 패하고 목숨을 잃었지만.

동사 navigo는 '항해하다', 부정사 navigare는 '항해하기'. 영어 navigation(항해)이 여기서 왔다. '내비게이션 바'라는 말로 우리에게 익숙하다. 포털 '네이버'의 이름도 관계 있다고.

melius abundare quam deficere

"풍족한 게 부족한 것보다 낫다."

과유불급過猶不及이라는 한자말이 떠오른다. 『논어』에 나오는 말인데, '모자란 것이 지나친 것보다 낫다'는 뜻이다.

이쪽은 '넘치는 것이 낫다'고 하고 저쪽은 '모자란 것이 낫다'고 한다. 그런데 나는 두 말 모두 맞는 것 같다. 상황에 따라 다르게 쓰일 뿐이다.

형용사 melius와 melior는 '더 나은', 형용사 bonus의 비교급이다.

접속사 quam은 '~보다', 영어의 than과 같다. melius와 함께 쓰인 말이 quam 뒤에 오는 말보다 낫다고 해석한다.

동사 abundo는 '넘치다', 부정사 abundare는 '넘침'. abundans cautela non nocet에서 만난 단어다. 영어 abound(아주 많다)와 abundant(풍부한)가 여기서 왔다.

동사 deficio는 '부족하다', 부정사 deficere는 '부족함'. 영어 deficient(부족한)가 여기서 왔다.

piscem natare doces

"물고기에게 헤엄치는 법을 가르친다." 쓸데없는 일을 한다는 뜻이다. 물고기에게 사람이 헤엄치는 법을 가르친다니 비웃을 수밖에.

"공자님 앞에서 문자 쓴다"나 "번데기 앞에서 주름 잡는다"는 표현을 나는 좋아한다. 한자말로는 반문농부班門弄斧라고 한다. 솜씨 좋은 목수 반수班輸의 집 대문 앞에서 보잘것없는 도끼 솜씨를 자랑하는 짓을 비웃는 말이다.

명사 pisces는 '물고기가', piscem은 '물고기를'. 별자리 이름 Pisces(물고기자리)가 여기서 왔다.

동사 nato는 '헤엄치다', 부정사 natare는 '헤엄치기'.

그런데 목적어로 쓰인 명사와 부정사가 만나 의미상 주어와 동사가 되는 경우가 있다. 영어의 'for 명사 to 부정사'와 비슷한 용법으로 고전 라틴어에 자주 등장한다.

그래서 piscem natere doces는 '물고기한테 헤엄치는 법을 가르친다'라고도, '물고기가 헤엄치는 방법을 가르친다'라고도 해석할 수 있다.

noli turbare circulos meos

"나의 동그라미를 건드리지 말라." 내가 그린 원을 망치지 말라는 뜻이다. 고대 그리스의 위대한 수학자 아르키메데스가 마지막으로 남긴 말로 알려졌다.

아르키메데스는 원주율 π와 구의 부피를 계산했고, 지렛대와 부력의 원리를 밝혔다. 놀라운 발명도 많이 했다.

이탈리아 땅 시라쿠사에 살았는데, 로마 군대가 쳐들어왔다. 아르키메데스가 다양한 무기를 발명한 덕분에 한동안 로마군을 막아 냈다는 이야기가 전한다.

결국 시라쿠사가 함락당한 날, 아르키메데스는 자기 집 마당에 앉아 바닥에 동그라미를 그려 놓고 기하학 문제를 풀고 있었다고 한다. 로마 병사가 그의 집에 들이닥쳤을 때 아르키메데스가 말했다. "내가 그린 원들을 건드리지 마시오." 수학 문제 푸는 것을 방해하지 말라는 의미였다. 승리에 취한 병사는 그 자리에서 아르키메데스를 죽였다. 이리하여 서양 고대의 으뜸가는 천재가 안타깝게 목숨을 잃었다는 이야기다.

noli는 '~하지 말라'는 뜻. 부정사 turbare와 함께 쓰여 '건드리지 말라'가 되었다.

nihil admirari

"놀랄 일은 아무것도 없다." 무슨 일이 일어나도 놀라지 말고 마음의 평정을 유지하라는 뜻이다.

작은 일에 놀라 기뻐하고 슬퍼하는 사람을 옛날 철학자들은 현명하지 않다고 보았다. 정념에 휘둘리면 제대로 된 판단을 못하기 때문이다.

옛날 철학자는 nihil admirari를 강조했다. 혈육이 죽더라도, 본인이 죽음을 맞더라도 평정을 유지하라 했다. 글쎄, 마음은 평정을 유지할지 몰라도 주위 사람에게는 매정해 보일 것이다. 요즘 같으면 공감 능력이 없다고 뒷말을 들을 일이다.

반대 의견도 있다. admirari id est philosophari아드미라리, 이드 에스트 필로소파리. '놀람, 그것이 철학이다.' 사소한 일에도 호기심과 경외감을 잃지 않는 것, 그것이 철학의 시작이라는 말이다.

나는 admirari id est philosophari 쪽에 마음이 끌린다. 내가 사소한 일에 일희일비하는 사람이라 그럴지도 모르겠다.

동사 admiror는 '놀라다', 부정사 admirari는 '놀람'. 영어 admire(감탄하여 바라보다)가 여기서 왔다.

fas est et ab hoste doceri

"적에게도 마땅히 배울 것이 있다."

로마 시인 오비디우스의 『변신 이야기』 중 디오니소스 신(로마 이름 바쿠스) 이야기에 나오는 구절이다.

여신 헤라(로마 이름 유노)는 디오니소스를 싫어했다. 그래서 디오니소스 편을 들던 인간 이노를 파멸시키려 했다. 어떤 방법이 있을까? 헤라는 디오니소스가 인간 펜테우스를 파멸시킨 방법을 쓰기로 했다.

테베의 왕 펜테우스가 디오니소스 숭배를 금지하자 디오니소스는 펜테우스를 벌주었다. 그의 가족을 미치게 해 손과 이빨로 펜테우스를 찢어 죽이도록 만들었다.

헤라도 마찬가지로 이노와 가족을 미치게 해서 자기 자식을 살해하게 만들었다.

fas est ab hoste doceri의 원래 맥락은 헤라가 디오니소스에게 사람을 해코지하는 법을 배웠다는 뜻이다. 아무려나 나중에는 '생활의 지혜'처럼 쓰이는 라틴어 격언이 됐지만.

fas est는 '마땅하다' '의무다' 등으로 해석한다.

동사 doceo는 '가르치다', 부정사 doceri는 '가르침 받기' '배움'.

esse quam videri

'외형보다 본질' '겉모습보다 실체' 등으로 옮길 수 있다. 어려운 철학 용어로 하면 '현상보다 실재'라는 말도 좋겠다.

소크라테스 철학의 중요한 주제이기도 했다. 소크라테스는 똑똑하다고 소문난 사람을 만나러 다녔으나, 그들이 정말로 똑똑한 게 아니라 똑똑해 보일 뿐이라는 사실을 깨달았다.

좋음善도 마찬가지. 사람들이 좋다고 말하는 것의 대부분은 진짜 '좋음'이 아니라 좋아 보일 뿐이다. 나쁜 짓을 하는 사람은 이익을 거두는 것처럼 보이지만, 실은 이익이 아니다. 자기 자신의 혼에 해를 입히는 짓이기 때문이다. 정의롭게 살면 손해 보는 것처럼 보이지만, 사실은 혼에 이로운 일을 하는 것이다. 플라톤의 주장에 따르자면 말이다.

동사 est는 '있다' 또는 '이다', 부정사 esse는 '있음' 또는 '~임'.

동사 video는 '보다', videor는 '보이다', 부정사 videri는 '보이는 것'.

 # primum vivere deinde philosophari

"삶이 먼저이고, 철학은 그다음이다." 철학자도 현실감각을 잃지 말라는 의미다. '생활력을 잃지 말자.' 나는 이 말이 좋다.

탈레스는 서양 최초의 철학자라 이야기된다. 하루는 밤하늘의 별을 바라보며 걷다가 그만 발밑의 웅덩이를 보지 못하고 빠져 버렸다고 한다. 지나가던 트라키아 출신 하녀가 탈레스를 보고 비웃었다. "하늘의 일을 보느라 발밑을 보지 못하다니."

옛날 철학자들은 이 일화를 이렇게 해석했다. '발밑의 일보다 훨씬 중요한 일이 하늘에 있다. 여자 노예는 그것을 알아차리지 못했을 뿐이다.' 그런데 달리 생각할 수도 있다. 하늘을 헤아리는 일은 philosophari이고 발밑의 웅덩이를 살피는 일은 vivere다. primum vivere deinde philosophari야말로 하녀가 지적하고자 했던 바가 아니었을까.

primum는 '먼저의', deinde는 '그러고 나서'.

동사 philosophor는 '철학하다', 부정사 philosophari는 '철학하기'.

noli me tangere

"나를 만지지 말라" 또는 "내게 손대지 말라."

신약성서에 나오는 구절이다. 예수의 제자였던 막달라 마리아가 예수의 무덤을 찾아갔다가 부활한 예수를 만났다. 반가운 마음에 다가가자 예수가 말했다. "내게 손대지 말라."(「요한복음」 20장 17절)

만지지 말라고 한 이유는 뭘까. 여러 해석이 있는데, 뭐가 맞는지 나는 모르겠다(요한복음에는 알쏭달쏭한 구절이 너무 많다).

예수가 부활했다는 사실에 기뻐하는 막달라 마리아를 예수는 점잖게 제지한다. 여러 화가가 'Noli Me Tangere'라는 제목으로 그림을 그렸다. 르네상스 화가 프라 안젤리코와 티치아노의 작품이 유명하다.

동사 tango는 '만지다', 부정사 tangere는 '만지기'. 여기서는 noli와 붙어서 '만지지 말라.' 영어 tangible(만질 수 있는), 수학 용어 tangent가 여기서 왔다. 원래 뜻은 '접선'. 접선은 곡선과 스치듯 닿는 직선인데, 마치 직선이 곡선을 살짝 만지는 듯 보인다. 삼각함수 탄젠트의 이름이기도.

memento mori

"죽음을 기억하라." 인간은 누구나 죽는다는 사실을 잊지 말라는 라틴어 경구다. 수많은 문학과 미술과 음악 작품의 주제가 된 유명한 말이다.

바니타스 정물화가 대표적인 memento mori다. vanitas vanitatum(헛되고 헛되다), 세상사의 헛됨을 표현하기 위해 해골이나 곧 시들 꽃이나 쉽게 상하는 해산물이나 빛나지만 잘 깨지는 유리잔을 그리기도 한다. 앞서도 살펴본 이야기다.

죽음을 다룬 예술 작품으로 「죽음의 무도」Danse Macabre도 있다. 한스 홀바인의 목판화가 유명한데, 산 사람과 죽은 사람이 함께 춤추는 장면을 그렸다. 스위스 바젤의 「죽음의 무도」 벽화는 지진 때문에, 독일 뤼베크에 있는 성모마리아 성당의 「죽음의 무도」 벽화는 폭격 때문에 사라졌다. 작품의 역사가 바니타스를 일깨운다. 카미유 생상스와 프란츠 리스트의 음악 작품 「죽음의 무도」도 유명하다.

명사 mens는 '정신', amantes amentes(사랑에 빠진 사람은 제정신이 아니다)라는 표현을 만난 적 있다. 동사 memini는 '기억하다', 명령법 memento는 '기억하라'.

동사 morior는 '죽다', 부정사 mori는 '죽음'.

mundus vult decipi

"세상은 속여 주기를 바란다." 세상 사람들이 잘 속는다는 뜻이다.

냉소적인 말이다. '미신과 종교로 세상 사람을 속이면 다스리기 쉽다.' 이 말이 쓰인 원래 맥락이다. si mundus vult decipi, decipatur ergo시 문두스 울트 데키피, 데키파투르 에르고. '세상이 속기를 원한다면, 그런고로 속임당할지어다.'

그런데 정말 세상이 잘 속을까? 한두 번은 속일 수 있을지 몰라도, 제 꾀에 제가 넘어가 낭패 보는 사람을 나는 많이 보았다. 세상 사람은 바보가 아니라는 말을 나는 더 좋아한다. 거짓말이 싫어서라기보다 내가 속이려 하는 사람이 나보다 영리할 거라고 생각하는 쪽이 안전하기 때문이다.

volo는 '바라다', 동사 변화로 vult가 됐다. 영어 will(원하다), 프랑스어 vouloir불루아르(원하다)가 여기서 온 말.

동사 decipio는 '속이다', 부정사 decipi는 '속임당하기'. 영어 deceive(속이다), deception(속임수)의 어원.

qui tacet consentire videtur

"침묵하는 사람은 동의하는 것으로 본다." 반대 의견을 딱히 표하지 않고 가만히 있으면 동의하는 걸로 간주한다는 말이다.

나는 이 말을 보면 피곤하다. 정부건 개인이건 부당한 일을 저지르면 굳이 나서서 "나는 반대한다"라고 말해야 하기 때문이다. 조용히 있으면 내가 그 부당함에 동의하는 듯 보일 수 있으니까. 나는 조용히 살고 싶은데, 침묵하면 안 될 때도 있다는 사실이 피곤하다.

한편 국제정치에는 '침묵의 절차'라는 게 있다. 여러 나라의 강력한 지지를 받는 제안에 나서서 이의를 제기하는 나라가 없으면 국제사회가 합의한 것으로 간주하는 것이다.

힘센 나라가 밀어붙이는 제안에 맞서 약한 나라가 반대 목소리를 내기란 쉽지 않을 터다. 그렇다면 국제적인 불의에 맞설 방법은 없나? 개별 국가를 넘어서는 세계시민의 여론이라는 것이 존재할까? 세계가 하나가 될 날이 머지않은 이때에 두고두고 생각해 볼 문제다.

tacet는 '침묵한다', videtur는 '보인다'.

동사 consentio는 '동의하다', 부정사 consentire는 '동의하는 것'.

scio me nihil scire

"내가 아무것도 모른다는 것을 나는 안다." 소크라테스가 한 말로 유명하다. '무지無知의 지知'라는 말로 널리 알려졌다.

　　nosce te ipsum(너 자신을 알라)과 같이 다니는 표현이 다. 소크라테스의 친구 카이레폰이 델포이의 신전에 가서 아폴론 신에게 물었다. "소크라테스보다 똑똑한 사람이 있습니까?" 대답은 "없다"였다.

　　소크라테스는 자기보다 똑똑한 사람이 있음을 증명하기 위해 아테네의 똑똑하다는 사람을 만나고 다녔다. 그리고 그 사람들이 똑똑하지 않다는 사실을 알았다. 그래서 얻은 깨달음. "나는 내가 아무것도 모른다는 사실을 안다, 저 사람들은 그걸 모른다."

　　이 말이 소크라테스의 겸손함을 의미한다는 해석도 있지만, 당시 사람들은 그렇게 받아들이지 않은 것 같다. 소크라테스는 똑똑하다는 사람을 찾아다니며 시민들 앞에서 망신을 줬다. '내가 가장 똑똑하다는 신탁' 이야기도 재판을 받을 때 법정에서 제 입으로 했다. 잘난 척하는 것처럼 보였을지 모른다. 재판 결과는 사형이었다.

　　대명사 me와 부정사 scire를 함께 '나는 안다'고 해석하는 편이 좋다. 의미상 주어와 동사.

sine amicitia vitam esse nullam

"우정 없는 삶은 아무것도 아니다." 키케로가 『우정론』에서 한 말이다.

옛날 철학자들에 따르면, 진정한 우정이란 서로 기분 좋고 이익이 되는 관계만이 아니다. 진정한 친구란 서로 더 나은 사람이 되도록 이끌어 주는 사람이다.

키케로는 살아생전 정치가로 유명했고 철학자로 기억되고 싶어 했는데, 후세에 문장가로 남았다. 『우정론』에는 우정에 관한 라틴어 명문장이 많이 들어 있다.

예수회 선교사 마테오 리치는 중국 명나라에 가서 서양 문화를 동양에 알리는 글을 썼는데, 이때 『우정론』의 문장을 소개했다. 우정의 아름다움을 칭송하는 글은 서양에서도 동양에서도 공감을 받으리라 생각한 것 같다.

형용사 amicus는 '친구의', 명사 amicitia는 '우정.' 프랑스어 ami아미(친구)가 여기서 왔다.

명사 vitam은 부정사 esse와 붙어 '삶은 ~이다'라는 뜻이 된다.

nullam은 '아무것도 아니'라는 뜻. 영어 null(가치 없는)이라는 말이 여기서 왔다.

facilius est multa facere quam diu

"많은 일을 하는 게 오래 하는 것보다 더 쉽다." 많은 일을 벌이는 것보다 한 가지 일을 오래 붙들고 꾸준히 해 나가기가 더 어렵다는 뜻이다. 나처럼 만화도 그리고 글도 쓰는 등 여러 일을 벌이는 사람은 뜨끔한 격언이다.

『이솝 우화』에 '여우와 고양이' 이야기가 있다. 여우는 자기가 많은 기술을 안다고 자랑했다. 고양이는 한 가지밖에 모른다고 했다. 그때 사냥개들이 달려왔다. 여우는 여러 기술을 쓰다가 끝내 잡혔지만, 고양이는 나무에 올라가 살아남았다.

multa novit vulpes, verum echinus unum magnum물타 노위트 울페스, 웨룸 에키누스 우눔 마그눔이라는 라틴어 격언이 있다. '여우는 많은 것을 안다, 고슴도치는 진실로 대단한 것 하나를 안다.' 여우는 이런저런 재주를 선보이다 사냥꾼에게 잡히지만, 고슴도치는 몸을 마는 단 하나의 재주로 끝내 살아남는다는 의미다.

동사 facio는 '만들다' 또는 '행하다', 부정사 facere는 '행하기'. multa는 '많은 것을', diu는 '오래'.

et facere et pati fortia
Romanum est

"굳센 일을 하고, 굳세게 견디는 것이 로마인다운 것이다." 로마 사람의 용맹함을 자랑하는 말이다. 로마공화정 초기의 이야기에는 용감하고 굳센 사람에 관한 내용이 많다.

로마공화정이 에트루리아의 도시국가 클루시움과 전쟁을 했다. 가이우스 무키우스라는 사람이 적진으로 숨어 들어가 클루시움의 왕을 암살하려고 시도한다. 목숨을 건 임무였으나 실패했고, 무키우스는 사로잡혔다.

"나는 로마 시민이다. 죽을 준비가 되어 있다. 굳센 일을 행하고 견디는 것이 로마 사람다운 것이다. 내가 죽더라도 수백 명의 로마 청년이 당신을 암살하러 올 것이다." 가이우스 무키우스는 이렇게 말하며 자신의 오른손을 타오르는 불 속에 집어넣었다. 고통을 견디는 모습을 보여 준 것이다. 이 기개에 놀란 클루시움은 전쟁을 그만두고 로마와 화평을 맺었다. 가이우스 무키우스는 Scævola스카이볼라라는 이름을 얻었다. '왼손잡이'라는 뜻이다.

부정사 facere는 '행하는 것', pati는 '견디는 것'. fortia는 '굳센 일들을'. Romanum은 '로마(사람)다운'.

post tenebras spero
lucem

"어둠 뒤에 빛이 있기를 희망한다." 가장 어두울 때도 빛에 대한 희망을 버리지 않는다는 뜻이다.

구약성서 욥기 17장에 나오는 표현인데, 어떤 역경이 닥쳐도 희망을 잃지 말라는 격언처럼 보인다. 원래 맥락은 꼭 그렇지는 않다. 욥은 착한 부자였는데, 하루아침에 쫄딱 망하고 병까지 얻었다. 절망에 빠져 자기에게는 더 이상 희망이 없다고 욥은 탄식한다.

아무려나 절망의 끝에서 희망을 본다는 뜻으로 자주 쓰인다. 종교개혁 때 개신교 운동가들이 사용한 구호였다. 종교개혁가 칼뱅은 도시국가 제네바에서 post tenebras lus, '어둠 뒤의 빛'이라고 새긴 동전을 발행했다. 이때 '어둠'은 가톨릭의 과오를 가리키는 것이었으리라.

lux in tenebris(빛이 어둠 속에서)에서 만났던 단어들이다. lux는 '빛이', lucem은 '빛을'. post tenebras는 '어둠 뒤에', in tenebris는 '어둠 속에서'.

라틴어 사전에 동사는 주로 '(나는) ~한다'의 꼴로 실려 있다. 동사 spero는 '(나는) 희망한다'는 뜻.

dum spiro spero

"숨 쉬는 한 희망은 있다." 살아 있다면 희망이 있다는 뜻이다.

나는 『성서』 가운데 「전도서」를 좋아한다. vanitas vanitatum, "헛되고 헛되다"로 시작해 균형 잡힌 삶을 긍정하기 때문이다.

「전도서」에 이런 구절이 있다. "사람이란 산 자와 어울려 지내는 한 희망이 있다." 그러므로 melior est canis vivus leone mortuo 멜리오르 에스트 카니스 비부스 레오네 모르투오. "살아 있는 개가 죽은 사자보다 더 낫다."(9장 4절)

그래서 살아 있는 사람은 어떻게 하면 되는가? "네 몫의 음식을 먹으며 즐기고 술을 마시며 기뻐하라. 이런 일은 신이 좋게 보아 주는 일이다."(9장 7절) 「전도서」의 지혜다.

dum은 '~하는 동안'.

동사 spiro는 '(나는) 숨 쉰다'. 여기서 나온 영어 단어가 많다. inspire는 숨을 불어넣는 것 즉, '영감을 주다'. expire는 숨을 내쉬는 것, '이승을 하직하다' '만료되다'.

spero, spera라는 라틴어 경구가 있다. "나는 희망한다, 너도 희망하라." spera는 명령법.

OCTOBER

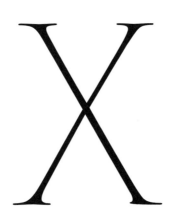

in manus tuas commendo spiritum meum

"당신의 손에 나의 영혼을 맡깁니다." 여기서 '당신'은 기독교의 신이다.

『구약성서』「시편」 31편에 나오는 구절이다(『불가타 성서』는 30편). 시는 이렇게 시작한다. in te speravi인 테 스페라비. "당신에게 희망을 두었습니다." 어떤 희망일까? 나를 구하리라는 희망이다. "당신의 손에 나의 영혼을 맡깁니다, 당신은 나를 구했습니다."

이 표현이 특히 유명해진 까닭은 예수의 '유언'이었기 때문이다. 『신약성서』「루가복음」 23장 46절, 십자가에 매달려 고통받던 예수가 큰 소리로 외친다. "아버지, 당신 손에 내 영혼을 맡깁니다." 그러고는 숨을 거두었다.

물론 기독교에서는 예수가 부활했다고 믿기 때문에 이 말을 끝이 아니라 새로운 시작을 알리는 말이라고 본다.

동사 commendo는 '(나는) 맡긴다'. 영어 commend(추천하다), recommend(추천하다), command(명령하다)가 여기서 왔다.

cogito ergo sum

"나는 생각한다, 고로 나는 존재한다." 철학자 데카르트가 남긴 말이다.

데카르트는 확실한 지식을 얻고 싶었다. 그런데 데카르트가 생각하기에 보고 듣고 만지는 등의 감각을 통한 지식은 확실하지 않았다. 우리가 꿈을 꾸는 것일 수도 있고, 어떤 악마가 우리를 속이는 것일 수도 있으니까.

장자의 '나비 꿈' 이야기와 닮았으면서도 다르다. 꿈속에서 자기가 나비라고 믿었는데, 깨어 보니 자신은 장자였다. 어느 쪽이 진짜 '나'일까? 감각만으로는 알 수 없다.

의심 끝에 데카르트는 흥미로운 결론에 도달했다. 다른 모든 것이 확실하지 않더라도, 의심하는 주체가 있다는 사실만큼은 확실하다는 깨달음이었다. 그 주체를 ego(나)라고 부르든지, 앞서 살펴본 대로 res cogitans(생각하는 존재)라고 부르든지 말이다.

동사 cogito는 '(나는) 생각한다', 동사 sum은 '(나는) ~이다' 또는 '(나는) 있다'. 라틴어는 주어를 따로 쓰지 않아도 동사 변화로 주어를 짐작할 수 있다. 어쩌면 데카르트도 동사 변화를 하느라 주어를 찾다가 res cogitans를 발견했을지 모를 일이다.

Ego sum alpha et omega

"나는 알파요 오메가다." 나는 시작이자 끝이라는 의미다.

그리스어 알파벳은 α알파로 시작한다. 첫 두 글자 α와 β베타에서 알파벳이라는 이름이 나왔다. '오' 소리가 나는 모음이 두 개 있는데, 하나는 짧은 '오'인 ο오미크론이고, 하나는 긴 '오'인 ω오메가다. 미크론은 '작은', 메가는 '큰'. 영어의 micro와 mega다. ω는 알파벳 마지막에 온다. 알파가 첫 자고 오메가가 끝 자다.

『신약성서』「요한묵시록」에서 신은 자신이 알파요 오메가, 즉 처음이자 마지막이라고 밝힌다(1장 8절).

『구약성서』「이사야서」에 비슷한 문장이 나온다. Ego primus, et Ego novissimus에고 프리무스, 에트 에고 노비시무스. "나는 처음이고, 나는 마지막이다."(44장 6절) 이슬람에서도 신은 '처음'과 '마지막'이라고 했다.

동사 sum은 '(나는) ~이다'라는 뜻. 굳이 Ego를 밝혀 쓸 경우 보통 '바로 나는'처럼 강조의 의미로 해석한다.

Ego sum qui sum

"나는 나다" 또는 "바로 내가 '있는 나'다." 신의 자기소개다. 장엄한 말인데, 우리말로 옮기기가 힘들다. 영어로 하면 I am who I am. 아무려나 우리말로 딱 떨어지지 않는다.

『구약성서』 「출애굽기」에 나온다. 신이 모세에게 히브리 민족을 이끌고 이집트를 탈출하라고 명령한다. 모세는 민족 지도자가 되어야만 했다.

모세가 신에게 묻는다. "사람들이 '신의 이름이 무엇이냐'고 물을 터인데, 나는 어떻게 대답해야 합니까?" 신은 이름을 알려 주는 대신 이렇게 답한다. "나는 나다."(3장 14절)

신의 이름을 안다는 것은 우주의 비밀을 안다는 뜻이리라. 이슬람에는 "신의 이름은 아흔아홉 개다"라는 전승이 있다. 아흔아홉 개의 이름 외에도 신의 숨은 이름이 있고, 그 비밀의 이름을 보통 인간은 알 수 없다는 이야기도 있다.

동사 sum은 '(나는) ~이다' 또는 '(나는) 있다'. Ego의 첫 글자를 대문자로 쓴 까닭은 유일신을 나타내기 때문.

Ego ero tecum

"바로 내가 너와 함께 있겠다." 신이 모세에게 한 약속이다. 『구약성서』「출애굽기」 3장 12절.

　　신이 이집트에서 노예로 살던 히브리 민족을 탈출시키라고 모세에게 명령한다. 모세가 묻는다. quis sum ego 퀴스 숨 에고. "나란 사람이 누구기에" 감히 그런 일을 할 수 있을까? 신이 대답한다. Ego ero tecum. "내가 너와 함께 있겠다." 모세는 신의 도움을 받아 임무를 완수한다.

　　이집트 탈출 이야기는 역사적 사실일까? 아닐 것 같다. 모세 이야기는 다른 민족의 역사 기록에 등장하지 않는다. 그래도 모세는 유대교와 기독교에서 히브리 민족의 지도자로 기억된다. 이슬람에서도 중요한 예언자로, 이슬람 이름은 '무사'다.

　　동사 sum은 '(나는) ~이다' 또는 '나는 있다', 동사 ero는 그 미래 변화다. '(나는) ~일 것이다' 또는 '(나는) 있을 것이다.'

　　mecum은 '나와 함께', tecum은 '너와 함께'. mecum omnes plangite(모든이여, 나와 함께 울어다오) 등의 문장을 앞서 만났다.

 # qualis artifex pereo?

"나는 어떤 예술가로 죽는가?" 나는 얼마나 훌륭한 예술가였는가? 위대한 예술가가 죽을 때 한 말 같다.

사실은 아니다. 악명 높은 로마 황제 네로가 남긴 말이다. 역사가 수에토니우스의 『황제 열전』에 따르면, 네로는 죽을 때 황제가 아닌 qualis artifex pereo 즉 "예술가인 내가 죽는다"고 탄식했다. "마지막 순간까지 정신을 못 차렸다"라고 역사가는 네로를 비판했다.

로마 시대 지식인들은 네로를 한심하게 여겼다. 예술가 놀음에 나라를 말아먹은 정신 나간 사람 취급을 했다.

하지만 네로는 평범한 사람들에겐 인기가 있었다. 엘리트는 네로를 싫어했지만 민중은 좋아했다. 네로가 죽은 뒤 "내가 네로다"라고 사칭하는 사람이 나타날 정도였다. 오늘날 연구자들은 네로를 다르게 보려고 시도한다.

동사 eo는 '(나는) 간다', pereo는 '(나는) 완전히 간다' 즉 '(나는) 죽는다'. '나'도 주어고 artifex(예술가)도 주어다. '예술가로서 나는'이라고 해석. qualis는 '어떠한 종류의', quantus는 '얼마나 많은'. 각각 영어 quality(질)와 quantity(양)의 어원이 됐다.

non timebo mala

"나쁜 일을 두려워하지 않으리라." 마음이 놓이는 문장이다.

『구약성서』「시편」 23편에 나온다. 『불가타 성서』로는 22편. 시는 이렇게 시작한다. "주님은 나의 목자, 나에게 아무것도 부족하지 않을 것이다." 교회에 다니지 않더라도 한두 번 들어본 적 있을 것이다.

그런데 라틴어 「시편」 첫머리는 이렇다. Dominus regit me, et nihil mihi deerit^{도미누스 레지트 메, 에트 니힐 미히 데에리트}. "신이 나를 다스린다. 그러니 나에게 아무것도 부족하지 않으리라." 동사 regit는 '다스린다' 또는 '왕 노릇 한다'. '왕'을 뜻하는 명사 rex에서 나온 말이다.

'목자', 즉 양치기라는 말이 나오지 않는다. 히브리어 시를 라틴어로 옮기며 양치기가 빠진 셈이다. 아이러니하다. 예수가 양떼를 돌보는 그림에 익숙한데 말이다.

동사 timeo는 '(나는) 두려워한다', timebo는 '(나는) 두려워할 것이다'.

형용사 malus는 '나쁜', malum은 '악', mala는 '나쁜 (것)들'. 자주 본 단어다.

non serviam

"나는 섬기지 않을 것이다."

　악마 루치페르가 한 말로 알려졌다. 루치페르는 원래 신과 가까운 지체 높은 천사였다. 그런데 신이 인간을 창조하자 non serviam, "더는 신을 섬기지 않겠다"고 선언한 뒤 지옥으로 떨어졌다. 인간에 대한 신의 사랑을 질투했기 때문이라는 이야기가 있는데, 악마의 속을 어찌 알랴.

　그런데 정말 루치페르는 non serviam이라고 말했을까? 궁금해 찾아보았는데, 출전을 알아내지 못했다. 악마가 주인공인 라틴어 서사시가 없다.

　그래도 어색하다는 생각은 들지 않는다. 신과 천사가 라틴어에 익숙할 테니 악마도 라틴어를 하겠거니 막연히 생각해 본다. 할리우드 영화에서 외계인이 영어를 하는 것처럼 말이다.

　루치페르 Lucifer의 이름을 풀면 '빛 lux을 가져오는 fer 자'다. 영어식으로 읽으면 루시퍼. 루치페르의 가장 큰 잘못은 '교만'이라고 한다. 밤하늘에서 금성은 밝게 빛난다. 그러나 태양이 뜨면 빛을 잃는다.

　동사 servir는 '(나는) 섬긴다', serviam은 '(나는) 섬길 것이다'.

non omnis moriar

"내 모든 것이 사라지지는 않을 것이다." 즉 나의 일부는 죽지 않고 살아남으리라는 의미다.

　　로마 시인 호라티우스의 『송가』 3권 30편에 나오는 구절이다. 언젠가 시인 자신도 죽음을 맞으리라. 그러나 시인의 모든 것이 사라지지는 않을 것이다. 시인이 남긴 작품을 통해 시인의 일부는 살아남을 테니.

　　비슷한 구절로 vivam위왕, "나는 살 것이다"가 있다. 오비디우스의 서사시 『변신 이야기』의 마지막 단어다. 변신과 환생에 대해 노래한 후 이 말을 덧붙인다. 스스로 시가 되어 영원히 살겠다는 선언일 것이다.

　　두 시인의 작품이 2천 년을 읽혔으니, 헛말은 아니었다.

　　고대의 시인은 불멸을 노래했다. 이후로도 오랫동안 지식인과 예술가는 불멸을 꿈꾸었다. 그런데 현대에는 예술도 지식도 개념이 달라졌다. 놀라운 속도로 세상이 바뀐다. 오늘날 예술을 하는 사람은 불멸을 바랄 수 있을까?

　　동사 morior는 '(나는) 죽는다', moriar는 '(나는) 죽으리라.'

　　omnus는 '모든', omnis는 여기서 '모든 (것)들이'라는 뜻이다.

si vales, valeo

"당신이 잘 지낸다면, 나도 잘 지냅니다." 로마의 인사말로, 주로 편지에 썼다. 준말은 SVV.

로마의 정치인 키케로가 즐겨 쓴 표현이다. 키케로는 편지를 많이 썼다. '아무리 전화도 이메일도 없던 시대라지만 이렇게 정성껏 편지를 썼을까' 싶은 편지가 많다. 그럴 만하다. 옛날 유명 인사의 편지는 출판용이었으니까. 옛날에는 편지를 공개적으로 출판해 자기 의견을 밝혔다고 한다. 대중을 의식하고 편지를 공들여 썼던 것이다.

긴 인사말도 있다. si vales bene est, ego valeo 시 왈레스 베네 에스트, 에고 왈레오. "당신이 잘 지낸다면 좋은 일입니다, 나도 잘 지냅니다." 준말은 SVBEEV.

으레 쓰는 인사말이니만큼 특별한 뜻은 없었을 것 같다. "안녕하세요"라고 인사할 때마다 우리가 한자 편안할 안安과 편안할 녕寧의 뜻을 새기지 않는 것처럼. 그래도 아름다운 인사말이다.

si는 '만약', 영어의 if와 같다.

동사 valeo는 '(나는) 잘 지낸다', vales는 '(당신은) 잘 지낸다'.

quo vadis?

"어디로 가시나이까?"

로마에서 기독교 박해가 심했던 때의 일이다. 예수의 제자였던 베드로는 피신하기로 결정했다. 로마를 빠져나오던 중 낯익은 사람을 만났다. 로마로 들어가는 예수였다. 베드로는 깜짝 놀라 물었다. quo vadis? "어디로 가시나이까?"

예수가 대답했다. Romam eo iterum crufigi로맘 에오 이테룸 크루피기. "로마를 향해 간다, 다시 십자가에 처형당하러."

예수의 대답을 듣고 베드로는 당당히 로마로 돌아갔다. 네로 시대에 박해당하고 목숨을 잃었다는 이야기가 전한다.

폴란드 작가 헨리크 시엔키에비치는 『쿠오바디스』라는 소설을 썼다. 지금은 딱히 많이 읽히는 작품이 아니다. 기독교 색채가 너무 짙다. 그래도 한때 인기가 대단했다. 시엔키에비치는 1905년에 노벨문학상을 받았고, 『쿠오바디스』는 할리우드에서 영화화되었다. 영화 때문에 이 작품을 아는 독자님도 많을 것이다.

동사 vado는 '(나는) 간다', vadis는 '(당신은) 간다'. vademecum(작은 책, 핸드북)에서 만난 단어다.

si comprehendis non est Deus

"만일 당신이 이해한다면, 그것은 신이 아니다." 인간의 언어로 규정할 수 있다면 그 존재는 신이 아니라는 말이다.

부정신학이라는 개념이 있다. 사람의 언어로 '신은 무엇이다'라고 아무리 말해 봤자 신을 규정하기는 어려우므로, 거꾸로 '신은 무엇이 아니다'라고 말하는 신학이다. 예를 들어 "신은 인간이 아니다"라거나 "신은 시공간의 제약을 받지 않는다"고 말하는 것이다.

라틴어로 via negativa 위아 네가티와/비아 네가티바라는 말이 있다. 명사 via는 '길', negativa는 '부정하는'이라는 뜻으로, 부정하는 방법으로 신에 대해 탐구하는 것이다.

꼭 신을 대상으로 할 때만 좋은 방법은 아닐 것 같다. 다른 사람을 이해하고자 할 때도 '이런 사람이다' 규정하기보다 '그럴 사람은 아니다'라고 생각하는 쪽이 요긴한 경우가 있다.

동사 comprehendo는 '(나는) 붙잡다' 또는 '(나는) 이해한다', comprehendis는 '(당신은) 이해한다'. 앞서 et tenebræ eam non comprehenderunt(어둠은 빛을 이기지 못한다)에서 만난 적 있는 단어다.

vincere scis,
victoria uti nescis

"이길 줄은 알아도 승리를 이용하는 법은 모른다." 전투에서 이길 줄은 알지만 전쟁에서 이길 방법은 모른다는 말이다.

카르타고의 장군 한니발은 로마를 멸망 직전까지 몰고 갔다. 기원전 216년 칸나이 전투에서 로마 군대를 크게 물리쳤다. 이에 기병대장 마하르발 장군이 "당장 로마로 진군하자"라고 말했다.

그러나 한니발은 주저했다. 하염없이 시간을 끌었다. 마하르발이 안타까워하며 말했다. vincere scis, Hannibal, victoria uti nescis. "한니발, 당신은 승리할 줄은 알지만 승리를 이용할 줄은 모르오." 끝내 한니발은 로마를 정복하지 못했다.

동사 vinco는 '승리하다', 부정사 vincere는 '승리하기'. veni, vidi, vici(왔노라, 보았노라, 이겼노라)와 væ victis(정복당한 자들은 비참하다)에서 만났던 단어다. 명사는 victoria, 영어 victory(승리)가 여기서 왔다.

동사 scio는 '(나는) 알다', scis는 '(당신은) 알다', 반대말 nescis는 '(당신은) 모른다'. utor는 '이용하다', 그 부정사가 uti, 과거분사는 usus. 영어 use(이용하다), utility(효용) 등의 말이 여기서 왔다.

Pater noster qui es in cælis

"하늘에 계신 우리 아버지여." 기독교 주기도문의 첫머리다.

　　신약성서 마태복음과 루가복음에 나온다. 이 기도문이 중요한 이유는 예수가 인간 세계에 직접 가르쳐 준 것이기 때문이다. 어떻게 기도하면 좋겠느냐고 제자들이 묻자 예수가 "이렇게 기도하라"라고 대답했다.

　　주기도문에는 일곱 가지 바람이 있다. 대부분 신의 뜻을 이루고, 우리가 죄짓지 않게 해 달라는 내용이다.

　　세상의 재화를 달라는 요구는 딱 하나다. 네 번째 바람, panem nostrum cotidianum da nobis hodie^{파넴 노스트룸 코티디아}^{눔 다 노비스 호디에}. "우리가 오늘 먹을 빵을 우리에게 주소서." 부귀영화를 누리게 해 달라는 요청은 하지 않는다. 심지어 내일 먹을 빵을 달라고도 하지 않는다. 소박한 바람이다. 오늘 먹을 빵으로 족하다니.

　　동사 sum은 '(나는) ~이다' 또는 '(나는) 있다', es는 '(당신은) ~이다' 또는 '(당신은) 있다'. es in cælis는 '하늘에 계신'. noster는 '우리의'라는 뜻.

fui quod es,
eris quod sum

한국어로 옮기기 까다롭다. 굳이 풀자면 '나의 과거는 당신의 현재, 당신의 미래는 나의 현재' 정도가 되겠다. '나'가 '당신' 보다 한 타임씩 앞섰다.

아마도 이 말의 뜻을 짐작할 수 있을 것이다. '나'는 죽은 사람. 옛날 묘비에 새기던 문장이다. hodie mihi, cras tibi, '오늘은 나에게, 내일은 너에게'와 비슷하다.

memento mori(죽음을 기억하라), 라틴어 격언에는 죽음에 관한 말이 많다. 죽음을 앞두고 금욕을 할지 carpe diem (오늘을 잡아라)처럼 더 즐겁게 살지는 각자의 선택이겠지만.

quod는 관계대명사, 영어로 what이다.

동사 fui는 '(나는) ~이었다', sum은 '(나는) ~이다'. 동사 es는 '(당신은) ~이다', eris는 '(당신은) ~일 것이다'. sum 은 자주 쓰이는 동사인데 변화 형태가 다양해서 라틴어를 배우는 사람을 괴롭힌다. 영어의 be 동사와 비슷하다.

donec eris felix

"당신이 행복할 때는." 원래 문장은 길다. donec eris felix, multos numerabis amicos; tempori se fuerint nubila, solus eris도넥 에리스 펠릭스, 물토스 누메라비스 아미코스. 템포리 세 푸에린트 누빌라, 솔루스 에리스. "당신이 행복할 때는 친구가 많을 것이다. 그러나 구름이 음울할 때는 혼자일 것이다."

　　로마 시인 오비디우스의 『슬픔』Tristia에 나오는 구절이다. 오비디우스는 톡톡 튀는 시를 잘 썼다. 점잖은 사람에게 좋게 보일 리 없었다. 그런데 하필 당시 로마 황제 아우구스투스가 역대급으로 점잖은 사람이었다.

　　오비디우스는 멀리 흑해 바닷가로 귀양을 갔다. 정확한 이유는 밝혀지지 않았다. 유배지에서 『슬픔』을 썼다. 옛 친구들이 자기를 잊었다고 시인은 한탄한다.

　　『논어』「자한」에 이런 구절이 나온다. 歲寒然後知松柏之後凋也세한연후지송백지후조야. "날이 추워진 다음에야 소나무와 잣나무가 늦게 시듦을 안다." 추사 김정희는 귀양 가서 걸작 『세한도』를 그렸고, 이 구절을 그림에 적었다.

　　동사 sum은 '(나는) ~이다', eris는 '(당신은) ~일 것이다'.

semper crescis aut decrescis

"그대는 언제나 차오르고 또 기운다."

「오, 운명의 여신이여」의 첫머리다. "오, 운명의 여신이여, 그대는 달과 같이 차오르고 또 기우는구나." 운명의 변덕을 노래하는 아름다운 구절이다.

그런데 밤하늘의 달을 보고 독자님은 상현달과 하현달을 자신 있게 말할 수 있는지? 나는 헷갈린다.

라틴어로 외우는 방법이 있다. 달이 차고 기우는 모습은 마치 로마자 C 같기도, D 같기도 하다. 그렇다면 C 자 달이 차오르는 상현달이고 D 자 달이 기우는 하현달일까? 반대다. 상현달이 D, 하현달이 C 모양이다. '달은 거짓말쟁이', 달은 모양과 뜻이 반대라고 외우시라.

동사 cresco는 '(나는) 차오른다', crescis는 '(그대는) 차오른다'. 동사 decresco는 '(나는) 기운다', decrescis는 '(그대는) 기운다'. 음악 용어 crescendo크레센도, '점점 크게'와 de-crescendo데크레센도, '점점 작게'가 여기서 왔다.

nunc obdurat et tunc curat

"언제는 괴롭히고, 언제는 달래 준다." 「오, 운명의 여신이여」
의 노랫말이다.

음악에 맞춰 「오, 운명의 여신이여」 1절을 따라 불러 보자.

o Fortuna, velut luna, statu variabilis 오 포르투나, 벨루트 루나, 스타
투 바리아빌리스. "오, 운명의 여신이여, 달과 같이 항상 변덕스러
운 이여."

semper crescis, aut decrescis, vita detestabilis 셈페르 크레스
치스, 아우트 데크레스치스, 비타 데테스타빌리스. "그대는 언제나 차오르고 또
기우는구나, 가증스러운 삶이여."

nunc obdurat, et tunc curat, ludo mentis aciem 눙크 오브두라
트, 에트 퉁크 쿠라트, 루도 멘티스 아치엠. "언제는 괴롭히고, 언제는 달래
주며, 마음을 농락하는구나."

egestatem, potestatem, dissolvit ut glaciem 에제스타템, 포테스타
템, 디솔비트 우트 글라치엠. "가난도 권세도 얼음처럼 녹인다네."

nunc는 '지금', tunc는 '그때'. obdurat는 '괴롭힌다',
curat는 '돌보아준다'. 시인은 비슷한 소리가 나는 단어들끼
리 묶어 말맛을 냈다.

qui est et qui erat et qui venturus est

"지금도 있고 과거에도 있었으며 앞으로 올 이." 과거와 현재
와 미래에 변함없이 존재할 이.

신약성서 요한묵시록에서 기독교의 신이 스스로를 가리
키는 표현이다. 귀양살이를 하던 사도 요한에게 신이 나투어
스스로를 이렇게 소개했다. Ego sum alpha et omega, prin-
cipium et finis, (……) qui est, et qui erat, et qui venturus
est, omnipotens에고 숨 알파 에트 오메가, 프린치피움 에트 피니스, 퀴 에스트, 에트 퀴
에라트, 에트 퀴 벤투루스 에스트, 옴니포텐스. "나는 알파요 오메가며, 시작이
요 끝이며, (지금) 있고, (과거에) 있었고, (미래에) 올 이며,
(……) 모든 것을 할 수 있다."(1장 8절)

동사 est는 '(그는) 있다'(현재), erat는 '있었다'(과거),
venturus est는 '올 것이다'(미래). 이 예문을 고른 것은 동사
sum의 다양한 시제 변화를 보여 드리고 싶어서였다.

gutta cavat lapidem

"물방울이 돌을 뚫는다." 강력한 한 방이 아니라 끊임없는 작은 노력이 큰 변화를 가져온다는 뜻이다.

시인 오비디우스가 쓴 말이다. 말년에 귀양을 간 흑해 바닷가에서 쓴 『흑해에서 보낸 편지』라는 시에 이 구절이 나온다(4권 10편). 앞뒤 문맥을 보면 여러 뜻으로 해석할 수 있다. 물방울처럼 꾸준히 탄원해 로마로 돌아가겠다는 의지도 되지만, 바위 같던 자신을 세월이 좀먹는다는 한탄도 된다.

젊은 시절 오비디우스는 이렇게 썼다. dura tamen molli saxa cavantur aqua두라 타멘 몰리 삭사 카완투르 아쿠아. "그러나 단단한 바위도 무릇 물에 깎이기 마련이다."『사랑의 기술』에 나오는 구절인데, 내용은 이성을 유혹하는 방법이다. 즉 끊임없이 들이대면 연애에 성공한다는 의미다(따라 하지 마시길).

물이 돌을 뚫는다는 심상은 같은데, 젊어서는 방탕한 쪽으로, 늙어서는 신세를 한탄하는 쪽으로 쓰였다. 한때 인생을 즐기던 시인의 딱한 말년이라고 할까.

동사 cavo는 '(나는) 깎는다', cavat는 '(그것은) 깎는다'. gutta는 '물방울이', lapidem은 '돌을'. 보석 이름을 뜻하는 lapis lazuli(청금석)에 살아남은 단어다.

bis dat qui cito dat

"빨리 주는 사람은 두 번 준다." 서둘러 주는 사람은 두 번 주는 효과를 거둔다는 뜻이다.

미적미적 망설이다 때를 놓치고 늦게 주는 사람은 반밖에 안 준 셈이 된다는 의미이기도 하다. 새겨들을 지혜다. 줄것 다 주고도 뒷말을 듣는 경우를 우리는 자주 보니까.

로마의 시인이자 수사학자였던 아우소니우스는 이런 말을 했다. gratia, quæ tarda est, ingrata est그라티아, 쿠아이 타르다 에스트, 인그라타 에스트. "늦은 호의는 반갑지 않다."

gratia그라티아와 grata그라타의 발음과 뜻이 비슷해서 쓴 말장난이라나. 아우소니우스는 덧붙인다. 빠르게 베푼 호의는 gratia grata magis그라티아 그라타 마기스라고. '더욱 반가운 호의'라는 뜻이다.

gratia는 뜻이 많아 해석이 어려운데, 여기서는 '호의'나 '베풂' 정도가 좋겠다. grata는 '반가운', ingrata는 '반갑지 않은'.

동사 do는 '(나는) 준다', dat는 '(그는) 준다'.

nemo dat quod non habet

"가지지 않은 것을 줄 수는 없다." 자기에게 소유권이 없는 물건은 남에게 양도할 수 없다는 뜻이다. 예를 들어 훔친 물건은 훔친 사람한테 소유권이 없다. 그런 물건을 팔면 무효가 된다.

nemo dat quod non habet는 법률에 관한 격언이다. 줄여서 nemo dat네모 다트 원칙이라고도 한다.

앞서 살핀 bona fide(신의 성실) 원칙과 묘한 관계다. 세 사람을 생각해 보자. 물건의 원래 소유자, 남의 물건을 판매한 사람, 다른 사람 물건인 줄 모르고 산 선의의 구매자. nemo dat 원칙에 따라 소유권은 판매한 사람이 아니라 원래 소유자에게 있다. 그런데 bona fide 원칙에 따르면, 모르고 물건을 산 사람도 손해를 보지 않아야 한다. 이 문제를 어떻게 해결해야 할까? 상황에 따라 다를 것이다.

nemo는 '아무도 없다'로 해석한다. 영어 no one과 같은 뜻이다. 동사 do는 '(나는) 준다', dat는 '(그는) 준다'. 동사 habeo는 '(나는) 가진다', habet는 '(그는) 가진다'.

 stabat Mater dolorosa

"슬픔에 찬 어머니가 서 계셨다." 예수의 어머니 마리아가 예수가 못 박힌 십자가 곁에 슬퍼하며 서 있었다는 노랫말이다.

stabat Mater dolorosa juxta crucem lacrimosa, dum pendebat Filius 스타바트 마테르 돌로로사, 죽스타 크루쳄 라크리모사, 둠 펜데바트 필리우스. "어머니는 서 있었다, 슬픔 많은 채. 십자가 곁에, 눈물 많은 채. 아들이 매달려 있는 동안."

「스타바트 마테르」는 종교음악으로 유명하다. 젊은 나이에 죽은 이탈리아의 음악가 페르골레시의 작품이 특히 사랑받는다.

로시니의 「스타바트 마테르」도 유명하다. 한때 오페라 작곡가로 국제적 명성을 얻었던 로시니가 나이 들어 쓴 작품으로, 로시니의 음악치고는 분위기 있고 종교음악치고는 어둡지 않다. 그래서 초연 때부터 지금까지 취향이 엇갈리는 작품이다. 가사를 보며 따라 부르기 좋은 곡이다. 라틴어 공부는 덤.

동사 sto는 '서다', stabat는 반과거라는 시제다. '서 있었다'는 의미. dolorosa는 '슬픔이 많은'. 사람 이름 Dolores 돌로레스가 여기서 왔다.

pecunia non olet

"돈은 냄새를 풍기지 않는다." 돈에서는 냄새가 나지 않는다는 말이다. 어떤 냄새를 말하는 걸까?

내전 끝에 정권을 잡은 로마 황제 베스파시아누스는 나라 살림이 거덜 났다는 사실을 알게 되었다. 세수 확대의 일환으로 소변에도 세금을 물리기로 했다. 로마 시대에 소변은 중요한 자원이었다. 소변을 잔뜩 모아 가죽을 무두질하거나 빨래할 때 이용했다.

사람들이 흉을 봤다. 아들 티투스가 세간의 평판을 전하자 베스파시아누스는 금화를 들이밀며 말했다. "냄새가 나느냐?" "안 납니다." "소변으로 거둔 세금이다." 역사가 수에토니우스가 전하는 pecunia non olet의 유래다.

'개같이 벌어 정승같이 쓴다'는 우리 속담과 다르면서도 비슷하다.

로마 황제 대부분이 동시대 사람에게 욕을 먹었지만, 베스파시아누스는 정치를 잘한 황제로 좋은 말을 들었다. 그 아들 티투스도 평판 좋은 황제가 되었다(티투스는 diem perdidi(하루를 헛되이 보냈다)라는 표현으로 유명하다).

pecunia는 '돈'. 동사 olet는 '(그것이) 냄새를 풍기다'.

olet lucernam

"등잔 냄새가 나다." 어디서 난다는 말일까?

르네상스 시대의 지식인 에라스뮈스에 따르면, 노력하는 작가의 글에서는 '등잔 냄새가 난다'. 밤새워 등불을 켜 놓고 글을 쓰기 때문이다. 에라스뮈스 본인 역시 글에서 등잔 냄새가 나는 작가였다.

고대 그리스 아테네의 웅변가 데모스테네스를 가리키던 표현이다. '데모스테네스의 논증에서는 등잔 냄새가 난다'는 평이 있었다. 생각나는 대로 말하지 않고 연설문을 집에서 미리 준비하는 노력파였기 때문이다.

plus olei quam vini consumere 플루스 올레이 쿠암 위니 콘수메레라는 말도 있다. '포도주보다 더 많은 기름을 쓰다.' 사람을 만나 포도주를 마시기보다 기름으로 등불을 켜고 방구석에서 밤새 글을 쓴다는 뜻이다.

옛날 지식인은 열심히 책을 썼다. 글로 불멸을 얻고, 글로 세상을 바꿀 수 있다고 믿었기 때문이리라. 지금은 어떨까? 책 쓰는 일은 여전히 밤을 새울 만큼 보람 있을까?

동사 olet는 '냄새가 나다'. lucernam은 '기름등잔을'.

sedet æternumque sedebit

"그는 앉아 있다, 그리고 영원히 앉아 있을 것이다." 어떤 상황일까? 누가 어디에 앉아 있다는 말일까?

로마 시인 베르길리우스의 서사시 『아이네아스』에 나오는 구절이다(6권 617행). 영웅서사시에는 저승 여행 장면이 나온다. 영웅 아이네이아스도 저승을 방문한다.

저승 여행에 빠지지 않는 요소는 지옥 관광, 유명 인사들이 저승에서 어떻게 지내는가를 보는 것이다. 아이네이아스는 아테네의 영웅이었던 테세우스가 저승의 바위에 엉덩이가 붙은 모습을 본다.

테세우스는 친구와 함께 저승의 여왕 페르세포네를 납치해 자기 짝으로 삼으려다가 저승에 붙잡혔다. 교만은 벌을 받는다. 감히 신의 영역을 넘보는 인간을 신은 특히 미워한다.

베르길리우스는 테세우스가 영원히 저승에 붙잡혀 있다고 썼다. 전승에 따라 헤라클레스가 훗날 테세우스를 구해 줬다는 신화도 있지만, 돌아온 테세우스는 과거의 영광을 되찾지 못했다. 플루타르코스는 테세우스가 여성을 납치하기 좋아해 몰락했다고 꼬집었다.

동사 sedet는 '(그는) 앉아 있다', sedebit는 '앉아 있을 것이다'.

quis custodiet ipsos custodes?

"감시자는 누가 감시하는가?" 영어 표현 Who watches the watchmen?으로 유명한 문장이다.

대단한 권력을 손에 쥔 감시자, 그런데 그 감시자는 누가 감시할까? 심오한 고민거리를 던지는 문장이다. 그러나 원래 쓰인 맥락은 뒷목을 잡게 만든다. 앞으로 불쾌한 내용을 보실 텐데, 독자님은 나를 미워하지 말길 바란다. 나는 그저 고대 문헌을 소개할 뿐이다.

이 표현은 로마 시인 유베날리스의 『풍자시집』 2권 6편 에 나온다. 시의 내용이 가관이다. 유베날리스에 따르면 '아 내는 불륜을 하기 마련'이라나. 남편이 아내를 감시하기 위해 감시자를 붙이면 그 감시자와 바람이 난다고 썼다.

너무 심했다. 남자 시인 유베날리스가 남자 독자를 향해 '요즘 여성은 부정하다'며 시시덕거리는 꼴이다. 로마가 지독 한 가부장제 사회였다는 점을 감안해도 유베날리스의 여성 혐오는 선을 넘은 것 같다.

아무려나 문장 자체는 원래 맥락과 분리되어 살아남았 다. 앨런 무어의 그래픽노블 『왓치맨』의 주제가 되기도.

vestis virum facit

"옷이 사람을 만든다." 옷을 잘 입으라는 이야기다. 고대 로마의 수사학자 퀸틸리아누스와 르네상스 시대의 지식인 에라스뮈스가 전하는 격언이다.

옛날의 지혜로운 사람들이 입을 모아 하는 말이니, 이 말을 따르는 편이 낫겠다. 일부러 옷을 흉하게 입어 손해 볼 이유는 없으니.

하지만 이상하다. rerum species sæpe fallax est(겉모습으로 판단하지 말라)라는 격언을 우리는 앞서 만나지 않았나? 이 격언은 옷만 화려하게 입은 사람을 보고 속지 말라는 뜻도 되지 않을까?

그래서 이렇게 생각하기로 했다. 나는 옷을 단정하게 입되, 다른 사람은 옷만 보고 평가하지 말자.

프랑스 작가 생텍쥐페리의 『어린 왕자』에 옷 이야기가 나온다. 소행성 B612호를 튀르키예 천문학자가 발견했는데, 이 사실을 허름한 전통 의상을 입고 발표한 까닭에 아무도 믿어 주지 않았다. 그러나 몇 년 후 근사한 양복을 입고 나타나 같은 내용을 다시 발표하자, 이번에는 모두 그의 말을 믿었다.

동사 facio는 '(나는) 만든다', facit는 '(그것은) 만든다'.

Michælangelus
faciebat

"미켈란젤로가 만들고 있었다." 무엇을 만들고 있었다는 뜻일까?

피렌체 사람 미켈란젤로가 로마에 가서 걸작 『피에타』를 막 완성했을 때의 일이다. 어떤 사람이 작품을 보고 감탄하더니 "아무개가 만든 작품일 것"이라며 다른 사람 이름을 댔다.

혈기왕성한 이십대 청년 미켈란젤로는 약이 올랐다. 밤중에 끌을 들고 가 성모마리아의 어깨띠 한복판에 새겨 넣었다. MICHÆLANGELVS BONAROTVS FLORENTINVS FA-CIEBAT 미켈란젤루스 보나로투스 플로렌티누스 파치에바트. '피렌체 사람 미켈란젤로 부오나로티가 만들고 있었다.'

아무리 자기 작품이라지만 민망한 일. 미켈란젤로는 나이 들어서 이 일을 후회했다나.

동사 facio는 '(나는) 만든다', faciebat는 '(그는) 만들고 있었다.' 라틴어에는 반과거라는 시제가 있다. '과거에 이런 일을 오랫동안 하고 있었다'는 의미. 고대 미술가들은 작품에 완료 시제 대신 반과거로 서명했다는데, 고전 문헌에 밝던 미켈란젤로가 옛일을 따라 한 것.

floruit

요즘도 역사책 같은 데에 자주 쓰이는 표현이다. 인물의 생몰이나 활동 연도 등을 표시할 때 다음과 같은 준말을 쓴다.

— n.(natus나투스[남성]/nata나타[여성]): '출생 연도'. 동사 nascor는 '태어나다', natus와 nata는 과거분사로 '태어난'. 요즘은 영어 b.를 더 많이 쓴다. 예: 아무개(n. 1974)

— ob.(obiit오비이트): '사망 연도'. 동사 obeo는 '죽다', obiit는 '(그는) 죽었다'. 요즘은 영어 d.를 더 많이 쓴다. died(죽었다)의 약자다. 예: 아무개(ob. 1519)

— fl.(floruit): '활동 연도'. 동사 floreo는 '꽃피우다' '번성하다', floruit는 '(그는) 번성했다'. 활동한 때는 알지만 정확한 생몰 연대를 모를 때 쓴다. 예: 아무개(fl. 1197-1229)

— r.(rexit렉시트): '재위 기간'. 동사 rego는 '다스리다' '임금 노릇 하다', rexit는 '(그는) 임금 노릇 했다'. 생몰 연대 대신 임금으로 재임했던 해를 표시할 때 쓴다. 예: 아무개(r. 1936-1952)

bene vixit qui bene latuit

"잘 숨어 지낸 자가 잘산 자다." 잘 숨어 사는 인생이 잘사는 인생이라는 뜻. 숨어 살기를 찬양하는 말이다.

로마 시인 오비디우스는 『슬픔』 3권 4번 시에서 한탄했다. "당신 자신을 위해 살라. 눈부신 삶과 유명한 이름을 피하라." 눈에 띄는 인생을 살아 봤자 공격이나 당할 뿐 실속이 없다는 이야기다. 자기가 유명하지 않았다면 귀양을 오지 않았으리라는 시인의 한탄이 들리는 듯하다.

그리스 철학자 에피쿠로스도 "숨어 살라"라고 말했다. 어느 연예인의 말이 한때 많은 공감을 받았다. "내가 아주 돈이 많고, 남들이 나를 모르면 좋겠어요."

날카롭지만 건강하지는 않다. '자기 한 몸 잘살겠다'는 세태를 꿰뚫는 날카로움이 있지만, 건강한 사회에서 나올 말은 아니다. 그래도 난세가 올 때마다 현명한 사람의 사랑을 받는 말이다.

형용사 bonus는 '좋은', 부사 bene는 '좋게' '잘'.

동사 vivo는 '(나는) 산다', vixit는 '(그는) 살았다'. 자주 나온 단어다.

동사 lateo는 '(나는) 숨다', latuit는 '(그는) 숨었다'.

NOVEMBER

XI

ipse dixit

"바로 그분이 말씀하셨다." 다름 아닌 그분 자신이 말씀하셨다는 뜻이다.

그분이 누구기에? 원래는 '피타고라스께서 말씀하셨다'였다. 피타고라스는 그리스의 수학자이자 철학자이자 종교 지도자였다('피타고라스 정리'의 그 사람 맞다). 그는 우주에 수학적 질서가 있고, 생명은 죽으면 윤회한다고 믿었다.

제자들이 그를 엄청 따랐다. 자기들끼리 의견을 나누다가도 ipse dixit, '이것은 피타고라스 그분의 말씀'이라고 하면 논쟁은 끝이었다. 피타고라스는 자신을 따르는 사람들을 데리고 종교 교단을 만들어 크로톤이라는 도시에서 영향력을 행사했다. 그런데 시민들의 미움을 받았다. 크로톤에서 폭동이 일어났고, 사람들이 교단을 습격했다. 피타고라스는 실의에 빠져 숨을 거두었다고 한다.

그의 수학과 철학은 살아남았다. 소크라테스나 플라톤 같은 철학자에게 영향을 주었다(플라톤은 윤회설을 믿었다). ipse dixit라는 말도 살아남았다. 권위 있는 사람의 의견을 오늘날에도 ipse dixit라고 한다.

ipse는 '(그 사람) 본인이'.

동사 dico는 '(나는) 말한다', dixit는 '(그는) 말했다'.

Fama crescit eundo

"소문은 갈수록 커진다."

　　소문은 사람들 사이를 거치며 통제할 수 없이 커진다. 나쁜 소문일수록 더 심하다. 로마 시인 베르길리우스의 서사시 『아이네아스』 4권에 나오는 문장이다. 영웅 아이네이아스와 카르타고의 여왕 디도는 서로 좋아했다. 그런데 두 사람을 두고 소문이 퍼졌다. Fama crescit eundo, "소문은 갈수록 커졌고" 이런 소문 때문에 디도는 슬픈 운명을 맞았다.

　　Fama는 로마 사람이 믿던 소문의 여신이다. 베르길리우스는 Fama를 무시무시한 존재로 그렸다. 수많은 깃털, 그만큼 많은 눈과 혀, 그만큼 많은 입과 귀로 이루어진 끔찍하고 거대한 괴물이라고 했다. 속도가 빠르고 움직일수록 덩치가 커졌다.

　　라틴어 fama는 '소문' 또는 '명예'라는 뜻. 머리글자를 대문자로 쓴 Fama는 '소문의 여신'. 영어 fame(명예)이 여기서 왔다.

　　동사 eo는 '가다', 동명사 eundo는 '감으로써'.

　　동사 cresco는 '(나는) 자란다', crescit는 '(그는) 자란다'라는 뜻.

exit

"그는 밖으로 나간다." 동사 exeo는 '(나는) 나간다', exit는 '(그는) 나간다'. 여기서 영어 exit(출구)가 왔다.

　　라틴어에서 비롯하였는데 뜻이 살짝 달라진 영어 단어를 살펴보자.

— plus: 라틴어로 '더 많은', 영어로 '더하기'.

— minus: 라틴어로 '더 작은', 영어로 '빼기'.

— extra: 라틴어로 '바깥에', 영어로 '추가의' 또는 '단역 배우'.

— interior: 라틴어로 '더 안의', 영어로 '내부'. 우리에게 익숙한 '인테리어'라는 말이 여기서 왔다.

— medium: 라틴어로 '중간', 영어로 '매체'.

— video: 라틴어로 '(나는) 본다', 영어로 '비디오'.

— bonus: 라틴어로 '좋은', 영어로 '상여금'. 우리가 흔히 쓰는 말 '보너스'.

— campus: 라틴어로 '들판', 영어로 '대학 교정', 즉 '대학 캠퍼스'.

— via: 라틴어로 '길', 영어로 '~를 경유하여'라는 전치사.

— alias: 라틴어로 '다른 때에' '다른 곳에', 영어로 '가명'.

— superior: 라틴어로 '더 위에', 영어로 '우수한'.

Deus vult

"신이 원한다." 무엇을 원한다는 말일까?

"성지 예루살렘을 정복하길 신이 원한다." Deus vult는 1차 십자군의 구호였다. 1차 십자군은 1099년에 예루살렘의 주민을 학살하고 성지를 점령해 왕국을 세웠다.

신이 바란 것이 정말 살육일까? 내 생각은 그렇지 않다. 하지만 전쟁에 참여한 독실한 기독교신자 가운데 그렇게 믿은 사람도 제법 있었나 보다.

마라트안누만이라는 도시에서 십자군을 이끌던 기사들이 주민을 살려 주고 몸값을 뜯으려고 했다. 그러자 '독실한 신자들'이 도시를 파괴하고 주민을 닥치는 대로 살해했다. 무슬림을 죽이고 그 살코기를 먹었다는 기록도 있다. 몸값을 욕심내지 않는 순수한 신앙(살인)을 신이 기뻐한다고 믿었나. 가톨릭의 끔찍한 흑역사다.

동사 volo는 '(나는) 원한다', vult는 '(그가) 원한다'. mundus vult decipi(세상은 속여주기를 바란다)에서 만났던 불규칙동사다.

1차 십자군의 구호가 "신이 그것을 원한다"라고 쓴 글을 가끔 보는데, 프랑스어나 이탈리아어 구호를 다시 번역한 경우일 것이다. 라틴어로는 '그것을' 없이 Deus vult라고 쓴다.

ignoramus et
ignorabimus

"우리는 모른다, 앞으로도 모를 것이다." 인간이 아무리 노력해도 끝내 알 수 없는 비밀이 존재할 것이라는 의미로, 과학의 한계에 대한 라틴어 격언이다.

과학이 무섭게 발전하던 19세기 말, 조금 더 노력하면 인간의 이성이 우주의 모든 비밀을 밝혀낼 것 같던 때의 일이다. 독일의 과학자 뒤 부아레몽이 '세계의 수수께끼'를 발표한다. 당시 과학이 밝히지 못하는 문제, 앞으로도 밝히지 못할 것 같은 문제를 추렸다. 이 가운데 몇몇 수수께끼는 지금도 풀리지 않았다. 앞으로도 답을 찾기 어려울 것 같다고 한다. 인간의 이성도 한계가 있는 것이다.

동사 ignoro는 '(나는) 모른다', ignoramus는 '(우리는) 모른다'. ignorabo는 '(나는) 모를 것이다', ignorabimus는 '(우리는) 모를 것이다'. 명사는 ignorantia, '모름'. ignorantia iuris non excusat(법을 모르는 것은 변명이 되지 않는다)에서 만난 단어다. 영어 ignore(모르다)와 ignorant(무지한)가 여기서 왔다.

ad te clamamus

"당신에게 울부짖는다." 종교음악 「살베 레지나」에 나오는 구절이다. 앞부분의 가사를 salve Regina(평안하소서, 여왕이여!)에서 풀이한 적 있다. 이어지는 부분을 따라 불러 보자. 노래로 공부하는 라틴어.

　　ad te clamamus exsules filii Hevæ아드 테 클라마무스 엑술레스 필리이 헤베. "하와의 추방당한 후손인 우리는 당신에게 울부짖습니다." ad te suspiramus, gemetes et flentes아드 테 수스피라무스, 제멘테스 에트 플렌테스. "탄식하고 울며 당신에게 부르짖습니다." in hac lacrimarum valle인 하크 라크리마룸 발레. "이 눈물의 골짜기에서."

　　동사 clamo는 '(나는) 울부짖다', clamamus는 '(우리는) 울부짖다', 현재분사 clamantis는 '부르짖는 (사람)의', vox clamantis in deserto(광야에서 외치는 자의 목소리)에서 만난 단어다.

　　동사 spiro는 '(나는) 숨 쉬다', suspiro는 '(나는) 한숨 쉬다', suspiramus는 '(우리는) 한숨 쉬다'.

habemus papam

"우리에겐 교황이 있다."

가톨릭에서 신부나 교황을 '아버지'라고 부른다. 한자말로 신부神父에 아비 부父를 쓴다. 교황의 자리가 비면 새 교황을 뽑는다. 교황이 선출되면 이렇게 외친다. "우리에겐 교황이 있다."

이 책에 가톨릭 이야기가 자주 나와 다른 종교를 믿거나 무교인 독자님은 좀 불편할까 걱정이다. 그래도 어쩔 수 없는 노릇이다. 가톨릭이 라틴어를 사용한 지 2천 년이고, 로마교황청은 아직도 라틴어가 공식 언어다. 라틴어를 소개하는 책에 기독교와 가톨릭 이야기가 안 나올 수 없다. 독자님의 관용을 바랄 뿐.

라틴어 papa는 '아버지가' 또는 '교황이', papam은 '아버지를' 또는 '교황을'. 영어 papal은 '교황의', papacy는 '교황의 지위' 또는 '교황의 임기'. 영어로 교황은 pope.

동사 habeo는 '(나는) 가진다', habemus는 '(우리는) 가진다'. 영어 have(가지다)와 독일어 haben하벤(가지다)이 여기서 나왔을 것 같지만, 놀랍게도 관계가 없다고 한다.

eritis sicut Deus

"너희도 신과 같이 되리라." 어떻게 하면 신처럼 된다는 걸까?

『구약성서』「창세기」에 나오는 이야기다. 뱀이 인간을 유혹했다. 금지된 열매인 '선악과'를 따 먹으라고. 인간은 주저했다. 선악과를 먹으면 죽게 될까 두려웠다. 뱀이 말했다. "선악과를 먹으면 죽는 게 아니다. 너희는 선과 악을 알게 될 것이다. 그러면 너희도 신과 같이 되리라."(3장 4절과 5절)

흥미로운 사실이 있다. 『라틴어 성서』원문에는 이렇게 적혀 있다. eritis sicut dii scientes bonum et malum에리티스 시쿠트 디이 스키엔테스 보눔 에트 말룸. "너희도 선과 악을 아는 신들과 같이 되리라."

단수 Deus(신)라고 쓰지 않고 복수 dii(신들)라고 쓴 까닭은 뭘까? 삼위일체, 장엄 복수 등 여러 설명이 있다. 다신교의 흔적이라는 설명도 눈길을 끈다.

동사 sum은 '(나는) ~이다', ero는 '(나는) ~이리라'. 동사 es는 '(너는) ~이다', eris는 '(너는) ~이리라', eritis는 '(너희는) ~이리라'.

graviora manent

"더 무거운 시련이 남아 있다." 최악의 상황은 아직 오지 않았다는 뜻이다.

서사시 『아이네아스』 6권에 나오는 구절이다. 트로이아 멸망 후 떠돌아다니던 영웅 아이네이아스는 이 고생이 언제 어떻게 끝날지 궁금해, 쿠마이 땅의 시빌 sibyl을 만나 앞날을 물어보기로 한다.

"바다의 위험은 끝났다." 시빌은 말한다. sed terræ graviora manent세드 테라이 그라위오라 마넨트. "하지만 땅의 더 무거운 시련들이 기다린다." 육지에서 고생은 끝나지 않았다. 아이네이아스와 트로이아 유민들은 장차 뭍에서 전쟁을 치르게 될 것이라는 예언이다.

쿠마이 땅의 시빌은 아폴론 신전의 여사제다. 아폴론 신(로마 이름은 아폴로)의 계시를 받아 신점을 쳤다. 신에게 선물로 긴 수명을 받았지만 영원한 젊음은 받지 못해 나날이 몸이 줄어들다 목소리만 남았다는 전설이 있다. 시빌의 예언은 고대 로마 시대에 유명했다. 뒤이은 기독교 시대에도 시빌의 예언은 존중받았다.

동사 maneo는 '(나는) 머문다', manent는 '(그것들은) 머문다'라는 뜻.

inter arma enim silent leges

"전쟁 중에 법은 침묵한다." 전쟁 중에는 법이 작동하지 않는 다는 뜻이다.

　　요즘 말로 '국가비상사태'. 전쟁이 터지면 국민의 안전이 더 중요하다는 명분 때문에 시민의 권리는 평화 시처럼 보장받기 어렵다.

　　문제는 권리 제한을 어느 정도까지 받아들이느냐 하는 것이다. 19세기와 20세기에 미국도 남북전쟁 당시 링컨 대통령이 시민의 권리를 제한했고, 2차대전 때 루스벨트 대통령은 일본계 미국인을 수용소에 가두었다. 링컨이나 루스벨트는 민주주의를 지킨 대통령이라 불리는데도 그렇다.

　　전쟁 중에 법은 어디까지 침묵해야 할까? 고민할 문제다.

　　arma는 '무기들' '전쟁'. 영어 armament(군비)와 관계 있는 단어다. 『아이네아스』 첫 구절 arma virumque cano(무기와 한 남자를 나는 노래하노라)에서 만난 적 있다.

　　enim은 '왜냐하면' '사실상'.

　　동사 sileo는 '(나는) 조용히 하다', silent는 '(그들은) 조용히 하다', 현재분사는 silens, '조용히 하는'. 영어 silent(조용한)가 여기서 왔다.

damnant quod non intelligunt

"사람들은 자기가 이해하지 못하는 것을 비난한다." 세상에 이해받지 못하는 지식인의 푸념처럼 들린다. 세상 사람이 자기를 비난하는 까닭은 자기를 이해하지 못하기 때문이라는 것이다.

원래 문장은 그런 어감이 아니었다. 로마의 수사학자 퀸틸리아누스는 『웅변술』이라는 책을 썼다. 좋은 웅변가가 되려면? 훌륭한 저자의 책을 열심히 읽어야 한다.

훌륭한 저자의 책을 읽을 때 주의할 점은? "겸손하고 신중해야 한다. 흔히 그러하듯 자기가 이해하지 못한다고 비난해서는 안 된다."(10권 1장) 원래는 고전을 읽을 때 주의할 점을 설명한 맥락이었다.

고대 로마의 수사학은 변호사와 정치가가 되기 위한 필수 코스였다는 점을 짚고 넘어가자. 옛날 사람의 고전 인문학 공부란 잘 먹고 잘살기 위한 공부의 측면이 없지 않았다. 그러니 그토록 열심히 읽었을 터다.

동사 damno는 '(나는) 비난한다', damnant는 '(그들은) 비난한다'. intellego 또는 intelligo는 '(나는) 이해한다', intelligunt는 '(그들은) 이해한다'.

tertium non datur

"세 번째는 없다." 이것과 저것만 있을 뿐, 세 번째 선택지는 없다는 뜻이다.

　　논리학에서는 배중률排中律이라고 한다. 이것 아니면 저것뿐, 중간 선택中을 배척하는排 규칙律이다. 예를 들어 '소크라테스는 죽었다'와 '소크라테스는 살아 있다' 중에 하나만 참일 수 있고, '죽었으면서 살아 있다' 같은 세 번째 명제는 불가능하다는 말이다.

　　'어떤 자연수는 짝수이거나 홀수다' 역시 좋은 예다. 짝수인 경우와 홀수인 경우만 존재하고, 제3의 경우는 존재하지 않기 때문이다.

　　주의하시길. 흑백논리와는 다르다. '당신은 우리 편 아니면 적이다' 같은 말은 논리적으로 잘못되었다. 무관심하거나 생각이 아예 다를 수도 있기 때문이다. '착한 사람 아니면 악당' 역시 마찬가지다. 적당히 착하고 적당히 못된 어중간한 사람이 세상에는 많다. '자유시장경제를 지지하지 않으면 공산주의자'라는 오류는 현대사를 통해 지겹게 만났다.

　　동사 do는 '(나는) 준다', dat는 '(그는) 준다', 수동태 datur는 '(그것이) 주어진다'.

solvitur ambulando

"걷다 보면 해결된다."

걷기를 찬양하는 사람들이 좋아하는 말이다. 걷다 보면 기분 전환이 된다는 설도, 발바닥을 자극하면 뇌가 자극받는다는 설도 있다. 이유는 모르지만, 많은 사람이 해 봤더니 효과가 있더라는 방법이다. 나도 아이디어가 안 떠오르면 산책을 하거나 방 안을 빙빙 돈다.

'걷는다'는 말을 은유로 해석하는 경우도 있다. 뭐라도 가볍게 실천하다 보면 문제 해결에 도움이 된다는 의미다. 손 놓고 고민만 하기보다 작은 것부터 풀어 보자는 말이다.

동사 solvo는 '(나는) 푼다', 수동태 solvitur는 '(그것은) 풀린다'. 영어 solve(풀다)와 dissolve(녹다)가 여기서 왔다.

동사 ambulo는 '(나는) 걷는다', 동명사 ambulandus는 '걷기', ambulando는 '걸음으로써'.

한편 현재분사는 ambulans(걷는)다. 훗날 프랑스어 hôpital ambulant오피탈 앙뷜랑, '움직이는 병원'이란 말이 됐다. 영어 ambulance(앰뷸런스, 구급차)가 여기서 왔다.

non numerantur,
sed ponderantur

"수로 헤아릴 수 없다, 무게로 달아야 한다." 엄청나게 많은 양의 문서를 일컫는 말이다.

　20세기 헝가리의 수학자 에르되시 팔의 업적을 가리킬 때 이 말을 쓴다. 그는 평생에 걸쳐 약 1500편의 수학 논문을 썼다고 한다. 에르되시 팔은 세계 곳곳을 돌아다니며 다양한 수학자 친구를 만나 공동연구를 하며 인생을 보냈다.

　동양의 비슷한 예로 중국 진나라의 진시황제를 들 수 있다. 사마천의 『사기』 「진시황본기」를 보면, 시황제는 일을 열심히 했다. 공문서를 수로 세지 않고 "무게로 달아서 읽었다"라고 한다. 이토록 열심히 일했는데 왜 진나라는 망했을까? 혼자 일했던 것이 원인이라고 사마천은 암시한다. 수학자 에르되시 팔은 친구가 많아서 다행이다.

　동사 numero는 '(나는) 수를 헤아린다', 수동태 numerantur는 '(그것들은) 수로 헤아려진다'.

　동사 pondero는 '(나는) 무게를 단다', 수동태 ponderantur는 '(그것들은) 무게로 달아진다'. 영어 ponder(무겁게 생각하다, 즉 심사숙고하다)가 여기서 왔다.

omnia mutantur,
nihil interit

"모든 것은 변화할 뿐 사라지는 것은 없다." 죽어도 사라지지 않고 다만 변화할 뿐이다. '윤회사상'을 가리키는 말이다.

로마 시인 오비디우스의 『변신 이야기』 마지막 권에 나오는 구절이다. 고대 서양에는 환생을 믿는 사람이 많았다. 앞서 말한 피타고라스도, 유명한 철학자 소크라테스와 플라톤도 그리고 로마의 오비디우스도 마찬가지였다.

윤회를 믿는 사람은 오늘날에도 많다. 옛날 서양의 현자들도 환생을 믿었다는 사실이 반가울지도 모르겠다.

때로 이 문장은 환생과 관련 없이 해석되기도 한다. 세상 모든 것이 변화해도 우리 본질은 변하지 않는다는 뜻도 된다. 이 말이 내일 만날 문장과 어떻게 닮았고 어떻게 다른지 기대하시길.

동사 muto는 '(나는) 변화시킨다', 수동태 mutantur는 '(그들은) 변화한다'. mutatis mutandis(변경해야 할 것을 변경해서)에서 만난 적 있다.

동사 eo는 '(나는) 간다', intereo는 '사이로 간다', 즉 '사라지다' '죽다'라는 뜻. interit는 '(그것은) 사라진다'.

tempora mutantur et nos mutamur in illis

"시대가 달라지면 우리 역시 달라진다." 시대가 변하면 사람도 변한다는 뜻으로, 변화를 긍정하는 문장이다.

어제 만난 오비디우스의 시구와 닮았으면서도 다르다. omnia mutantur, nihil interit는 세상이 변해도 우리 본질은 변하지 않는다는 뜻인데, 이 문장은 세상이 변하면 우리 역시 달라진다는 사실을 당연히 받아들이자는 의미다.

16세기 종교개혁 때 개신교에서 쓰던 말이다. tempora mutantur, 개혁의 때가 왔으니, et nos mutamur, 우리의 기독교 신앙도 달라져야 한다.

오늘날에도 변화와 개혁을 언급할 때 사용하는 표현이다. 영국의 보수정치인 제이컵 리스모그가 2017년에 이 말을 트위터에 올려 다시 화제가 되었다.

nos는 '우리는', in illis는 '그것들 속에서', 여기서는 문맥상 '시간들 속에서'가 되겠다. 동사 muto는 '(나는) 변화시킨다', 수동태 mutamur는 '우리는 달라진다', mutantur는 '(그들은) 달라진다'.

si vis amari, ama

"사랑받기를 원한다면 사랑하라." 사랑하는 것이 먼저, 사랑받는 것은 나중의 일이다.

원래는 연애 관계가 아니라 우정을 위한 조언이다. "어떻게 빨리 친구를 사귈 수 있을까? 약물도, 약초도, 마법의 주문도 없이." 로마의 지식인 세네카는 이렇게 썼다. "사랑받고 싶다면 사랑하라."

요즘 시대에는 연애도 우정도 시작하기 어렵다는 이야기를 자주 듣는다. 사랑을 받고는 싶은데 주기는 아깝다. 사회도 우리 삶도 각박해서 그럴까. 남에게 마음을 주기 전에 그 마음을 돌려받을 수 있을지 먼저 재고 따지게 된다.

그래도 세네카의 말대로 사랑을 받는 가장 빠른 방법이 먼저 사랑을 주는 것이라면, 내가 사랑받기 위한 좋은 '투자'가 아닐까.

동사 amo는 '(나는) 사랑한다', 명령법 ama는 '(당신은) 사랑하라', 능동 부정사 amare는 '사랑하기', 수동 부정사 amari는 '사랑받기'.

si는 '만약', vis는 '(당신이) 원한다면'. si vis pacem, para bellum(평화를 바란다면 전쟁을 준비하라)에서 만난 단어들이다.

parturiunt montes,
nascetur ridiculus mus

"산고를 겪는 것은 산. 태어날 것은 우스꽝스러운 쥐." 산이 우르릉 쾅쾅 울리기에 대단한 괴물이라도 태어나는 줄 알았는데, 겨우 작은 쥐 한 마리가 나왔다는 뜻이다.

한자말 태산명동서일필泰山鳴動鼠一匹과 닮았다. '태산이 소리 내 움직이더니 쥐 한 마리가 나왔다.' 그런데 이상하다. 이 말과 저 말이 닮아도 너무 닮았다.

사실 이 말은 원래 동양의 옛 격언이 아니라 로마 시인 호라티우스의 시구절을 한자로 번역한 것이다.

명사 mons는 '산이', montes는 '산들이'. 프랑스어 mont몽(산)과 영어 mountain(산)이 여기서 나왔다.

명사 mus는 '쥐가', 영어 mouse(쥐)와 독일어 maus마우스(쥐)의 조상. 영어 muscle(근육)도 같은 어원이다. 로마 사람들은 알통이 쥐처럼 생겼다나.

동사 parturio는 '어려운 일을 겪는다' 또는 '임신을 하다'는 뜻이다. parturiunt는 '산고를 겪다' 또는 '소리내 움직이다'로 옮겼다. 동사 nascor는 '(나는) 태어나다'. 수동태 형태지만 능동의 뜻. nascetur는 '(그는) 태어날 것이다'. ridiculus는 '우스꽝스러운'. 영어 단어 ridiculous와 같다.

quem di diligunt
adulescens moritur

"신들이 사랑하는 사람은 젊어서 죽는다." 젊은 나이에 세상을 떠난 천재를 안타까워하며 그리는 말일까? 그렇다면 너무 슬픈 말이다.

안심해도 좋다. 원래 출처는 로마의 희극으로, 유쾌하고 잔인한 농담이다.

로마의 희극작가 플라우투스의 「바키데스」에서 노예 크리살루스가 자기 주인의 아버지 니코불루스 노인을 놀리며 이 말을 한다. '신들의 사랑을 받았다면 젊어서 죽었을 터인데, 저 나이가 되도록 살아 있는 걸 보면 신들도 저이를 좋아하지 않는 것이다'라는 의미로.

관계대명사 quem은 영어의 whom, '~하는 사람을'이라는 뜻이다.

di는 '신들이', 앞서 만난 dii와 같은 단어다.

동사 diligo는 '(나는) 좋아한다', diligunt는 '(그들은) 좋아한다'. 영어 diligent(성실한)가 여기서 왔다. 좋아하는 일은 성실히 하기 때문.

동사 morior는 '(나는) 죽는다'라는 뜻. 형태는 수동태지만 뜻은 능동이다. 이런 동사들을 불완전동사라고 한다. moritur는 '(그는) 죽는다'.

saxa loquuntur

"돌이 말한다." 사람이 말하지 못하게 입을 틀어막는다면, 대신 땅의 돌이 외치리라는 말이다.

『신약성서』「루가복음」에 나온다. 예수가 예루살렘 도시에 들어가려 할 때 예수를 지지하는 사람들이 환영했다. 예수를 마땅치 않게 생각하는 사람들이 그들을 침묵시키려 하자 예수가 말한다. "저 사람들이 말하지 않으면 돌이 말할 것이다."

나중에는 종교적 맥락을 떠나 사람의 입을 막을 수 없다는 뜻으로 쓰이게 됐다. '닭의 모가지를 비틀어도 새벽은 온다'와 비슷한 뉘앙스다.

역사를 통틀어 돌은 저항의 수단으로 쓰였다. 옛날 이스라엘의 양치기 소년 다윗은 자기 땅을 침략한 팔레스타인 장군 골리앗을 돌팔매로 쓰러뜨렸다. 20세기에는 자기 땅을 침략한 이스라엘 군대에 맞서 팔레스타인 사람들이 돌팔매질을 했다. 돌을 들어 침묵을 깼다.

명사 saxum은 '돌', saxa는 '돌들'.

동사 loquor는 '(나는) 말한다', 형태는 수동태인데 뜻은 능동인 불완전동사다. loquuntur는 '(그들이) 말한다'. 영어 eloquent(말을 잘하는)에 흔적이 남아 있다.

cras amet qui numquam amavit

"사랑해 본 적 없는 사람은 내일 당장 사랑하라." 지금껏 사랑해 본 적 없는 사람은 내일이라도 사랑을 시작하라는 뜻이다.

「베누스의 밤샘 축제」라는 라틴어 시에 나오는 후렴구다. Cras amet qui numquam amavit, quique amavit cras amet 크라스 아메트 퀴 눔쿠암 아마비트, 퀴퀘 아마비트 크라스 아메트. "사랑해 본 적 없는 사람은 내일 당장 사랑할지어다, 사랑해 본 사람은 내일 다시 사랑할지어다."

Venus는 로마 사랑의 여신, 그리스신화의 아프로디테에 해당한다. 영어식으로 읽으면 비너스다. 로마의 건국시조 아이네이아스의 어머니이기도 하다.

동사 amo는 '(나는) 사랑한다', 현재완료 amavit는 '(그는) 사랑했다', numquam amavit는 '(그는) 사랑한 적 없다'.

동사 amet는 접속법이다. 뜻은 '(그가) 사랑할지어다, (그가) 사랑하게 하라'. 라틴어는 프랑스어와 독일어처럼 접속법이 있다. 접속법에는 여러 용법이 있는데, 접속사 없이 쓰여 이 글처럼 '~할지어다'라는 뜻으로 사용되기도 한다.

do ut des

"당신이 주는 만큼 나는 드린다." 당신이 주는 만큼 내가 주고, 내가 주는 만큼 당신이 주어야 한다는 요구다. 로마 시대에 물건을 사고파는 사람이 주고받았을 말일까?

아니다. 고대 로마 사람의 종교에 대한 관념이라고 한다. 신에게 이런 요청을 했던 셈이다. 인간이 이만큼 제물을 바치고 신을 섬겼으니, 신도 그만큼 인간에게 무언가를 해 주어야 한다고 여겼다.

고대 그리스와 로마에서 신과 인간의 관계는 오늘날 우리가 생각하는 관계와 제법 다르다. 로마 사회가 다신교라서 가능한 관념이었을지도 모르겠다. 신이 그만큼 돌려주지 않으면 다른 신을 믿으면 그만이었을 테니.

기독교 같은 일신교에서는 이런 믿음을 가지면 곤란하다고 가르친다. 열심히 기도한다고 해서 신이 우리 소원을 바로바로 들어주지는 않는다는 사실을 경험한 다음에 나온 믿음이다(하지만 여전히 이런 셈법으로 종교를 믿는 사람도 제법 있어 보인다).

동사 do는 '(나는) 준다', des는 접속법으로 '(당신은) 준다'. 접속사 ut 뒤에 쓰이기 때문에 접속법 동사를 썼다. ut des는 '(당신이) 주는 만큼'.

vive ut vivas

"당신 자신의 삶을 살라." 인생을 충실히 살라는 뜻이다.

살다 보면 내 뜻대로 되지 않는 일이 많다. 가끔은 내가 남의 뜻대로 사는 것 같아 답답하다. 남의 인생을 대신 살아 주는 것 같다.

그런데 20세기 프랑스의 지식인 사르트르는 "우리는 우리 자신이 선택한 대로 산다"라고 했다. "중요한 선택을 남의 결정에 맡기는 사람도 있을 것이다. 그런데 대신 결정해 줄 사람을 고르는 것도 역시 자기 몫이다. 어떤 결정을 해 줄지 대략 짐작한 상태에서 우리는 그 사람을 고른다." 『실존주의는 휴머니즘이다』라는 책에서 사르트르는 말했다.

vive ut vivas는 자기 인생을 즐긴다는 뜻도 되겠지만, 자기 인생에 대해 스스로 책임을 진다는 의미도 될 것이다. 내 인생은 내 선택의 결과다. 그러므로 선택의 갈림길에 설 때마다 잘 생각해야 한다.

동사 vivo는 '(나는) 산다', vives는 '(당신은) 산다', 명령법 vive는 '(당신은) 살라', ut vivas는 '(당신이) 사는 것처럼'이라는 뜻.

vivat crescat floreat

"살리라, 성장하리라, 번성하리라."

중세 시대부터 인기 있었던 구절로, 옛날 독일 대학생들은 머리글자 V와 C와 F를 겹쳐 써서 행운을 기원했다고 한다.

동사 vivo는 '(나는) 산다', 명령법 vive은 '(당신은) 살라', 접속사 없이 접속법 vivat는 '(그가) 살게 하라' '(그가) 살리라'라는 뜻.

동사 cresco는 '(나는) 자란다', 접속법 crescat는 '(그는) 자라리라'(그대는 언제나 차오르고 또 기운다)라는 뜻. 『카르미나 부라나』의 semper cerscis aut decrescis라는 문장에서 보았다. 영어 crescent(초승달 모양)의 어원이다. 프랑스 빵 이름 croissant(크루아상)도 여기서 왔다.

동사 floro는 '(나는) 번성한다', 접속법 floreat는 '그가 번성하게 하라'. floruit라는 표현으로 만난 적 있다. 영어 flourish(번창하다), florescent(꽃이 핀)의 어원이다. flower(꽃)라는 단어와도 관계있다. flour(밀가루)는 '밀의 가장 좋은 부분'이라는 뜻에서 온 말.

requiescat in pace

"평안히 잠드소서, 평화 속에서." 죽은 사람의 묘비에 새기는 글귀다.

서양 묘비에 R.I.P.라고 쓰인 것을 만화나 영화에서 자주 본다. 영어 Rest In Peace의 머리글자라고 흔히 알고 있다. 사실은 requiescat in pace의 머리글자다. 어느 쪽이건 뜻은 똑같지만.

죽은 사람이 평화롭게 쉬기를 바라는 마음은 동양이나 서양이나 마찬가지일 터다. de mortuis nil nisi bonum(죽은 이에 대해서는 좋은 말만 하라)이라는 말에 이러한 마음새가 담겨 있는 것 같다.

명사 requies는 '휴식이', requiem은 '휴식을'. requiem æternam dona eis Domine에서 만난 적 있다. "주여, 그들에게 영원한 안식을 주소서." 동사 reqiesco는 '(나는) 쉰다', 접속법 requiescat는 '(그가) 쉬게 하소서'.

명사 pax는 '평화가', pacem은 '평화를', in pace는 '평화 속에서', 즉 '평화롭게'. dona nobis pacem(우리에게 평화를 주소서) 등의 문장에서 만난 단어다.

fiat lux

"빛이 있으라." 유대교와 기독교에서 말하는 천지창조의 첫 번째 단계다.

구약성서 창세기 첫머리는 다음과 같다. in principio creavit Deus cælum et terram^{인 프린치피오 크레아비트 데우스 첼룸 에트 테람}. "한 처음에 신은 하늘과 땅을 창조했다."(1장 1절) dixitque Deus, fiat lux, et facta est lux^{딕시트퀘 데우스, 피아트 룩스, 에트 팍타 에스트 룩스}. "그리고 신이 말했다, '빛이 있으라', 그러자 빛이 만들어졌다."(1장 3절). 언어로 세상을 창조한 이야기다.

동사 fio는 동사 facio(만들다, 행하다)의 수동태로 쓰인다. 접속법 fiat는 '(그것이) 만들어질지어다'.

이탈리아 자동차 브랜드 Fiat^{피아트}의 이름이 여기서 왔다. 라틴어를 브랜드명으로 쓴 자동차는 다음과 같다.

— Audi^{아우디}: '(당신은) 들으라'는 뜻. 창업자 이름 호르히 ^{Horch}를 라틴어로 옮긴 것이다.

— Volvo^{볼보}: '(나는) 굴러간다'라는 뜻.

— Lexus^{렉서스}: 정확한 뜻이 알려지지 않은 신조어. 라틴어는 아니지만 고급스러운 이미지를 위해 라틴어처럼 보이게 만들었다.

fiat voluntas tua

"당신의 뜻이 이루어지게 하소서." 주기도문의 세 번째 바람이다. 주기도문에는 일곱 가지 바라는 바가 나오는데, 처음 세 가지 바람을 접속법으로 썼다.

첫 번째는 sanctificetur nomen tuum^{상티피체투르 노멘 투움}, "당신 이름이 거룩하게 하소서." 두 번째는 adveniat regnum tuum^{아드베니아트 레늄 투움}, "당신 왕국이 오게 하소서." 세 번째는 fiat voluntas tua sicut in cælo et in terra^{피아트 볼룬타스 투아 시쿠트 인 첼로 에트 인 테라} "당신 뜻이 하늘에서와 같이 땅에서도 이루어지게 하소서". 접속법의 다양한 용례다.

두 번째와 세 번째 바람을 어떻게 해석할까? 세상의 종말을 기원하는 기도로 해석해야 한다는 의견도 있다. '우리가 당신 나라로 가게 해 달라'고 기도하는 대신 '당신의 왕국과 당신 뜻이 이 세상에서 이루어지기를' 바라기 때문이다. 해석은 기도하는 사람 각자의 몫이겠지만.

fiat는 '이루어지게 하라' '이루어지소서'.

명사 voluntas(의지)는 동사 volo(바라다)와 관계있는 단어다. Deus vult(신이 원한다)라는 표현에서 만났다.

fiat iustitia, et pereat mundus

"세상이 망하더라도 정의를 이루라."

신성로마제국 황제 페르디난트 1세가 이 말을 좋아했다고 한다. 오랫동안 살아남은 말이다. 세상에 불의가 판칠 때면 많은 사람이 이 말을 떠올리며 위안을 삼았다.

비슷한 라틴어 격언이 있다. fiat iustitia, ruat cælum[피아트 유스티티아, 루아트 카일룸], '하늘이 무너지더라도 정의를 세우라'는 뜻이다.

그런데 이 말은 위험할 수도 있다. 정의에 대한 생각이 서로 엇갈릴 때는 특히 그러하다. 페르디난트 1세도 나라 살림을 꾸릴 때는 이 말을 꼭 따르지는 않았다고 한다.

동사 fio는 '이루어지다', 접속법 fiat는 '이루어지게 하라'.

동사 pereo는 '(나는) 완전히 간다', 즉 '나는 죽는다'라는 뜻. qualis artifex pereo?(나는 어떤 예술가로 죽는가)에서 만난 적 있다. 접속법 pereat는 '죽게 하라' 즉 '망하게 하라'는 뜻.

ne bos quidem pereat

"황소 한 마리조차 상하지 않게 하라." 어떤 뜻일까? 어떤 상황에서 황소가 상할까?

이 격언은 좋은 이웃의 중요성을 강조한 말이라고 한다. 좋은 이웃을 만나야 나쁜 이웃 때문에 우리 집 황소가 상하는 일을 피할 수 있다. 옛날에는 황소가 큰 재산이었다. 그런데도 나쁜 이웃 때문에 받는 피해를 따져 보면 "소를 잃는 것은 차라리 사소하다"라고 르네상스 시대의 지식인 에라스뮈스는 썼다.

한편 에라스뮈스는 "우리에게 나쁜 이웃이 있는 이유는 우리 스스로가 나쁜 이웃이기 때문"이라는 말도 했다.

'이웃'이란 옆집 사람만 가리키지는 않을 것이다. 오늘날에는 직장 동료, SNS 친구, 온라인 지인도 '이웃'이다. 옛사람의 지혜에 따르면, 우리는 좋은 사람이 모이는 곳에 가서 좋은 이웃을 만나야 한다. 또한 우리 스스로 남에게 좋은 이웃이 되어야 한다.

명사 bos는 '황소', 라틴어 격언 bos in lingua(혀 위의 황소)에서 만난 적 있다.

부사 ne는 '~하지 말라'는 뜻. ne pereat는 '죽게 하지 말라' 즉 '상하게 하지 말라'.

patior ut potiar

"나는 얻기 위해 고생한다." 성공을 위해서라면 고생도 감수한다는 의미다.

옛날 서양 사람은 이 격언을 상징하는 그림을 그렸다. 벌통을 뒤지는 곰. 벌집을 들쑤시며 곰은 수많은 벌에게 쏘인다. 하지만 그러지 않으면 꿀을 얻을 수 없다. 곰은 꿀을 먹기 위해 고생한다.

당장 어려운 일을 겪는 사람에게 미래의 성공을 위한 동기부여가 되는 격언일 터다. No pain, no gain이라는 영어 속담이 있다. '고통 없이는 얻는 것도 없다'는 뜻이다. 한자말로는 '고진감래苦盡甘來'라고 한다. '쓴 것이 다하면 단것이 온다.' 침은 쓰지만 꿀은 달콤하다.

꿀벌 입장에서 별로 달가운 격언은 아닐 것이다.

동사 patior는 '(나는) 겪는다' '(나는) 고생한다', 형태는 수동태지만 뜻은 능동이다. 부정사 pati를 et facere et pati fortia Romanum est(굳세게 견디는 것이 로마인다운 것이다)에서 만난 적 있다.

동사 potior는 '(나는) 얻는다', 수동태 모양인데 능동의 뜻. 접속사 ut 뒤에 접속법 potiar가 쓰였다.

DECEMBER

alterius non sit qui suus esse potest

"스스로 자신의 주인인 사람은 다른 이의 사람이 되지 말라." 다른 사람의 밑에 들어가기보다 자기 자신의 주인이 되라는 말이다.

이 라틴어 격언과 함께 이야기되곤 하는 『이솝 우화』가 있다. 「왕을 바라는 개구리」. 개구리들은 왕을 모시고 싶었 다. 그래서 제우스에게 청했다. "우리에게 왕을 주세요." 처 음에 제우스는 나무토막을 줬다. 나무토막은 개구리들을 못 살게 굴지 않았다.

하지만 개구리들은 강한 지도자를 원했다. "다른 왕을 내려 주세요." 이번에 제우스는 백로를 줬다. 왕이 된 백로는 개구리를 잡아먹었다. 스스로 알아서 잘사는 게 강한 지도자 따위보다 나은 것 같다.

형용사 alius는 명사처럼 쓰여 '다른 (사람)이', alterius 는 '다른 (사람)의'.

동사 sum은 '(나는) ~이다', es는 '(너는) ~이다', est는 '(그는) ~이다'. 접속법은 sim([나는] ~일지라), sis([너는] ~일지라), sit([그는] ~일지라). 부정사는 esse.

gaudeamus igitur

"그러므로 우리는 기뻐할지어다." 13세기부터 전해 내려오는 유럽 대학생의 노래 가사다. 무엇이 그렇게 기쁠까?

노래 제목은 'de Brevitate Vitæ'데 브레비타테 비테, '인생의 짧음에 대하여'다. 브람스의 「대학축전 서곡」 말미에 이 노래의 씩씩한 멜로디가 나온다. 노랫말은 다음과 같다.

gaudeamus igitur가우데아무스 이지투르, "그러므로 우리 기뻐할지어다." iuvenes dum sumus!유베네스 둠 수무스 "우리가 젊은 동안에!" post iucundum iuventutem포스트 유쿤둠 유벤투템, "즐거운 젊음 뒤에", post molestam senectutem포스트 몰레스탐 세넥투템, "괴로운 노년 뒤에", nos habebit humus노스 하베비트 후무스, "땅이 우리를 삼킬 것이다." 시간이 흐르면 우리는 죽어 땅에 묻히리라는 뜻이다.

기뻐할지어다, 우리는 젊으니까. 나이가 들면 늙고 죽음을 맞이할 테니까. 인생은 짧으니까.

"신들이 정해 준 삶의 끝을 묻지 말라, 내일을 믿지 말고 오늘 하루를 즐기라"는 carpe diem의 지혜가 담긴 노래다.

동사 gaudeo는 '(나는) 기뻐한다', 접속법 gaudeamus는 '(우리는) 기뻐할지어다'. igitur는 '그러므로'.

ergo bibamus!

"그러므로 우리는 마실지어다!" 중세 시대부터 내려온 문구인데, 괴테가 차용해 19세기에 시를 썼다. 독일 대학생들이 이 문구를 좋아해 노래로 만들어 불렀다.

　19세기 독일 젊은이들은 왜 이 문구를 사랑했을까? gaudeamus igitur(그러므로 기뻐할지어다)를 외치던 사람들이다. 술이 좋아서만은 아닐 터다. 그들은 술잔을 부딪치며 동료애를 표현했다.

　오해 마시길. 나는 술을 권하려는 게 아니다. 한국 사회의 패거리 문화와 술자리 문화를 찬양하려는 것도 아니다.

　하지만 여럿이 모여 흉금을 터놓고 ergo bibamus를 외치는 풍경에는 혼자선 경험할 수 없는 연대 의식이 있다. amicorum communia omnia, '친구들은 모든 것을 공유한다'는 기개가 있다. 꼭 취하도록 술을 마시지 않더라도 말이다.

　ergo는 '그러므로'. cogito ergo sum(나는 생각한다, 고로 나는 존재한다)에서 봤던 단어다.

　bibo는 '(나는) 마신다', bibimus는 '(우리는) 마신다', 접속법으로 bibamus는 '(우리는) 마시자'라는 뜻. nunc est bibendum(이제 마실 때다!)에서 만났던 어휘.

dum vivimus, vivamus

"살아 있는 한 살자." '살다'를 '잘살다'로 바꾸면 뜻이 와닿을 것이다. 살아 있는 동안 잘살자.

다음은 라틴어 격언에 담긴 삶과 죽음에 대한 태도다.

memento mori, 우리는 모두 죽는다. homo bulla, 인간은 거품과 같다. omnia vanitas, 모든 것이 헛되다. 우리는 어떻게 살 것인가?

어떤 이는 종교에서 답을 찾는다. mors mortem super-avit, 종교 덕분에 '죽음이 사라진다'고 믿으며, ars morien-di, '죽음의 기술'을 익힌다.

어떤 이는 자신의 일부가 살아남기를 바란다. ars longa, vita brevis, 인생은 짧지만 예술은 길다. non omnis moriar, 내 모든 것이 사라지지는 않으리라.

어떤 이는 살아 있는 순간에 충실하고자 한다. carpe diem, 오늘을 누리라. dum vivimus, vivamus, 살아 있는 한 살자.

동사 vivo는 '(나는) 산다', vivimus는 '(우리는) 산다', 접속법 vivamus는 '(우리는) 살자'.

cedant arma togæ

"무기는 토가에 양보하라." 토가는 로마 시민들이 입던 외투다. 군부가 민정에 양보해야 한다는 의미로, 로마의 정치인 키케로가 한 말이다.

키케로의 글을 읽다 보면, 자기가 얼마나 훌륭한 사람인지 독자를 설득하려는 대목을 가끔 만난다. 키케로의 자기 자랑과 자기 확신은 때때로 읽기 민망하다. 그래도 키케로가 하는 이야기는 대체로 옳다. 상식에 맞다. 그가 살던 시대가 파란만장해서 상식이 지켜지지 않았을 뿐이다.

'군부가 민정에 양보해야 한다.' 키케로는 자기 덕분에 이 원칙이 실현되었다고 주장했다. 그랬으면 좋았겠지만, 지나친 과장이다. 키케로에게 그럴 힘은 없었다. 키케로 역시 군부 지도자들의 정치 놀음에 휘말렸고, 결국 죽임을 당했다. 현실 정치는 잔혹하니까. 하지만 민정을 우선했던 키케로의 원칙이 잘못된 것은 아니다.

동사 cedo는 '(나는) 간다' 또는 '(나는) 양보한다', 접속법 cedant는 '(그들이) 양보하게 하라'. 영어 cede(양도하다), precede(앞서가다)가 여기서 왔다.

arma는 '무기들이', togæ는 '토가에'.

oderint dum metuant

"그들이 두려워하는 한 미워하게 하라." 누구를 미워하고 누구를 두려워한다는 뜻일까?

로마 황제 칼리굴라가 남긴 말이다. "로마 시민들이 나를 두려워하는 한 미워하게 하라." 칼리굴라는 공포정치를 했다. 시민에게 사랑받기보다 두려움과 미움을 받는 쪽을 택했다. 로마의 역사가 수에토니우스가 쓴 『황제 열전』「칼리굴라」편의 제30장.

칼리굴라는 이런 말도 했다. utinam populus Romanus unam ceruicem haberet! 우티남 포풀루스 로마누스 우남 케루이켐 하베레트 "로마의 민중이 오로지 하나의 목을 가졌다면!" 한 번만 자르면 된다는 뜻이다. 칼리굴라는 로마 시민 전체를 향해 한 칼에 죽이겠다고 겁을 주고 싶었나 보다. 또는 진심으로 모조리 죽이고 싶었을지도 모르고.

공포정치가 오래가기는 힘들다. 칼리굴라는 황제 자리에 오른 지 4년을 채우지 못하고 부하들에게 죽임을 당했다. 그때가 겨우 스물여덟 살이었다.

동사 odi는 '(나는) 미워한다', 접속법 oderint는 '(그들이) 미워하게 하라'. 접속법 metuant는 '(그들이) 두려워하게 하라'. 접속사 dum은 '~하는 동안에'.

sint ut sunt aut non sint

"있는 그대로 있게 하라, 아니면 없애 버리라." 지금 그대로 유지하거나, 아니면 아예 없애 버리라는 말이다. 변화를 거부하는 강경한 입장이다.

18세기 프랑스. 정부와 가톨릭 예수회 사이가 틀어졌다. 정부는 프랑스에서 활동하는 예수회의 헌장을 수정하라고 했다. 그런데 교황 클레멘스 13세는 이런 식의 개혁을 바라지 않았다.

교황청의 입장은 강경했다. sint ut sunt, aut non sint. 개혁을 거부하는 몸부림이었을까, 국가권력의 강요에 맞선 저항이었을까?

예수회는 헌장을 수정하지 않기로 했다. 프랑스 왕 루이 15세는 예수회를 프랑스에서 추방했다. 예수회가 프랑스에서 다시 활동하게 된 것은 19세기의 일이다.

동사 sum은 '(나는) ~이다' 또는 '(나는) 있다', sumus는 '(우리는) 있다', sunt는 '(그들은) 있다'. 접속법 sim은 '(내가) 있게 하라', simus는 '(우리가) 있게 하라', sint는 '(그들이) 있게 하라'. 접속사 ut은 '~와 같이' 또는 '~대로'. aut는 '아니면'.

quot homines tot sententiæ

"사람 수만큼 생각이 있다." 사람마다 생각이 다르다는 뜻
이다.

　　원래는 웃기려고 쓴 말이다. 로마 시인 테렌티우스의 희극
「포르미오」에 나오는 문구다. 아들 문제로 골머리를 앓는 아버
지에게 친구들이 중구난방으로 다른 해결책을 조언한다. 한 친
구가 상황을 수습하며 "사람마다 의견이 다르다"라고 말한다.

　　나중에는 다양성과 관용을 의미하는 말로 쓰였다. 사람
수만큼 다른 생각이 있으니 나의 생각만 옳다고 고집하지 말
라는 말이다.

　　르네상스 시대의 지식인 에라스뮈스는 이 격언을 소개
하며 한탄했다. "오늘날 신학자들이 (관용의 정신을) 조금이
라도 배운다면 하찮은 문제로 이렇게까지 싸우고 갈라지지
는 않았을 것이다." 에라스뮈스는 종교전쟁 같은 다툼을 좋지
않게 보았다.

　　오늘날에도 민주주의를 위해, 소수자를 위해, 인종차별
에 맞서기 위해 이 격언을 되살릴 수 있을 것이다.

　　라틴어 문장이 어려운 이유 가운데 하나는 상관 구문이 많
이 나오기 때문이다. quot~ tot~는 '~만큼 그만큼'이라는 뜻.

cuius regio eius religio

"그들의 영토에 그들의 종교를." 나라마다 자기 종교를 믿을
수 있다는 뜻이다.

기독교에서 종교개혁이 시작된 뒤, 가톨릭과 개신교 세
력 사이에 종교전쟁이 벌어졌다. 수백 년 후 프랑스의 지식인
볼테르가 꼬집었듯, 복음서에도 나오지 않는 사소한 구실로
서로를 죽였다.

1555년 아우크스부르크화약은 종교전쟁을 멈추기 위한
조약이었다. 이때 나온 원칙이 cuius regio eius religio다. 그
때 유럽, 특히 독일 지역에는 수많은 나라가 있었는데, 각 나
라별로 종교를 택할 수 있게 해 주자는 원칙이었다.

오늘날 '사상의 자유' 원칙과 비교하면 아쉽다. 개인마다
종교를 택할 수는 없었으니까. 그래도 나라의 종교가 마음에
들지 않는 개인은 재산을 가지고 다른 나라로 떠날 수 있었다.
종교전쟁을 하느라 서로 죽이던 시대보다 나아진 셈이다(오
늘날에도 사상의 자유 원칙이 꼭 지켜지는 것은 아니다).

regio는 '선' 또는 '국경선', religio는 '종교'라는 뜻.

ubi panis ibi patria

"빵이 있는 곳이 조국이다." 먹고살 만한 곳으로 사람들은 이주하게 마련이다. '애국애족'은 아름다운 말이지만 배고픈 사람을 그 말로 붙잡아 놓을 수는 없다.

이 문구는 한때 미국으로 이민 가는 사람의 모토였다. 세계 곳곳의 먹고살기 힘든 사람이 미국 땅으로 이주했고, 많은 이가 미국에 정착했다.

이주하는 사람은 시대가 흐르며 늘어났다. 이제는 미국으로만 향하지 않는다. 21세기는 '이주의 시대'로 불린다. 죽임당할 걱정 없이 살기 위해, 경제적으로 풍요로운 삶을 찾아 사람들은 이주한다.

잘사는 나라가 된 한국으로 이주하는 사람도 많다. 한국 사회는 준비가 되어 있을까? in varietate concordia, '다양성 안에 화합이 있고', quot homines tot sententiæ, '사람 수만큼 다른 생각이' 있다는 말을 되새기면 좋겠다.

ubi~ ibi~가 상관 구문을 이룬다. ubi panis, '그곳에 빵이 (있다)', ibi patria, '바로 그곳에 조국이 (있다)'.

ubi caritas ibi Deus est

"사랑이 있는 곳에 신이 있다."

　　종교의 사회사업은 중요하다. 이 불평등한 사회에서 가난한 사람을 돕는 일이기 때문이다. 그런데 '사랑'보다 '자선'에 골몰하면, 돈을 많이 대는 사람일수록 더 착한 사람처럼 받아들이기 쉽다.

　　예수는 그렇게 생각하지 않았다. 좋은 일을 하라고 부자가 낸 큰돈보다 남편 잃은 가난한 여인이 낸 동전 두 닢이 더 큰 가치가 있다고 말했다(「마르코복음」 12장, 「루가복음」 21장). 하지만 오늘날에 이르기까지 이와 다르게 생각하는 사람이 적지 않다. 예수를 믿는다고 자처하는 사람 중에도 있다.

　　어제 만난 ubi~ ibi~ 상관 구문이다. ubi caritas, '그곳에 사랑이 (있다)', ibi Deus est, '바로 그곳에 신이 있다'.

　　라틴어 caritas는 뜻이 여러 가지다. '사랑'이라는 뜻도, '자선'이라는 뜻도 있다. 영어 charity(자선)라는 말의 어원. 이 문장은 '사랑이 있는 곳에 신이 있다'고도, '자선이 있는 곳에 신이 있다'고도 해석할 수 있다.

ut tensio sic vis

1660년 영국의 과학자 로버트 훅은 다음과 같은 문자열을 발표한다. ceiiinosssttuv. 무슨 뜻일까? 훅 본인을 빼면 아무도 몰랐다.

그래도 '1660년에 훅이 이런 문자열을 발표했다'는 사실은 남았다. 1678년에 훅은 수수께끼의 답을 밝혔다. 이 문자열은 ut tensio sic vis의 애너그램. 철자를 뒤섞어 놓은 문자열이었던 것이다.

특허제도가 없고 국제 과학계가 발전하지 않았던 시절에 과학자가 자기 발견을 보호받는 방법이었다. 중요한 발견을 하면 애너그램을 먼저 발표하고 나중에 풀이를 발표했다.

'힘만큼 늘어난다.' 용수철에 힘을 가하는 만큼, 힘에 비례해 용수철이 늘어난다는 사실을 훅은 알아냈다. 오늘날 '훅의 법칙'으로 알려졌다.

ut는 용법이 다양한 접속사다. 접속법 동사와 쓰여 '~하기 위하여'라는 뜻도, 직설법과 쓰여 '~처럼' 또는 '~만큼'이라는 뜻도 된다. ut~ sic~ 상관 구문은 '~만큼 그만큼'이라는 뜻(sicut라는 접속사도 있다, '~처럼.').

tensio는 '늘어남', vis는 '힘'.

tantum bellum quantum
numquam fuit

"존재한 적 없었던 만큼 큰 전쟁."

　　로마의 정치인 키케로의 연설 「필리피카이」 8편에 나오는 표현이다. 키케로는 군부 지도자 안토니우스와의 싸움을 "존재한 적 없는 큰 전쟁"이라고 했다. 안토니우스가 승리하면 로마공화정이 멸망하기 때문이었다. 그래서 사람들이 힘을 모아 안토니우스에게 맞서야 한다고 했다.

　　키케로의 바람은 이루어지지 않았다. 안토니우스가 한창 잘나갈 때 사람들은 감히 맞서지 못했다. 안토니우스는 사람을 보내 키케로를 살해했다. 하지만 키케로의 예상은 맞았다. 군부 지도자들의 내전 때문에 공화정은 멸망하고 말았다.

　　tantum bellum, '그만큼 (큰) 전쟁이.' quantum numquam fuit, '존재한 적 없었던 만큼의.'

　　numquam은 '아니', 영어의 never와 같다. 동사 est는 '있다' '존재한다', fuit는 '있었다' '존재했다'.

　　상관 구문을 이루는 형용사 tantus와 quantus가 중성명사 bellum을 만나 tantum과 quantum의 꼴로 변화했다.

qualis rex talis grex

뜻은 간단한데 우리말로 옮기기 만만치 않다. '그 왕에 그 백성.' 우두머리와 그를 따르는 무리는 성질이 같다는 의미다. si bene rex, bene vult grex시 베네 렉스, 베네 울트 그렉스, '임금이 잘하면, 그 백성도 잘하려고 한다'고 했다.

'윗물이 맑아야 아랫물이 맑다'는 우리 속담과 비슷할까? similis simili gaudet시밀리스 시밀리 가우데트, '비슷한 사람이 비슷한 사람을 기쁘게 한다'는 말과 닮은 것도 같다. 한자말로 유유상종類類相從.

물론 qualis rex talis grex는 우두머리와 추종자의 관계에 관한 말이다. 리더십에 대한 격언이라 할 수 있다.

qualis~ talis~ 상관 구문이다. '~종류의' '그 같은 종류의' 또는 '~성질의' '그 같은 성질의'. 영어 quality(질)가 여기서 왔다.

qualis와 talis, rex(왕)와 grex(무리)의 소리가 비슷하다. 재치 있는 표현.

quantus~ tantus~는 어제 살펴본 상관 구문이다. '~만큼 (많은, 큰) 그만큼.' 영어 단어 quantity(양)의 어원.

nullus est liber tam malus

원래 표현은 길다. nullus est liber tam malus, ut non aliqua parte prodesset눌루스 에스트 리베르 탐 말루스, 우트 논 알리쿠아 파르테 프로데세트. "어떤 부분도 유용하지 않을 만큼 나쁜 책은 없다."

로마의 지식인 플리니우스가 남긴 말이라고 한다. 화산이 터지는 폼페이로 친구를 구하러 갔던 그 사람 맞다. 플리니우스는 독서가였다. 시간이 나는 대로 햇볕 아래 누워 책을 읽고 주석을 달고 발췌를 했다.

플리니우스는 모르는 것이 없는 박학다식한 사람이었다. 그런 그조차 어떤 책을 읽을 때건 자기한테 유용한 부분을 찾아냈다는 것이다.

그러니 나 역시 바랄 뿐이다, 이 책 역시 조금이라도 독자님께 유용하기를.

지금껏 라틴어 문장을 350개 넘게 만났다. 내일부터는 그리스어 문장을 소개하려 한다. 글자 읽는 법부터 차근차근.

tam~ ut~가 상관 구문을 이룬다. '~할 만큼 그만큼'이라는 뜻. 접속사 ut 뒤의 문장은 접속법을 쓴다. 형용사 nullus는 '아무 ~도 없다'고 해석한다. 명사 liber는 '책이', 형용사 malus는 '나쁜'. 자주 보던 단어들이다.

γνῶθι σεαυτόν
gnothi seauton

nosce te ipsum, "너 자신을 알라"의 그리스어 원문이다. 델포이 신전에 새겨져 있었다고 하니 대문자로 ΓΝΩΘΙ ΣΕΑΥΤΟΝ이었을 것이다.

그리스 문자를 로마 문자로 바꿔 읽는 방법을 살펴보자.

γ/Γ는 감마, 로마자 g.

ν/N는 누, 로마자 n.

ω/Ω는 오메가, 로마자 ō. 길게 발음하는 장음 o다.

θ/Θ는 델타, 로마자 th.

ι/I는 요타, 로마자 i. 그리스 문자는 위에 점이 없다.

σ/Σ는 시그마, 로마자 s.

ε/E은 엡실론, 로마자 e.

α/A는 알파, 로마자 a.

υ/Y은 입실론, 로마자 y 또는 u. 그리스어 복모음 αυ는 로마자로 au라고 쓴다.

τ/T는 타우, 로마자 t.

ο/O은 오미크론, 로마자 o. 짧게 발음하는 단음 o다.

로마자로 옮기면 gnōthi seauton^{그노티 세아우톤}이다.

μηδὲν ἄγαν
meden agan

"결코 지나치지 말라." 델포이 신전의 기둥에 새겨진 3대 격언의 두 번째 문장이다. 대문자로 쓰면 ΜΗΔΕΝ ΑΓΑΝ. 로마자로 옮겨 쓰면 mēden agan메덴 아간이다. 라틴어로는 ne quid nimis네 퀴드 니미스라고 한다. '무엇이든 지나치지 않게.' ne는 '~하지 말라', nimis는 '너무' 또는 '지나치게'.

'중용'을 강조하는 격언이라고 보통 해석한다.

그런데 르네상스 시대의 지식인 에라스뮈스는 『아다기아』에서 ne quid nimis를 소개하면서 흥미로운 이야기를 덧붙인다. 모든 일에 지나치지 말아야 하겠지만, "신에 대한 사랑은 지나쳐도 좋다"고.

오늘날 독자는 이 구절을 어떻게 해석할 수 있을까? 현대사회에서 신을 대신하는 것은?

ἐγγύα πάρα δ᾽ἄτα
engya para d'ata

델포이 신전의 기둥에 새겨진 세 번째 금언이다. 대문자로 쓰면 ΕΓΓΥΑ ΠΑΡΑ Δ᾽ΑΤΑ. 로마자로 옮기면 engya para d'ata엥귀아 파라 다타.

해석이 엇갈린다. 우선 빚보증이나 사업 보증을 서지 말라는 뜻으로 해석할 수 있다. "보증은 파멸을 부른다."

그렇다면 다른 두 금언의 뜻은? "너 자신을 알라"는 '너의 자산 규모를 알라'고, "지나치지 말라"는 '투자를 너무 많이 하지 말라'는 말일까?

그래서 어떤 사람은 이 말을 '확신을 가지면 파멸이 가깝다'로 해석한다. 어느 쪽 해석을 택할지는 여러분의 몫이다.

감마를 겹쳐 쓴 γγ/ΓΓ는 로마자 ng로 옮긴다. 우리말 ㅇ받침 발음이 난다.

μέτρον ἄριστον
metron ariston

우리말로 옮기면 '가장 좋은 비율'이다. 뜻은 '중용'이다. 왜 이런 뜻이 되었는지는 따져 봐야 한다.

'가장 좋은 비율'이란 무엇일까? 모자라도 지나쳐도 좋은 비율이 아니다. 우리는 μηδὲν ἄγαν메덴 아간, "결코 지나치지 말라"는 델포이 신전의 금언을 만난 적 있다.

그리스 철학자 아리스토텔레스는 양극단에 치우치지 않은 비율이 좋다고 했다. 예를 들어 허영심과 열등감 사이에 자부심이, 광대 짓과 무뚝뚝함 사이에 재치가 있다. 우리에게 익숙한 말로 '중용'이다.

그리스 단어 μέτρον은 로마자로 옮기면 metron, 원래 '자'나 '측정'이라는 뜻인데, '길이' 또는 '비율" 등으로도 쓰인다. 영어 단어 metre(미터)와 metronome(메트로놈)이 여기서 왔다.

ἄριστον은 ariston, '가장 좋은'이라는 뜻이다.

ἄνθρωπος μέτρον ἀπάντων
anthropos metron
hapanton

"인간은 만물의 척도다."

그리스 문자 α(알파)는 로마자 a, ν(누)는 n, θ(델타)는 th, ρ(로)는 r, ω(오메가)는 장음 ō, π(파이)는 p, o(오미크론) 은 짧은 o, ς(시그마)는 s.

σ와 ς는 둘 다 시그마인데, 단어 마지막에 나올 때는 ς로 쓰고 다른 경우에는 σ로 쓴다. 대문자 Σ와 더불어 수학 시간 에 자주 보는 친구들이다.

ἄνθρωπος는 anthropōs^{안트로포스}가 된다. '인간은'이라는 뜻. 영어 낱말 anthropology(인류학)가 여기서 왔다.

그리스 문자 μ(뮤)는 m, ε(엡실론)은 e, τ(타우)는 t.

μέτρον은 metron^{메트론}으로 읽는다. 여기서는 '자' 즉 '척 도'라는 뜻.

ἁ가 읽기 까다로운데, α(알파) 위 올챙이처럼 생긴 호 흡 기호의 방향을 잘 봐야 한다. ἀ는 로마자 a로, ἁ는 ha로 옮 긴다.

ἀπάντων은 hapantōn^{하판톤}, '모든 것의'.

χαλεπὰ τὰ καλά
chalepa ta kala

"아름다운 것은 험하다."

그리스 문자 χ/Χ는 키, 로마자 ch로, λ/Λ는 람다, 로마자 l, κ/Κ는 카파, 로마자 k로 옮긴다. 그 외에는 자주 만나 본 글 자다. α(알파)는 a, π(파이)는 p, ε(엡실론)은 짧은 e로 소리 난다.

χαλεπὰ는 chalepa칼레파, '험한'이라는 뜻이다. τὰ는 ta타, 그리스어 정관사이고, καλά는 kala칼라, '아름다운 (것)'이라 는 뜻이다.

그런데 고대 그리스에는 καλοκαγαθία, kalokagathia칼 로카가티아라는 개념이 있었다. καλός, kalos칼로스는 '아름다운', καί, kai카이는 '그리고', ἀγαθός, agathos아가토스는 '좋은'. '아 름다움'과 '좋음' '선함'이 하나로 묶인 개념이 '칼로카가티 아'다.

좋음은 아름다움과 같고(칼로카가티아) 아름다움은 험 한 것과 같다(칼레파 타 칼라). '아름다움'과 '좋음'과 '험한 것'은 하나. 험한 일을 겪는 사람에게 위안이 될 법한 말이다.

ἢ τὰν ἢ ἐπὶ τᾶς
e tan e epi tas

"이것을 들고, 아니면 이것 위에 실려서." 이것을 들고 오거나 이것 위에 실려 오라는 의미인데, '이것'은 무엇일까?

강인한 스파르타 사람은 짧게 말하기로 유명했다. 스파르타의 어머니가 전쟁터에 나가는 아들에게 방패를 내주며 이 말을 했다고 한다. "(살아서) 이 방패를 들고 돌아오거나, (죽어서) 이 방패에 실려 돌아오라." 방패를 버리고 볼썽사납게 달아나느니 명예롭게 전사하라는 뜻이다.

그리스 문자 η(에타)는 로마자 장음 ē, τ(타우)는 t, α(알파)는 a, ν(누)는 n, e(엡실론)은 짧은 e, π(파이)는 p, ι(요타)는 i, ς(시그마)는 s로 옮긴다.

ἢ는 로마자로 ē, '또는'. ἢ~ ἢ~로 쓰면 '이것 아니면 저것'.

τὰν(tan탄) 아니면 ἐπὶ τᾶς(epi tas에피 타스). '이것을, 아니면 이것 위에'. 스파르타의 방언이다. 아테네 방언이라면 ē tēn ē epi tēs에 텐 에 에피 테스. 말하기 좋아하는 아테네 사람이었다면 이렇게 말을 짧게 하지 않았겠지만.

πάθει μάθος
pathei mathos

"고통을 통해 배운다."

고통을 겪고 나면 사람이 현명해진다는 뜻으로, 그리스 비극의 세계관이다. 그리스비극에는 영웅이 등장한다. 영웅은 세상과 어울리지 않는 고귀한 사람이다. 보기에 따라서는 혼자 잘난 사람일 수도 있다. 영웅은 무시무시한 고통을 겪는다. 불합리하고 부조리한 고통이다.

그러나 비극 속 고통이 의미 없는 것은 아니다. 영웅은 그 고통 덕분에 현명하고 위대해진다. 고통을 통해 배움을 얻었기 때문이다.

인간이 겪는 고통, 뭐라도 의미가 있을까? 옛날부터 사람들은 의미가 있다고 믿었다. 고통을 겪는 사람에게 조금이라도 위안이 될 믿음이다.

그리스 문자 π(파이)는 p, α(알파)는 a, θ(델타)는 th, ε(엡실론)은 짧은 e, ι(요타)는 i, μ(뮤)는 m, o(오미크론)은 o, ς(시그마)는 s.

πάθει는 pathei파테이, '고통으로써'라는 뜻. 영어 pathetic(불쌍한)이 여기서 왔다.

μάθος는 mathos마토스, '배움이'라는 뜻. 영어 mathmatics(수학)의 어원.

πάντα ῥεῖ
panta rhei

"만물은 끊임없이 흐른다." 세상 모든 것은 변화한다는 뜻이다. 한자말로 만물유전萬物流轉.

지금의 튀르키예 땅에서 태어난 고대 그리스 철학자 헤라클레이토스의 사상이다. "같은 강물에 두 번 들어갈 수 없다"는 말로도 유명하다. 한번 발을 담근 강물은 흘러가 버리고, 다시 한번 강물에 발을 담근다 해도 다른 물이라는 말이다.

생각하기에 따라 퍽 우울한 사상이다. 세상이 끊임없이 변한다면 우리 인간은 어디에 마음을 붙일까? 인간 존재 역시 덧없다. 헤라클레이토스가 '우는 철학자'로 알려진 까닭이다.

그리스 문자 π(파이)는 p, α(알파)는 a, ν(누)는 n, τ(타우)는 t, ε(엡실론)은 e, ι(요타)는 i.

ρ(로)는 r로 옮기지만, 위에 호흡 기호가 붙은 ῥ는 rh로 옮긴다.

πάντα는 panta판타, '모든 것이'라는 뜻. 영어 pandemic(세계적인 감염병), panorama(모두 보이는 것, 즉 파노라마), pamphlet(모두가 좋아하는 것, 즉 팸플릿)이 관련 있는 어휘다.

ῥεῖ는 rhei레이, '(그것이) 흐른다'라는 뜻.

ἰχθύς(Ἰησοῦς Χριστός, Θεοῦ Υἱὸς Σωτήρ)
ichthys

ἰχθύς는 '물고기'라는 뜻이다. 그런데 이 다섯 글자는 다음과 같은 다섯 단어의 머리글자다.

— Ιησοῦς는 Iēsous 이에수스, '예수'라는 이름이다.

— Χριστός는 Christos 크리스토스, '구세주'라는 뜻이다. '그리스도'라는 발음으로 익숙하다. 처음 두 글자 Χ(키)와 Ρ(로)를 겹쳐 쓴 ☧(키로)가 그리스도를 가리킨다. 기독교의 상징으로 쓰인다. 처음 한 글자만 쓰기도 한다. 12월 25일 크리스마스를 뜻하는 X-mas는 '엑스-마스'가 아니라 굳이 말하자면 '키-마스'인 셈이다. 독자님, 메리 크리스마스!

— Θεοῦ는 Theou 테우, '신의'라는 뜻.

— Υἱός는 Hyios 휘오스, '아들'이라는 뜻.

— Σωτήρ는 Sōtēr 소테르, '구원자'라는 뜻.

　요컨대 '예수그리스도는 신의 아들이며 구원자'라는 뜻이다.

　어떤 우연인지 물고기가 신약성서에 자주 등장한다. 기독교가 박해당하던 시절 기독교 신자라는 사실을 알리는 상징이 '물고기' 그림이었다고.

ἐν ἀρχῇ ἦν ὁ λόγος
en arche en ho logos

"한 처음에 말씀이 있었다." 라틴어로는 in principio ver-
bum erat인 프린치피오 베르붐 에라트.

ἐν ἀρχῇ ἦν ὁ λόγος, "한처음에 말씀이 있었다." καὶ ὁ
λόγος ἦν πρὸς τὸν θεόν카이 호 로고스 엔 프로스 톤 테온. "이 말씀은 신
과 함께 있었다." καὶ θεὸς ἦν ὁ λόγος카이 테오스 엔 호 로고스. "이 말
씀이 곧 신이었다."(「요한복음」1장 1절)

동사 ἦν은 ēn엔, '있었다' 또는 '~이었다'라는 뜻. 같은 동
사가 반복되는 인상적인 구문이다.

καὶ는 kai카이, '그리고'라는 뜻.

ἐν ἀρχῇ는 en archē엔 아르케, '한 처음에'라는 뜻. 영어 ar-
chaic(태곳적의)라는 말이 여기서 왔다. ἐν은 전치사다.

ὁ λόγος는 ho logos호 로고스, '로고스가', 즉 '말씀이'. ὁ는
정관사.

θεός는 theos테오스, '신이', πρὸς τὸν θεόν프로스 톤 테온은 '신
과 함께'.

μῆνιν ἄειδε θεὰ
menin aeide thea

"분노를 노래하소서, 여신이여." 호메로스의 서사시 『일리아스』의 유명한 첫 구절이다. 아킬레우스의 분노와 그 분노가 가져온 결과가 24권짜리 『일리아스』의 내용이다. 아킬레우스의 분노 때문에 그리스와 트로이아의 영웅 여럿이 죽어 나간다.

『일리아스』는 트로이아 전쟁의 전체 과정을 다루지 않는다. 전쟁 중간에서 시작한다. 우리는 이 사실을 ab ovo(처음으로부터)라는 라틴어 표현을 살펴보며 이야기했다. 시인 호메로스는 in medias res, 즉 이야기의 중간으로 들어가 『일리아스』를 풀어 간다.

또한 서사시는 전쟁 중간에 끝난다. 트로이아 전쟁에서 가장 유명한 '트로이아의 목마'는 『일리아스』에 등장하지 않는다. 서사시가 끝나고도 한참 나중의 일이기 때문이다.

μῆνιν은 mēnin메닌, '분노를'. 평범한 인간에게 잘 쓰지 않는 단어다. 반신반인의 영웅 아킬레우스에게 어울리는 장중한 표현이다.

ἄειδε는 aeide아에이데, '노래하라' '노래하소서'라는 뜻.

θεὰ는 thea테아, '여신이여'.

ἄνδρα μοι ἔννεπε μοῦσα
andra moi ennepe mousa

"그 사나이에 대해 나에게 알려 주세요, 무사 여신이여." 호메로스의 서사시 『오디세이아』의 첫 구절이다.

『오디세이아』는 오디세우스라는 사나이에 관한 이야기다. 그럼에도 서사시가 시작되고 한참이 지나도록 오디세우스는 등장하지 않는다. 그가 살았는지 죽었는지를 놓고 사람들이 이야기하는 장면이 여러 권에 걸쳐 이어진다. 독자가 궁금해할 무렵에야 오디세우스가 등장한다. 호메로스가 이야기를 풀어 가는 재주는 놀랍다.

『오디세이아』는 오디세우스의 귀향 이야기다. '귀향'을 뜻하는 그리스어 낱말이 νόστος, nostos노스토스다. 여기서 영어 단어 nostalgia(향수)가 나왔다.

ἄνδρα는 andra안드라, '(한) 사나이를' '(한) 남자를'. 영어 android(안드로이드)가 여기서 왔다.

μοι는 moi모이, '나에게'.

ἔννεπε는 ennepe엔네페, '알려 달라' '알려 주소서'.

μοῦσα는 mousa무사, '무사 여신이여'. 뮤즈라는 이름으로 우리에게 낯익다.

Οὖτις ἐμοί γ' ὄνομα
Outis emoi g'onoma

"나의 이름은 바로 우티스다." 우티스가 무슨 뜻일까?

οὖτις는 outis우티스, '아무도 아닌 사람'이라는 뜻이다. 영어로 nobody, 라틴어로 nemo네모.

외눈박이 거인 폴리페모스가 물었다. "네 이름이 뭐냐?" 해코지를 염려한 오디세우스가 대답한다. "내 이름은 우티스입니다." 이윤기 선생이 이 구절을 재치 있게 옮겼다. "내 이름은 '아무도 안'입니다."

폴리페모스가 곯아떨어진 다음, 오디세우스는 부하들과 함께 그의 눈을 찌르고 동굴 밖으로 달아났다. "눈을 공격당했어!" 외눈박이 거인의 친구들이 물었다. "누가 그랬는데?" "우티스가 그랬어!" 아무도 자기 눈을 찌르지 않았다는 말이다. 이윤기 선생의 번역으로는 "'아무도 안'이야!" 다른 거인 친구들은 별일 아니라고 생각해 오디세우스를 쫓지 않는다 (『오디세이아』 9권).

ἐμοί는 emoi에모이, '나에게' 또는 '나에게 속하는'이라는 뜻.

γ'는 g', 앞의 말을 강조할 때 쓴다.

ὄνομα는 onoma오노마, '이름'이라는 뜻.

λάθε βιώσας
lathe biosas

"눈에 띄지 말고 살라." 흔히 '숨어 살라'로 번역한다.

에피쿠로스 철학의 핵심 사상이라고 한다. 에피쿠로스는 쾌락주의로 유명한 고대 그리스 철학자다. 그런데 그의 사상은 우리가 흔히 '쾌락주의' 하면 떠올리는 인상과 썩 다르다.

에피쿠로스는 정치판에 뛰어들지 않고, 명예와 권력 때문에 스트레스 받지 않고, 다른 사람의 불필요한 관심을 끌지 않고, 소박하게 사는 것이 쾌락이라고 했다.

에피쿠로스 자신이 40년 가까이 철학을 가르치며 평온하게 살았다. 말년에 병으로 고통을 받았지만 끝까지 명랑함을 유지하고 친구들과 철학 이야기를 나눴다. 마음의 평정을 잃지 않았다. 그가 생각한 진짜 쾌락은 이런 것이었다.

λάθε는 lathe라테, 명령법으로 '(당신은) 숨으라, 눈에 띄지 말라'는 의미.

βιώσας는 biōsas비오사스, 분사 '(한번) 살며'의 뜻.

그리스어로 '망각'을 λήθη, lēthē레테라고 한다. 부정의 접두어 α-가 붙어 ἀλήθεια, alētheia알레테이아는 '망각 아닌 것', 즉 '진리'라는 뜻.

κοινὰ τὰ φίλων
koina ta philon

"친구의 것은 모두의 것이다."

우리가 만난 표현 amicorum communia omnia(친구끼리는 모든 것을 공유한다)가 이 말을 라틴어로 옮긴 것이다. amicorum(친구들의)은 φίλων필론, communia(공유하는)는 κοινὰ코이나에 각각 해당한다.

omnia는 그리스어 표현에 따로 없다. τὰ φίλων이 그 역할을 한다. '친구들의 것'이라고 해석. 정관사를 이용한 절묘한 표현이 고대 그리스어의 매력 가운데 하나다.

κοινὰ는 koina코이나, '모두의 (것)'라는 뜻.

τὰ는 ta타, 그리스어 정관사다.

φίλων은 philōn필론, '친한 (사람)들의'.

그리스어 φίλος는 philos필로스, '좋아하는' '사랑하는'이라는 뜻의 형용사다. 여기서 다양한 영어 표현이 나왔다.

— philology: 말logos을 좋아하는, 즉 문헌학.

— philosophy: 앎sophia을 좋아하는, 즉 철학.

— Philadelphia: 형제adelphos를 좋아하는, 즉 도시 필라델피아의 모토가 '형제애의 도시'다.

라틴어 명사와 형용사와 대명사는 변화가 비슷하다. 함께 묶어 '라틴어 명사 변화'라고 부르겠다.

　　라틴어 명사 변화에서 신경 써야 할 것이 네 가지 있다. 다섯 유형과 성, 수, 격이다.

(1) 명사는 1변화, 2변화, 3변화, 4변화, 5변화, 이렇게 다섯 가지 유형이 있다.

(2) 명사와 형용사와 대명사는 남성, 여성, 중성이 있다.

(3) 단수와 복수, 두 가지 수가 있다.

(4) 그리고 격이 여러 가지다.

　　이 책은 라틴어 명사의 다양한 격과 여러 유형을 비교하며 익힐 수 있도록 구성했다.

— 명사의 주격과 대격은 닮았다(1월 22일~2월 21일).

— 여격과 탈격의 형태가 비슷하다(2월 22일~3월 10일).

— 탈격은 다양한 용법이 있다(3월 25일~5월 17일).

— 속격으로 변화 유형을 알 수 있다(5월 18일~6월 11일).

— 1변화와 2변화(5월 18일~6월 11일).

— 3변화(6월 12일~6월 22일).

— 4변화와 5변화(6월 23일~6월 29일).

— 호격이 주격과 다른 경우가 있다. 2변화 명사의 일부가 그러하다(6월 30일~7월 1일).

라틴어 분사는 동사 변화도 하고 명사 변화도 한다. 처음엔 헷갈리기 쉽다. 그러나 라틴어 문장을 간결하고 우아하게 만드는 매력 포인트가 또한 분사다.

(1) 라틴어 분사는 네 가지 동사 변화 중 하나를 취한다.

첫째, 현재 능동 분사. 동사 ago(행하다)의 분사는 agens(행하는)다. 영어 agent(행하는 사람)로 외워 두면 좋다(7월 2일~7월 11일).

둘째, 과거 수동 분사. ago의 분사 actus(행해진). 영어 act(행해진 것)와 errata(틀린 것)를 생각하면 좋다(7월 12일~7월 25일).

셋째, 미래 능동 분사. sum(있다)의 분사 futurus(있을)를 생각하면 좋다. 영어 future가 여기서 왔다(7월 26일~7월 28일).

넷째, 게룬디움. 미래, 수동, 당위의 세 가지 뜻이 있다. agenda(장차 마땅히 행해질 것), corrigenda(장차 마땅히 고쳐져야 할 것) 등을 생각하면 좋다(7월 29일~8월 9일).

(2) 라틴어 동명사와 게룬디움은 헷갈리기 쉽다(8월 10일~8월 16일).

(3) 분사는 명사나 형용사처럼 변화를 한다.

라틴어 동사 변화는 무척 다양하다. 신경 써야 할 것이 다섯 가지 있다. 네 유형과 인칭 변화, 2태, 4법, 6시제다.

(1) 동사에는 네 유형이 있다. 1변화, 2변화, 3변화, 4변화 (8월 17일~9월 9일). 또한 불규칙동사가 있다(9월 10일 ~9월 12일).

(2) 동사에는 네 가지 법이 있다. 명령법(8월 17일~9월 12일), 부정법(9월 13일~9월 28일), 직설법(9월 29일~ 11월 20일), 접속법(11월 21일~12월 7일).

(3) 동사에는 두 가지 태가 있다. 능동태와 수동태. 수동태의 형태에 익숙해져야 한다. 또한 형태는 수동태이면서 뜻은 능동인 불완전동사에 주의해야 한다(11월 12일~11월 20일).

(4) 동사에는 여섯 가지 시제가 있다. 현재, 반과거, 완료, 미래를 많이 사용한다. 대과거와 미래완료는 이 책에서 다루지 않았다.

(5) 동사는 여섯 가지 인칭 변화를 한다. 단수 1인칭, 2인칭, 3인칭, 복수 1인칭, 2인칭, 3인칭. 이 책은 동사의 능동태 직설법 인칭 변화 어미에 익숙해지도록 구성했다(9월 29일~11월 20일).

하루 라틴어 공부
: 나의 지적인 삶을 위한 라틴어 교양 365

2024년 12월 24일   초판 1쇄 발행

지은이
김태권

펴낸이	**펴낸곳**	**등록**	
조성웅	도서출판 유유	제406-2010-000032호(2010년 4월 2일)	

주소
경기도 파주시 돌곶이길 180-38, 2층 (우편번호 10881)

전화	**팩스**	**홈페이지**	**전자우편**
031-946-6869	0303-3444-4645	uupress.co.kr	uupress@gmail.com
	페이스북	**트위터**	**인스타그램**
	facebook.com	twitter.com	instagram.com
	/uupress	/uu_press	/uupress

편집	**디자인**	**조판**	**마케팅**
정민기, 류현영	이기준	한향림	전민영

제작	**인쇄**	**제책**	**물류**
제이오	(주)민언프린텍	다온바인텍	책과일터

ISBN 979-11-6770-112-1 03100